本书得到了教育部人文社会科学重点研究基地重大研究项目"发展中国家人力资源后发优势与经济追赶研究"资助（项目号：08JJD790141），特此感谢！

后发先至还是
先来先得

发展中国家人力资源
后发优势与经济追赶研究

代 谦 ◎ 著

人民出版社

自序

　　一切增长发展问题都是人的问题：不论是文明的进展、效率的提高、技术的进步，都表现为人福祉的提高；并且这些增长和发展都依托财富的增长，而财富也是人所创造的。1500年之后，西方崛起，不仅其人均收入将东方世界远远甩在后面，其政治、经济、军事、文化等各方面开始全面压制东方。财富的增长、经济的发达和武力的强大都是人所创造的，回看近现代史，东方文明虽然有庞大的人口，但是却没有创造出这些东西，面对西方列强的十几艘军舰和几千人往往一败涂地。这种战力的悬殊虽然使得后人扼腕，但我们更应该理性分析，吸取历史经验教训，莫使"后人复哀之"。在逻辑上，人们不仅要问，那个时候到底发生了什么？

　　对这一问题的完整回答需要知道西方那个时候发生了什么，而东方世界在那个时候错过了什么？遗憾的是，对于西洋史，自己往往了解片面，总感觉力有未逮，有一种隔靴搔痒的感觉；中国的历史和现实是国人的优势，虽有忝列之嫌，但扬长避短，勠力前行，总有所得。在此，将自己对人力资本问题的思考结集出版，将自己对相关问题的思索做一个小小的注解，也了却了自己"盖棺有日，出版无期"的遗憾。书稿拖了很多年，一方面感谢出版社的宽容，另一方面感谢朋友和学生的鼓励和帮助；书稿付梓出版，也算是对自己和同人的一种交代。

　　中国从秦始皇开始实行"皇帝制度"，其影响一直持续至今。虽然传统中国从中获益多多,但是"成也萧何,败也萧何",这也构成了中国内部的制度藩篱。工业文明依赖于人的分工协作,这种分工协作一方面依赖于人的分工劳动,另一方面依赖于人的市场交换。虽然具体的人在具体的生产劳动中掌握了相关的生产技术和生产工艺,但是这种具体的生产技术和生产工艺应该有一个具体的传承主体;这种具体的传承主体,提高了传承效率,也避免了后人重复摸索。西方非常重视各种记录的保存,非常重视包含技术的物的保存,走上了一条物化技术进步的道路;传统中国却走上了一条人力资本扩展型的技术进步道路:这种技术进步方式虽然能够利用传统中国人多的优势,但是这样的技术传承容易伴随着人(因为战争、瘟疫、饥荒等原因)的大规模死亡而失传。传统中国技术传承效率低下,技术发展回旋往复,和这种技术传承方式紧密相关。这也是本书第一章的主要思想。

两次鸦片战争之后,西学东渐,传统中国开始大规模学习西方,自己的产业发展也显示出独特的形态。对传统中国没有"比较优势"的产业(如钢铁、造船、采矿、铁路、邮电通信等)一步到位采用西方先进技术,技术进步表现出跳跃发展的特点;而对传统中国有比较优势的产业(如织布、榨油、面粉、火柴、丝织等行业),由于吸纳了太多劳动力,其技术进步表现出渐进特点。第二章用一个两部门模型展示了近代中国不同产业技术进步的动态。晚清的中国虽然能够引进模仿西方的先进技术,但是西方的先进技术并没有能够使得中国走上富强道路;"洋务运动"虽轰轰烈烈,却归于失败。洋务派官员在冲击传统中国旧有利益格局的同时,自己却成为新的利益集团,阻碍了先进技术在传统中国进一步普及和配套;洋务派官员虽然能够接触和引进像蒸汽机这样的重大技术变革,但是作为新利益集团的洋务派垄断了新技术,限制了社会力量对新技术的推广和配套;单一的重大技术很难推动传统中国整体的经济发展。这也是第三章的核心思想。

　　中国的发展历史虽然说明了人的作用,但是在理论上,人力资源到底起了什么作用?具体来说,发展中国家虽然能够引进西方的先进技术,但是发展中国家自己人力资本水平低下,无法消化和吸收这些技术。这些技术虽然先进,但是对具体的发展中国家却并不适宜;技术的适宜性是比技术的先进性更重要的因素。而技术的适宜性依赖经济对先进技术的消化吸收应用,依赖自己的人力资本水平。第四章的理论模型展示了这一点,同时根据我们的理论模型进行的数值模拟工作也告诉了我们人力资本对经济增长的贡献弹性。

　　发达国家的先进技术主要通过 FDI(Foreign Direct Investment,外国直接投资)和主动技术模仿两种途径扩散到发展中国家:第五章和第六章分别在理论上分析了 FDI 渠道和技术模仿渠道。在一个两国内生增长模型中,我们认为发达国家 FDI 产业选择依赖发展中国家的技术能力和竞争能力,这样的能力越强,发达国家则越倾向将更先进的产业转移到发展中国家,而发展中国家将从先进产业的 FDI 中获益良多。对于发展中国家的主动模仿,南北贸易呈现出"产品周期"的特点,第六章在一个考虑不同产业技术门槛的南北贸易模型中考察了这种"产品周期"现象。我们认为:伴随着人力资本水平的提高,在发展中国家主动的技术模仿中,呈现"产品周期"的产业会逐步向高端产业转移。

　　第七章在一个内生技术变迁的贸易模型中研究了"动态比较优势"问题。工业革命之后,各经济体通过分工和交换连接为一个完整的国际市场;虽然"比较优势"始终是经济体参与国际竞争的核心,但是提高人力资本水平,提高自己的技术能力,使得"比较优势"向着有利于自己长期增长的方向转变,会成为增长政策的核心。这就存在"动态比较优势"的问题。第七章的理论分析强调人力资本水平在"比较优势"中的核心地位;如果落后国家提高自己的人力资本水平,就能够提高自己的技术能力,就能够提高自己的"比较优势",使得自己在国际竞争中获得竞争优势和增长优势。

不论是历史的回顾,还是现实的分析,我们都感受到了人的作用。虽然人类从茹毛饮血的石器时代到现在的工业文明、信息时代,经历了漫长的历史过程,但是这种历史演进的背后是技术的爆炸,而技术能力的背后则是人力资源的组织和利用,是人的创造。这样一来,研究人力资源本身就会成为研究的核心。在目前的研究语境中,大家习惯称呼与"物资资本"相对应的"人力资本"概念,"人力资本"是现代经济学的概念,而人类历史发展不可能像"人力资本"概念那样整齐划一,很多人的因素很难用"人力资本"因素概括。而在本书的研究语境中,本书提出包含"数量"因素的"人力资源",以囊括技术传承、利益集团阻碍等非标准的"人力资本"因素。

"不知历史,无以言当下,更无论将来!"对当前人力资源问题的研究,更应该有历史的深度;对未来问题的思考,更应该了解问题发展背后的规律。"太阳底下没有新鲜事",当下的事情虽然不是历史问题的简单重复,但是当下问题的演变都有其历史渊源,遑论把握历史发展背后的规律,对我们研究当下的芜杂不无裨益。所有问题都是人的问题,从"人力资源"的角度探讨人类经济增长的历史和现实,将是一个可行的研究策略。

目 录 CONTENTS

第 一 章

技术传承方式与长期增长：

对传统中国增长停滞的一个解释①

| 第一节 |

引　言

按照经济史家与经济学家的普遍观点，从人均意义上来说，传统中国始终没有能够实现向上的突破，这种停滞的迹象在宋朝之后非常明显（林毅夫，2006），宋朝之后的传统中国开始陷于长期停滞。我们认为传统中国经济发展长期停滞的原因在于传统中国技术进步的停滞，而传统中国技术进步的停滞则根源于传统中国技术传承方式。

经济中技术进步主要表现为创新发明以及人力资本的提高两种方式：前者体现为经济中的新产品、新工具不断发明，我们称之为"物化技术创新"（Materialized Innovations），其传承主要依靠"物"；后者则体现为

① 本章核心部分以《技术传承方式与长期增长：对传统中国经济增长停滞的一个解释》为题发表于《经济研究》2010 年第 6 期。

劳动者技艺不断提高,我们将之称为"人力资本增进型技术创新"(Human-capital Augmenting Innovations),其传承主要依靠"人"。我们认为:在传统社会,物化技术创新提高了人力资本的边际产出,带来工资率的上升,这样反过来激励人们将更多的时间投入提高个人技艺,即从事人力资本增进型技术创新,而减少用于物化技术创新活动的时间投入;每一次新产品、新工具的发明都反过来使得人们投入更少的时间去从事物化创新发明活动,这样一来,投入于创造发明的时间将越来越少,最终物化技术创新活动在长期将趋于停滞。因此,传统社会不会选择以物为载体的技术传承。

然而,单纯依靠人力资本增进型技术创新(劳动者技艺的提高)却无法带来传统经济的长期增长,这是由传统社会人力资本的传承方式所决定的。传统社会缺乏像现代社会那样的公共教育制度和知识积累传承制度,人力资本的传承主要采取家族传承(Familial Transfer)和师徒传承(Master-to-Apprentice Transfer)的形式。这样的技术传承方式对长期增长来说有两个致命的弱点:第一,限制了技术创新在传统社会中的扩散。技术的传播总是要靠面对面、手把手的教,技术扩散的效率和广度大受影响。因此社会从知识的外溢性中所获得的好处是有限的。此外,正是因为传统社会普遍采用这种传承方式,使得在经济发展早期人口密集程度对技术的扩散至关重要,传统中国早期的发展的确得益于其相对庞大的人口规模。我们的这一观点和林毅夫(1995)的观点是一致的。第二,这种传承方式在代际传承方面存在巨大的风险,代际传承性非常差。一旦个人生命消亡,凝结在个体中的人力资本往往随之消亡,后人无法直接继承蕴涵在上一代人身上的人力资本存量,更多的时候只能够从头再来。人的生命是有限的,个人在有限的生命中能够积累的人力资本也是有限的,这意味着整个社会的人均资本水平也存在一个极限水平。同时,传统社会由于战乱、灾荒等各种意外经常会导致工匠的失散和非正常死亡,意味着传统社会由这些工匠所掌握的技艺极易失传。传统中国技艺的大量失传实际上也反映了这种传承方式的弱点。

在传统社会中,物化创新活动趋于停滞,而人力资本由于自身的传承性差也存在一个极限,这意味着传统社会经济长期停滞不可避免。

本章的结构安排如下:第二节将梳理回顾相关的文献;第三节将梳理传统中国技术进步的相关史料,并从中推演出本章的理论逻辑;第四节将给出考虑确定性冲击世代交叠(Overlapping Generation,OLG)模型分析;根据真实的历史数据以及考虑真实历史冲击的数值模拟工作将在第五节完成;最后一节将总结本章内容。

| 第二节 |

文　献

传统中国的经济发展长期停滞,两千年的经济发展历史始终不能将传统中国带入一个新的发展阶段。对这一问题的考察牵涉到对李约瑟之谜的解释。兰德斯(Landes,2006)认为这一问题实际上可以分为两个层次:第一,中国为什么不能够在灿烂的古代科技上进一步提升,实现经济的转型与起飞? 第二,即使在大分流发生之后的 16 世纪以及之后的两百年,中国仍然可以选择向西方学习,吸取欧洲成功的发展经验,但是中国为什么错失向西方学习的机会? 显然,本章试图回答第一个问题。

增长理论家们近些年关注工业革命问题,关注人类社会如何跳出马尔萨斯陷阱而实现经济长期增长这一历史转变过程。他们沿着卢卡斯(Lucas,2002)的思路,将分析的重点放在对人口转型(Demographic Transition)问题的探讨,希望从人口转型的角度来解释工业革命之后人均收入的持续增长(Galor 和 Weil,2000;Galor,2005;等等)。诚如克雷默(Kremer,1993)所注意到的那样,在工业革命之前的年代,每一次技术进步都会带来人口相应的增加,反过来吞噬了技术进步的成果,而人均收入始终停滞在生存水平。这样,人口转型是技术进步带来人均收入增长一个不可避免的条件。经济学家们关注人口转型的思路实际上发挥了内生生育理论(Becker 和 Barro,1988;Becker、Murphy 和 Tamura,1990;等等)的思想:利他主义的家庭总是面临子女数量与质量的权衡,工业革命中技术的进步实际上提高了人力资本的报酬,使得家庭减少生育数量而注重子女的人力资本投资,这样人口转型得以发生,经济能够跳出马尔萨斯陷阱而实现长期持续增长。

研究人口转型的经济学家们自然而然地开始关注人力资本在经济转型中的作用(Galor 和 Moav,2002、2004;Galor,2005;Doepke,2004;Lagerlof,2006 等),工业革命实际上提高了社会对人力资本的需求,促进了人力资本本身的形成。这些因素和人口转型、技术变迁互相作用,最终推动经济跳出马尔萨斯陷阱而实现经济的长期增长。盖勒等(Galor、Moav 和 Vollrath,2009)将制度分析和人力资本理论结合在一起,他们认为初始的土地所有权的分配越不平等,对像公共教育这种促进人力资本形成的制度(Human-Capital Promoting Institutions)产生的负面影响越大,从而影响整个社会从经济停滞到持续增长的转型。

本章的研究不同于这一支文献的研究。我们注意到这一支文献有一个非常重要的前提假设:人力资本的积累本身具有收益递增的性质,后人能够继承前人已经积累的人力资本,在前人基础上积累新的人力资本。这一关于人力资本传承的假设符合欧洲的历史现实:在西方学者普遍关注的工业革命前后的年代,近代大学教育制度和科学制度已经建立;宗教改革之后的欧洲教会也保存和传承了大量的科技知识,在知识传承体系中扮演了重要的角色。这些因素都使得人力资本的传承性大为提高,依赖人力资本能够实现经济的持续增长。但是欧洲这些条件传统中国根本不具备,传统中国缺乏近代意义上的大学教育制度和科技传承制度,始终依靠家族传承和师徒传承的方式实现人力资本的传承。即使是隋唐之后建立和完善的科举制度与明朝中后期出现的书院,它们的目的和功能离保存、发展、传承自然科学知识和基本技艺相去甚远。由于传统社会人力资本传承方面的种种缺陷,传统中国单单依靠人力资本的积累根本无法实现经济的长期持续增长。我们的研究实际上建立在传统社会人力资本传承缺陷的基础之上。传统中国人力资本传承性差的一个例证是古代中国大量技艺的失传。

有的学者直接从制度的角度解释这一问题。诺斯(North,1981)、兰德斯(Landes,1998)、莫克(Mokyr,1990,2002)、帕伦特和普雷斯科特(Parente 和 Prescott,2000)、格莱塞和施莱弗(Glaeser 和 Shleifer,2002),以及阿西莫格鲁、约翰逊和罗宾逊(Acemoglu、Johnson 和 Robinson,2005)等人都强调了产权保护对经济长期增长的意义,这一观点和以戴蒙德(Diamond,1999)为代表的中央集权假说相一致。戴蒙德(1999)认为中国历史上是长期的大一统王朝,近海也缺乏大的岛屿,长期的大一统使得中央集权的王朝不受限制,缺乏对私人产权的保护与尊重。但是正如姚洋(2003)所质疑的那样,这一假说能够解释中国在近代的落后,但是却很难解释古代中国的长期领先;更何况,对于汉唐明清这样长期统一的大王朝而言,统治者难道总是采取"涸泽而渔、焚林而猎"的政策?

张宇燕、高程(2005)则在制度变迁的分析框架内认为正是传统中国官僚制度中固有的产权保护因素使得中国在明代后期面临巨额的海外白银流入时,却不能够像西欧那样诱发出有利于经济长期增长的制度变迁。

而艾德荣（2005）认为中国"弱省"的政治体制结构使得传统中国对国家实际的管理控制能力减弱，统治者更多地依赖拥有土地的地方精英（如士绅阶层）进行统治。这些地方精英有机会侵犯他人的产权，限制可能威胁他们权利和收益的商人和工厂主的发展。这样，传统中国不可避免会出现停滞。皮建才（2006）综合了张宇燕、高程（2005）以及艾德荣（2005）的假说，认为"李约瑟之谜的本质是一个投资阻塞问题（holdup problem）……中国的根本问题在于民间发生了投资阻塞问题，而发生投资阻塞的根本原因又在于中央集权的官僚体制导致的政府拥有形式权威（formal authority），而民间不拥有形式权威"。而 Ni 和 Van（2006）则认为中国明清官员的腐败直接导致了中国自 15 世纪以来经济增长的停滞。

本章的分析并不涉及对传统中国制度问题的探讨。制度在历史的发展中特别重要，但是制度很难直接作用于经济发展，它需要通过一些中间变量和内在中间机制才能对经济长期增长产生影响。相对于关注制度因素的文献，本章更倾向于解释在传统中国的制度框架内，技术进步如何停滞，经济增长如何无法持续。

对地理因素的考察也是经济学家们（Jones，1981；Diamond，1997；Sachs 和 Warner，1995；Hibbs 和 Olsson，2005 等）分析经济长期增长差异的一个视角。不过单纯地考察地理因素的文献容易被人批评：相同地理条件的国家可能会呈现出巨大的经济发展差异，而不同地理条件的国家有的时候却走上相同的经济发展道路，地理因素显然很难是经济长期发展的决定因素。所以考虑地理因素的文献一般会结合经济长期发展中的其他因素来解释经济的长期发展。有的学者将经济发展早期所面临的地理自然环境与影响经济长期发展的制度演化与经济结构联系起来。例如，黄仁宇（1997）就认为中国发展早期所面临的大河流域（黄河以及长江）使得以农耕为基础的中国政治上早熟，容易形成大一统的政治格局。英格曼和索科洛夫(Engerman 和 Sokoloff,2000)认为地理因素对影响经济长期增长的制度形成至关重要:如果地理环境加剧了收入不平等的情况,那么经济很可能演化出不利于经济长期增长的制度(例如权力分配的不公、民主制度的缺失、公共教育制度的残缺等)以自我维持经济中的不平等;如果地理环境使得经济中的收入趋于平等,那么经济容易演化出有利于经济长期增长的制度来。阿西莫格鲁、约翰逊和罗宾逊(Acemoglu、Johson 和 Robinson,2005)实际上也强调了地理因素对制度演化的影响。

以埃尔文(Elvin,1973)为代表的"高水平均衡陷阱"理论从人地比例的失调来解释传统中国技术进步的停滞。这一理论经过后人的发展(如Tang,1979;Chao,1986 等),理论逻辑日趋严密:较高的人地比例使得传统中国偏向于发展精耕细作的农业,而农业的发展又反过来带来人口的进一步增长,使得人地比例失调问题更加严重。如此反复的结果使得中国精耕细作的农业异常发达,农业在一个较高的水平上维持着巨大的人口,而相应的工业根本得不到发展,传统中国处于一种"高水平均衡陷阱"。姚洋(2003)在一个动态一般均衡框架中向我们展示了"高水平均衡陷阱"的另一实现机制:传统中国人地比例的失调使得农业投资的回报远远高于工业投资的回报,资金向农业部门集中,而人口马尔萨斯式的增长又吞噬了农业发展的成果,人地比例失调问题更加严重;如此反复的结果使得传统中国陷入"高水平均衡陷阱"而无法自拔。沿着资源约束的思路,文贯中(2005)也提出了一个假说,他认为中国自宋以来,元明清地理疆域相对扩大,这导致农业这一土地密集型的产业持续扩张,传统中国陷于以农业为主的低水平扩张的境地。

这一支文献实际上认为人地比例的失调使得传统中国不会发展节约劳动力的技术,缺乏对技术的需求。实际上,技术是否节约劳动力和技术是否先进是两个概念,这一支文献实际上混淆了这两个概念。就农业技术来说,劳动力丰富,不发展节约劳动力的技术并不意味着经济对节约土地的生化农业没有需求。其他产业也是一样,经济仅仅只是对节约劳动力的技术进步没有需求,在生产效率低下的传统社会,很难想象经济对所有类型的技术进步都没有需求。

林毅夫(1995、2006)则认为古代中国长期领先的原因在于人口优势带来的源自生产实践的偶然改良发明。由于古代中国人口庞大,来自生产实践的偶然发明要远远多于分裂且人口稀少的欧洲,这使得古代中国在技术上得以一直领先。1500年之后,欧洲科学实验制度开始建立,科学家、发明家开始有意识地进行各种实验,一个普通的发明家短时间内所进行的有意识的试验总数甚至超过了古代中国一个工匠一生随机遇到的试错次数的总和。在这种情况下,中国开始远远落后于建立了科学实验制度的欧洲。

和以上文献不同的是,本章将从技术传承方式来探讨传统中国中后期的长期停滞。制度因素对经济长期增长固然重要,但是制度因素需要作用于直接或间接的增长变量才能对经济增长产生影响;"高水平均衡陷阱"理论虽然成熟,但是传统中国较高的人地比例为什么不能催生出劳动力密集性的技术变革? 本章和林毅夫(1995、2006)的研究一样,都是从技术供给的角度来讨论经济的长期增长;与林毅夫观点不同的是,我们在主流经济学的框架中区分了不同的技术进步方式,构建了一个内生的机制来解释传统中国对技术进步道路的选择问题。

近年来"加州学派"的兴起使得人们开始重新审视欧洲兴起之前的世界,重新重视工业革命之前的东方社会。这些历史学家们普遍认为直到工业革命之前,西方社会相对于东方社会并没有很明显的优势①,西方

---

① Shiue 和 Keller(2007)的研究也表明在工业革命前夜,并没有明显的证据表明西欧比中国南方各省份市场一体化程度要高。

社会的兴起得益于一些东方社会所不具备的条件:彭慕兰(2003)认为这一历史逆转是由于英国煤矿的发现以及西方社会的地理大发现,弗兰克(2005)直接将这一逆转归于西方社会在地理大发现之后对美洲金银的掠夺。但是,这一思路有很大的逻辑漏洞:为什么是西方发现了美洲,而不是东方国家发现美洲大陆,更不是美洲大陆发现东方或西方? 三大经济体在地理大发现和工业革命之前经济的发展已经有了很大的差异。历史的发展背后又有什么样的逻辑决定着这种发展差异呢?

本章将从技术传承的角度探讨传统中国经济增长长期停滞这一问题。我们将建立 OLG 模型展开本章的分析,并利用历史数据和真实的历史冲击对我们的 OLG 模型进行相关的数值模拟,以支持本章的假说。

| 第三节 |

本章的逻辑与历史证据

传统中国在其发展的中后期始终无法实现向上的突破,这一迹象在宋代之后特别明显。传统中国经济发展的停滞反映了传统中国技术进步的停滞。但传统中国技术进步为什么会停滞? 我们并不否认,传统中国的制度结构是传统中国经济增长停滞的根源。但是我们更关注在传统中国的制度框架内,技术进步是如何停滞的,经济增长又是如何停滞的? 对于传统中国制度结构演进的分析并不在本章的讨论范围之内。

我们认为,传统中国技术进步的停滞根源于传统中国的技术传承方式。技术进步主要可以分为两类:一是物化创新(Materialized Innovation),主要体现为新产品、新工具的不断发明,创新活动凝结为那些已经发明的多样化产品；二是人力资本增进型技术创新（Human-capital Augmenting Innovation），技术进步体现为劳动者技艺的提高，凝结在人的生命之中。不同的技术进步方式则和不同的技术传承方式相匹配：物化创新依赖"物"的传承，而人力资本增进型技术进步更多地依赖"人"的传承。

不论是哪一种技术进步，都需要人们投入相应的时间精力。如果人们投入时间进行物化创新活动，那么他能够获得垄断物化发明所带来的垄断利润[1]；如果人们投入时间精力提高自己的技艺，从事人力资本增进型技术创新，那么他在工作中能够获得较高的工资收入。理性的个人将在两种创新活动之间进行权衡分配自己有限的时间精力，以获得自己的终生收入最大化。

新产品、新工具的发明实际上提高了人力资本的边际产出，提高了劳动力的工资，即物化创新活动提高了人力资本投资的回报，使得人们将更多的时间用于人力资本增进型技术创新。每一次物化创新的成功都使得人们将更少的时间投入于物化创新活动，长此以往，经济中物化技术创新将趋于停滞。

传统中国长期处于大一统的封建王朝统治之中，垄断权力不受限制，私人产权得不到有力的保护，更没有现代社会普遍存在的专利制度与知识产权制度，发明者从发明中获益并不充分。在这种情况下，物化发明导致工资率提高的效应才有可能占主导地位，每一次物化创新都使得人们更多地去积累人力资本而不是进行进一步的物化创新。长此以往，物化技术进步才会趋于停滞。

图 1-1 给出了自北宋开宝四年（971 年）到清嘉庆二十五年（1820

---

① 在传统中国并不存在完善的技术市场，人们更多的时候并不是为了市场而去进行研发。更多的时候发明者自己充当了自己发明的买者。换而言之，发明者即便并不为市场进行研发，但是他们仍然是为了利益进行研发，利润最大化的假说对发明者仍然是适用的。

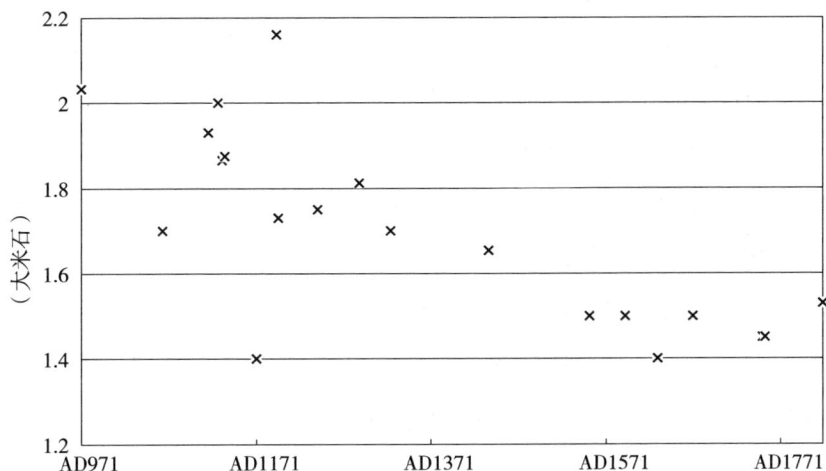

图1-1　中国自宋代以来的月工资收入(AD971-AD1820)

资料来源:详见本章附录 A 的数据说明。

年)的工人的实物(月)工资水平。仔细观察图1-1,我们可以知道中国自宋之后,工人工资缓慢下降,特别是在清朝,工人实物月工资长期停滞在大米1.5石的水平。根据本章的假说,这实际上反映了传统中国的物化技术进步的动态特征:第一,中国的物化技术进步在宋朝达到了顶峰,而与此相对应的是中国劳动力工资水平也达到了顶峰,人均收入也达到了顶峰。第二,中国自宋之后劳动力工资的下降实际上意味着物化技术进步的退化。第三,蒙元前后,中国实际上发生了很重要的结构性变化,唐宋的进步开放与明清的封闭保守形成鲜明的对比。我们认为就技术进步和经济发展来说,蒙元之后的中国是退化的。在本章的模拟中,蒙元南下所造成的永久性冲击使得蒙元之后的传统中国位于更低的稳态之中①。中国

———————

① 薮内清(1984)、张功耀(1989)等则认为,不仅蒙元南下,北宋末年的"靖康之变"也对传统中国社会产生了重要的结构性影响。"靖康之变"与随后发生的蒙元南下等战乱,造成了技术进步速度的永久性下降,对传统中国的经济发展产生了持续性的负面影响。

改朝换代的战争造成了惊人的破坏,这种破坏长期得不到恢复。宋之后,大规模的战乱破坏(金灭北宋、蒙元南下、明末农民起义以及之后的满清南下等战乱)等因素的影响,不仅人力资本的传承积累大受影响,很多物化技术也没有能够保存下来,物化技术的减少会带来工人工资的下降,经济将位于更低的稳态水平。根据本章的假说,工资率的长期停滞实际上反映了物化技术进步的停滞。

而在传统社会,单纯的人力资本积累却无法保证经济的长期增长。传统中国缺乏现代社会那样的知识传承制度,蕴涵在个体身上的知识技术的传承主要依靠师徒传承和家族传承两种传承方式。很早就有学者注意到了传统社会的这种技术传承方式。波兰尼(Polanyi,1958)指出隐性知识(tacit knowledge)只能依赖于类似于"师徒传承"的传承方式。郭金彬、李涛(2007)则从具体案例的考证分析出发,认为传统中国社会科技知识的传承主要依靠面对面的口述方式,即通过君臣链、师徒链、学友链、家族链进行的;科学技术的传播渠道狭窄,知识传承效果差。更一般地,在前现代社会,知识更多地是通过当面演示、师傅手把手的教授等方式进行传播和传承(David 1992)。我们已经提到,这样的传承方式使得:一方面,知识的传播扩散受到限制。由于知识采取手把手教授的形式传播,那么知识的传播扩散是有限的,传统社会从知识的扩散和传播中获得的好处也是有限的。另一方面,知识传承特别是代际传承效率低下。由于技术都凝结在劳动者个体身上,在缺乏现代社会那样的知识传承制度(例如教育制度、文献制度、图书馆制度等)的情况下,下一代人很难直接继承上一代人的技艺和人力资本,更多的时候只能够从头再来。人的生命是有限的,个人在有限的生命中所积累的人力资本也是有限的,如果下一代无法在前人的基础上积累人力资本,每一代人都只能够从头再来的话,社会对人力资本的积累也只能随着代际的更迭呈现出循环反复的特点,那么单纯的人力资本增进型技术创新也无法获得经济的长期增长。

传统中国的历史的确印证了我们的推断。通过对历史资料的梳理,我们发现:第一,传统中国的技术进步(体现为物化创新的新产品、新工具与人力资本增进型技术创新的经验技艺的总和)增长缓慢,且在宋代以后趋于停滞。第二,传统中国技术进步的主体是经验技艺(金观涛、樊洪业、刘青峰,1982、1983),即人力资本增进型技术创新。经验技艺凝结于劳动者个体本身,依托君臣、师徒、学友、家族等关系缓慢传播。第三,由于缺乏现代有效、可持续的知识传承制度,科学技术的传承效率低下①,常受到战乱、朝代更迭等外部冲击的影响,伴随劳动者生命的结束而失传。

关于传统中国的技术进步,现有科学史文献以金观涛、樊宏业、刘青峰(1982、1983)的研究最为充分。他们以科技成果累积计分的方式②,对传统中国 2000 余年的技术进步进行了长时段的定量分析。图 1-2 表明了传统中国科技总水平的发展趋势。从中我们发现:传统中国的科技总水平在公元前 6 世纪到公元前 2 世纪(春秋战国至秦统一前)提升迅速,随后缓慢提高,至公元 12 世纪(北宋末年)达到顶峰,然后长期

---

① 传统中国科学技术的主体是人力资本增进型的经验技艺,上文已经论证,由于缺乏有效、可持续的知识传承制度,经验技艺的传承效率是很低下的。除此,通过对科学史文献的研究我们发现,在传统中国,物化技术(新工具、新产品)的传播在很多领域也常依托人际间的代际传承方式进行。新工具、新产品常由于朝代更迭、工匠的死亡与失散而散佚。

② 科学史文献通常利用科技成果累积计分的方式对一国长时段的科技水平、技术进步速度等进行定量分析。每项成果的计分标准根据该成果在学科领域中的地位和对社会的影响大小来确定,划定为四个等级:在科学史上仅有记载者计 1 分;对本学科有较大影响者计 10 分;对科学技术的广泛领域有影响者计 100 分;对整个科技革命具有划时代贡献或对社会发展具有巨大影响者计 1000 分。处于中间状态者,酌情计为 5、50、500 分。科技史学者的这一研究并没有考虑到由于王朝更迭等原因所造成的技术知识的失传因素,其对传统中国科技水平的定量研究仅仅是机械的累加,这意味着后面的技术水平一定会高于前面的技术水平。

停滞(见图1-2)。

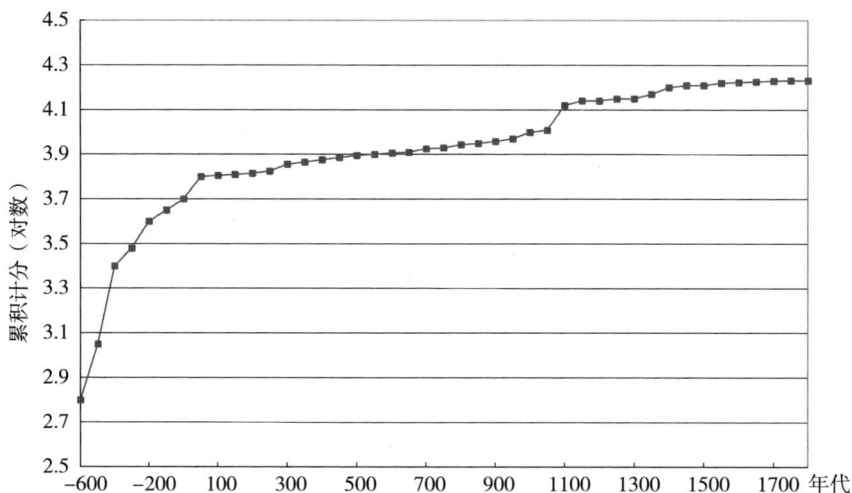

图1-2 传统中国科技成果累计积分曲线(对数值)

资料来源:根据金观涛(1982)等研究文献整理。

现有科学史文献(金观涛等,1982、1983;何新,1983;黄世瑞,2002;郭金彬等,2007)还对传统中国技术进步的来源进行了分解研究,他们发现:中国历史上科技成果的构成主体是经验技艺,即劳动者具有的某项生产领域内的技能及认识,体现为验方、诀窍等形式[1],属于典型的人力资本增进型创新。根据表1-1的统计可知,经验技艺在历代中国科技成果中所占比重多在70%以上,个别朝代如秦、隋等,更分别高达100%与98%。而根据金观涛(1983)的研究,经验技艺占传统中国总体科技成果的比重高达80%。

---

① 例如陶瓷生产中的秘色瓷工艺,就属于一种基于经验的诀窍。传统中国的技术成果很多都是这样的验方与秘诀,并无与之对应的物化工具。

表1-1　中国历代经验技艺占该朝代科技成果的比重

	春秋	战国	秦	西汉	东汉	魏、西晋	南北朝	隋	唐	五代	北宋	南宋	元	明	清
经验技艺比重(%)	86	69	100	85	76	86	72	98	81	/	90	74	80	81	59

资料来源:根据金观涛(1982)、何新(1983)、黄世瑞(2002)等研究文献整理。

传统中国的技术进步主要依靠人力资本增进型的经验技艺,这种技术知识的传承多依赖于师徒传承、家族传承等方式,郭金彬(2007)等将其概括为"科技知识的口述传承方式"。根据他的研究,传统中国的技术成果主要通过君臣、师徒、父子、学友等人际关系链条进行传播,口述传承构成了中国传统社会技术传承的主体形式。在空间上,这种传承方式将技术成果的扩散限制在与发明者有相关人际关系的狭小领域,制约了技术成果应用的范围与传播的广度;在时间上,这种技艺传承方式风险极大,由于战乱和工匠亡佚等因素,技艺极易失传。表1-2总结了传统中国代表性技术的失传情况。

总之,传统中国的技术进步多依靠基于人力资本积累的经验技艺,物化技术所占比例很小且进步缓慢。经验技艺主要通过师徒传承、家族传承等形式为主的"口述传承方式"进行传播、扩散,由于缺乏现代教育制度、文献制度等有效的知识传承制度,经验技艺传播渠道狭窄,代际传承效率低下,且常因战乱的冲击与工匠的亡佚而中断、失传。这造成传统社会的人力资本积累存在一个极限水平,以经验技艺为主的技术进步无法带来经济的持续增长。

表1-2　传统中国部分技术成果的消亡时间与失传原因

技术名称	消亡时间	失传原因
青铜剑身菱形花纹铸造工艺	战国中期（BC4 世纪）	楚灭越战争
地动仪修造技术	东汉中期（AD2 世纪）	发明人张衡死亡
木牛流马	三国末年（AD3 世纪）	魏灭蜀战争
诸葛连弩	三国末年（AD3 世纪）	魏灭蜀战争
指南车修造技术	三国末年（AD3 世纪）	发明人马钧死亡
移动宫殿建造技术	隋朝末年（AD6 世纪）	隋末农民起义
秘色瓷烧造工艺	唐朝末年（AD10 世纪）	唐末黄巢起义
汝窑窑变瓷器烧造工艺	北宋末年（AD12 世纪）	靖康之变
水运仪象台（原始钟表）制造技术	北宋末年（AD12 世纪）	靖康之变
高次方程求解方法	元代中期（AD14 世纪）	首创者朱世杰死亡
十二平均律（新法密律）	明代后期（AD17 世纪）	发明人朱载育死亡
喷泉修造技术	清代中期（AD19 世纪）	工匠亡佚、技艺不传
"神威"火炮铸造技术	清代中期（AD19 世纪）	工匠亡佚、技艺不传

资料来源：根据李婷婷、朱亚宗（2009）、梁宗巨（1983）、吴鸿雅（2006）、丘亮辉（1983）等研究文献整理。

| 第四节 |

模　　型

经济中的个人都生活三期：童年、青年、老年。每个人在童年时期决定是否受教育以提高自己的人力资本水平或投入相应的时间进行创造发明，个人在童年时期不能工作以获得工资收入，他们通过借贷消费。在第二期，个人提供个人劳动获得工资收入，如果人力资本水平高，那么获得的工资收入自然高；同时如果个人在第一期发明成功，那么他在生命的第二期和第三期获得相应的垄断租金收入;有收入的个人在这一期一方面支付自己的消费,一方面为老年储蓄,为童年时期消费还贷。在第三期,个人退休,依靠以前的储蓄以及垄断自己发明所获得的垄断利润生活。简单起见,我们不考虑人口增长,也不考虑政府。

代表性家户追求自己终生效用最大化,即

$$\text{Max} E[U(c_t o) + \rho U(c_{t+l,1}) + \rho^2 U(c_{t+2,2})] = E\Big[\sum_{t=0}^{2} \rho^i u(c_{t+i,i}) \Big]$$

$$(1-1)$$

其中 t 代表第 t 期出生的人,$U(c)$ 为标准的 *CRRA* 的形式,即

$$U(c) = c^{1-\xi}/(1-\xi)$$

消费者的预算约束意味着消费的现值不能够超过个人终生收入的现值,并且我们假定个人不会为子孙留下遗产,即

$$c_{t,0} R_t R_{t+1} + c_{t+1,1} R_{t+1} + c_{t+2,2} = E I_t \qquad (1-2)$$

其中 I_t 为 t 时刻出生的人的终生收入水平。

由此我们得到欧拉方程为

$$EU'(c_{t+i,i}) = E\rho R_{t+t+1} U'(c_{t+i+1,i+1}) \qquad (1-3)$$

其中 $i = 0,1,2$

经济中的总量生产函数为

$$Y_t = exp(s) \int_0^{N_t} X_t(i)^{\alpha} H_t^{1-\alpha} \mathrm{d}i$$

其中,s 为外生冲击参数,我们将在数值模拟中用 s 代表外生确定性的战乱冲击,N_t 为 t 时刻多样化中间产品种类数量,$X_t(i)$ 为第 i 种多样化产品数量,H_t 为 t 时刻人力资本水平,而 α 为多样化中间产品的产出弹性。简单起见我们并不考虑人口增长,人口稳定在 L 的水平,这样我们将生产函数写成人均形式

$$y_t = Y_t / L = exp(s) \int_0^{N_t} x_t(i)^\alpha h_t^{1-\alpha} \mathrm{d}i$$

最终产品生产部门雇佣中间投入品 i 与人力资本进行生产,中间产品 i 的反需求函数为

$$p_t(i) = \alpha exp(s) x_t(i)^{\alpha-1} h_t^{1-\alpha} \qquad (1-4)$$

而单位人均资本的工资为

$$w_t = (1-\alpha) exp(s) \int_0^{N_t} x_t(i)^\alpha h_t^{-\alpha} \mathrm{d}i \qquad (1-5)$$

第 i 种中间产品生产者垄断了该产品的生产技术,假设生产一个单位中间产品的生产需要租用 β 数量的资本,而资本的利率为 r_t;并且这是一个对称模型,每种中间产品的产量都相等,即 $x_t(i) = x_t$;由中间产品生产者利润最大化行为能够知道

$$r_t = \frac{\alpha^2}{\beta} \left(\frac{h_t}{x_t} \right)^{1-\alpha} \qquad (1-6)$$

利用对称性,经济中总的人均资本存量为

$$k_t = N_t \beta x_t \qquad (1-7)$$

总产出表示为

$$y_t = exp(s) N_t x_t^\alpha h_t^{1-\alpha} \qquad (1-8)$$

工资可以表示为

$$w_t = (1-\alpha) exp(s) N_t x_t^\alpha h_t^{-\alpha} = (1-\alpha) exp(s) N_t (\alpha^2 / r_t \beta)^{\frac{\alpha}{1-\alpha}}$$

$$(1-9)$$

利用对称性以及中间产品生产者利润最大化条件方程(1-6)我们得到,而中间产品生产者的期望利润为

$$E \pi_t = E\alpha(1-\alpha) y_t / N_t = E[(1-\alpha)\beta/\alpha] r_t x_t \qquad (1-10)$$

我们假定个人总共有一单位的时间禀赋,在青年时期时间全部投入工作,但是在童年时期,个人可以在研发新产品与提高个人人力资本水平

之间进行选择。假定在 t 时刻个人投入到研发创新的时间为 δ_t,而投入到提高人力资本水平的时间为 $(1-\delta_t)$。

经济中创新发明的数量由以下方程决定

$$N_{t+1} = (1 - \varepsilon exp(z)) N_t + A \delta_t^{\eta} \tag{1-11}$$

其中,N_t 为经济在 t 时刻的多样化产品数量;$A\delta_t^{\eta}$ 为个人在 t 时刻研发数量,它是研发投入时间 δ 的函数,A 为正的参数。由于种种原因没有能够保存下来,创新发明会发生"折旧",该比例为 ε,其中 $exp(z)$ 代表历史事件①给物化技术进步所带来的永久冲击。简单起见我们假定发生"折旧"的创造发明是那些已经成为公共知识的创造发明,这意味着个人在有生之年不必考虑自己的创新发明"折旧"的问题。

人力资本积累满足以下方程

$$h_{t+l} = h_0 + B (1 - \delta_t)^{\eta} \tag{1-12}$$

其中 h_0 为在第 t 期出生的个人在青年时期的人力资本水平;而 B 同样为正的参数,$(1-\delta)$ 为投入到人力资本积累上的时间比例,人力资本积累同样保持指数增长。

个人在创新发明与提高自己人力资本之间的时间投入的选择行为应该使得个人的期望收入最大化

$$MaxEI_t = E[w_{t+1,1} h_{t+1,1} R_{t+1} + (\pi_{t+1} R_{t+1} + \pi_{t+2}) \Delta N_t] \tag{1-13}$$

其中 $R_t = 1 + r_t$,r_t 为经济中的利率水平;E 代表期望,$w_{t+1,1}$ 代表青年时期的工资率,简单起见,我们将其写成 w_{t+1};$h_{t+1,1}$ 为青年时期的人力资本水平,同样写为 h_{t+1};而 π_{t+i} 为个人在 t 时刻研发成功,垄断相应产品的生产在 $t+i$ 时刻的利润,ΔN_t 为个人 t 时刻研发成功的数量。简单起见,个人对 $t+2$ 时刻的利润预期等同于他对 $t+1$ 时刻的利润预期,即

① 在模拟中,我们用 z 来代表蒙元南下给传统中国所造成的永久性冲击。

$\pi_{t+1} = \pi_{t+2}$；由于传统社会不存在技术产权交易市场，研发者无法获得其新发明的所有现值，只能够在其有生之年垄断相应产品的生产获得相应的垄断利润，垄断者生命结束之后，而其相应的垄断利润则成为外生统治者的个人财富。

h_{t+1} 由方程决定，而工资水平由方程（1-9）决定，发明成功之后利润由方程（1-10）刻画，方程（1-11）描述了发明的动态。

个人在研发新产品与提高自己的人力资本之间的时间精力配置应该使得个人的期望收入最大化，即使得方程（1-13）最大化。

命题1：在竞争均衡中，

（1）个人在创造发明与提高人力资本的时间分配满足以下关系

$$E\left(\frac{\delta}{1-\delta}\right)^{1-\eta} = E\frac{A(\pi_{t+1} R_{t+1} + \pi_{t+2})}{B w_{t+1} R_{t+1}} \qquad (1-14)$$

（2）随着经济中创造发明的增多（即 N 变大），个人用于创新发明的时间分配 δ_t 将越来越少，即 $\partial\delta_t/\partial N_t < 0$，当 $N_t < N^*$ 时。

证明：参见本章附录B。

实际上，新研发提高了经济中的工资率水平，这将激励人们更多地去提高人力资本水平，而更少地去创造发明新产品，这样一来，个人投入到创造发明中的时间比例 δ_t 是经济中技术水平的减函数。只要个人投入时间进行新产的研发，必然会提高经济中创新发明的数量，反过来会减少人们在创新发明上的时间投入（根据命题1）。可以预计，在传统社会，经济中的创新研发会变慢而趋于停滞。命题1向我们展示了这一结论。

这样，我们可以定义一个均衡 $\left\{y_t, \sum_{z=1}^{3} c_{t,s}, N_t, x_t, h_t, k_t, w_t, r_t, \delta_t\right\}_0^\infty$，其中经济总产出由方程（1-8）决定，个人消费行为遵循欧拉方程（1-3），竞争性工资由方程（1-9）决定，利率由方程（1-6）刻画，而经济中技术水平动态由(1-11)描述,人力资本动态由方程(1-12)决定,经济中人均资本总量由方程(1-7)决定,个人在创造研发上投入的时间比例满足方程(1-14),而这一均衡同时需要满足经济中总量均衡条件

$$y_t = c_{t,0} + c_{t-1,1} + c_{t-2,2} + i_t \tag{1-15}$$

这一均衡一方面使得消费者的消费路径最优,另一方面使得消费者的终生收入最大化,同时也使得企业的利润最大化。简单起见,我们假定经济中的资本折旧率为 ζ,这样我们知道经济中的资本动态为

$$k_{t+1} = i_t + (1 - \zeta) k_t \tag{1-16}$$

我们记稳态时的多样化产品种类数量为 N^*,利率为 r^*,代表性个人用于研发创新的时间比例为 δ^*,稳态时每种多样化产品人均产量为 x^*,则经济中稳态时人均资本总量为 $k^* = N^* \beta x^*$。当经济处于稳态时,经济中的多样化产品和资本存量保持不变,即 $EN_{t+1} = EN_t = N^*$ 与 $Ek_{t+1} = Ek_t = k^*$。

命题 2:经济处于稳态时,

(1)经济中的创造发明的数量为 $EN^* = E[A(\delta^*)^\eta/(exp(z)\varepsilon)]$。

(2)个人用于创造发明的时间比例 δ^* 满足关系

$$\frac{\delta^*}{1 - \delta^*} = \frac{exp(z - s)\varepsilon(1 - \rho^2)[h_0 + B(1 - \delta^*)^\eta]\alpha^2}{B(\delta^*)^\eta(1 - \rho)^{\frac{1}{1-\alpha}}} \tag{1-17}$$

证明:参见本章附录 B。

| 第五节 |

模拟与历史数据的拟合

我们根据史料对模型进行相关的数值模拟工作。我们先根据史实以

及经济学文献的惯例设定相关的参数值进行模拟。表 1-3 给出了相关参数的取值。其中需要详细说明的是资本产出弹性 α 和资本折旧率 ζ 的取值。

表 1-3 模型参数设定

α	β	ρ	η	ξ	ζ	ε	h_0	A	B	z
0.12	2.5	0.95	0.3	3.5	0.05	0.05	0.25	3.2	2.07	0.15

首先是资本产出弹性 α 的确定。在经济学文献中,经济学家们一般将现代经济的资本产出弹性设定为 1/3,但是根据代谦与李唐(2009)的相关研究,在传统社会,资本并没有大规模地参与生产,在生产中的作用也远不如现代经济中的资本,资本产出弹性 α 根本达不到现代经济的水平,并且资本产出弹性 α 和人均资本水平相关。基于这种认识,我们将 α 设定为 0.12。

我们将物质资本的折旧率设定为 5%。对于折旧率,历史数据非常缺乏;我们仅能从历代漕船修造的情况中进行合理的推演。唐代宗广德二年(762 年),刘晏主管漕运,将漕船的使用年限定为二十年,按年折旧 5%[1],这种做法为历代引为定制。据李伯重(2000)的研究,明清时期漕船的使用年限为二十年;内河船只与近海沙船的使用年限也约为二十年。由此我们类推传统中国物质资本的折旧率为 5%。相应地,我们将物化技术发明的折旧率也设定为 5%。

z 值的确定也是校准的重点内容之一。根据历史学家的研究,蒙元南下是传统中国发展的转折点。换而言之,明清中国与唐宋中国有着很

---

[1] 《资治通鉴》卷 223;《新唐书·刘晏传》。

大的不同,我们的模型应该反映出这种结构性的变化。我们通过加入 z 这种永久性的历史冲击来反映这一点。蒙元南下以及后来的满清南下,一方面造成了惊人的人力物力损失,另一方面传统中国日趋封闭保守,蒙元之后的传统中国在程朱理学的束缚下更不注重发明创造活动,更加不注意自然科学知识的发展与传承,因此我们认为:在蒙元之后的传统中国,物化技术发明的"折旧率"要高于蒙元之前的中国。根据本章的参数设定,蒙元之后物化技术发明的"折旧率"为 εexp (z)。

我们的模拟进行 841 期,其结果与公元 1000—1840 年的情况进行对照。我们考虑大规模的战争作为大规模的历史负面冲击,其负面冲击强度用战争所造成的人口损失来衡量。具体战争冲击情况见表 1-4。

表 1-4　传统中国自宋以来大规模战乱冲击

事件	时间	冲击强度
靖康之乱	宣和七年——绍兴五年(1125 年—1135 年)	−30%
蒙元南下①	宝庆元年——德祐二年(1225 年—1276 年)	−50%
明末农民起义	崇祯三年——崇祯十七年(1630 年—1644 年)	−21%
清军入关、三藩之乱②	顺治初年——康熙十七年(1644 年—1678 年)	−10%

资料来源:根据葛剑雄主编《中国人口史》卷 2—卷 5 整理得到。

根据结构性变化 z 值出现的时间,我们的模型将出现两个稳态,表 1-5 给出了两个稳态主要变量的对比。

---

①　蒙元南下给当时的南宋、金、西夏造成了惊人的人口损失,此处 50% 为蒙元南下在金境、宋境内所造成的人口损失之和。此外此处蒙元南下造成冲击的起始时间选择是依据葛剑雄的《中国人口史》相关资料选择蒙古灭金的中间时间。

②　清军入关以及三藩之乱在中国南方造成了大规模的人口损失,但在中国北方相对安定,人口平稳增长;从人口总规模上来看,人口整体损失并不明显,此处我们将该战乱冲击调整为−10%。

表 1-5　前后稳态值的比较

变量名	Y	c	r	n	W	δ
稳态 1(1000—1276 年)	24.013	23.9331	0.216423	17.0267	9.13812	0.0121106
稳态 2(1277—1840 年)	22.4246	22.3299	0.170478	15.4005	8.53872	0.0142888

观察表 1-5,我们能够得到如下结论,这些结论和历史史实基本吻合。

首先,蒙元之后,物化技术发明的"折旧率"加大,导致蒙元之后的发展水平要低于蒙元之前的唐宋繁荣时期。宋的确是传统社会发展的高峰(林毅夫,2006)。

其次,传统中国储蓄率非常低,人均收入中的绝大部分用于消费。这一方面反映出传统中国人均收入水平较低,仅仅维持在生存水平[①];另一方面反映出传统中国生产基本上依靠手工劳动(代谦、李唐,2009),资本利用率非常低,社会并没有多大的投资需求。

再次,蒙元之后的中国物化技术水平下降,同时工资率也开始下降。

最后,模拟稳态值的利率在蒙元之前(1000—1276 年)为年利率21%,而模拟的蒙元之后(1277—1840 年)年利率为 17%。这一结果能够得到史料的支持。对于传统中国社会,利率变化不大。宋神宗熙宁三年(1070 年),王安石的青苗法在全国推行。作为一项农业信贷项目,青苗法的年利率为 40%,这个利率较当时市场一般年利率 20% 为高,为时人所诟病(侯家驹,2008;彭信威,2007)。南宋到绍兴六年(1136 年),政府规定的农业(营田)放款年利率为 20%;这一时期,战乱基本结束,南宋的社会经济生活趋于平稳,可将其视作正常的市场利率(彭信威,2007)。

---

① 1793 年,英使马戛尔尼谒见清乾隆皇帝,他发现处于"康乾盛世"中的中国居然有很多老百姓衣不蔽体。普通中国老百姓收入之低可见一斑。

至于明代,根据艾南英《天佣子集·三上蔡太尊论战守事宜书》的记载,明代民间的贷款年利率一般为20%(侯家驹,2008)。汪崇篔(2006)对于以清代徽州文书为样本的利率研究也显示,清代中前期(1644—1800年),一般商业信贷年利率约在18%左右,典当业的年利率则为24%。因此,明清民间的一般年利率为20%左右。由此可见,模拟的稳态利率与历史数据拟合较好。

图1-3、图1-4给出了考虑确定性冲击情况下人均产出、物化技术水平模拟动态以及模拟工资率与实际工资率的对比图。这种对比进一步说明了我们的模型以及表1-3参数设定的合理性。

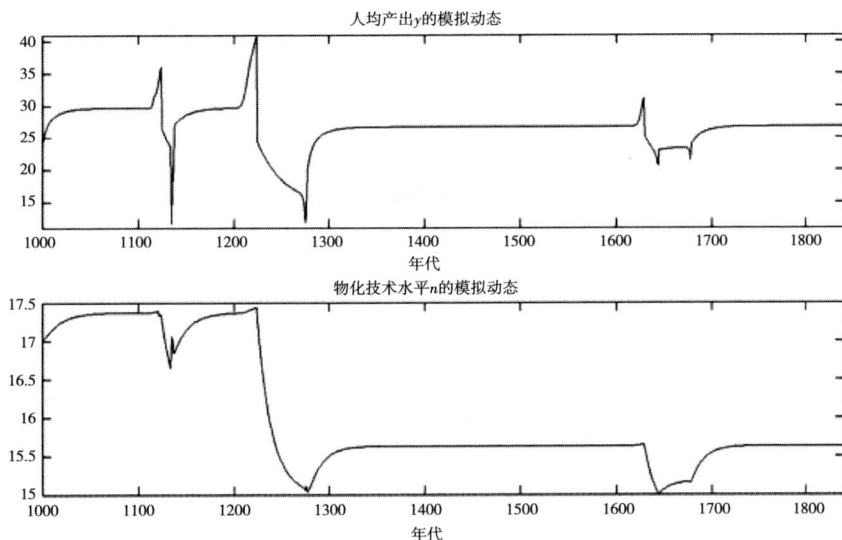

图 1-3　y、n 的模拟图

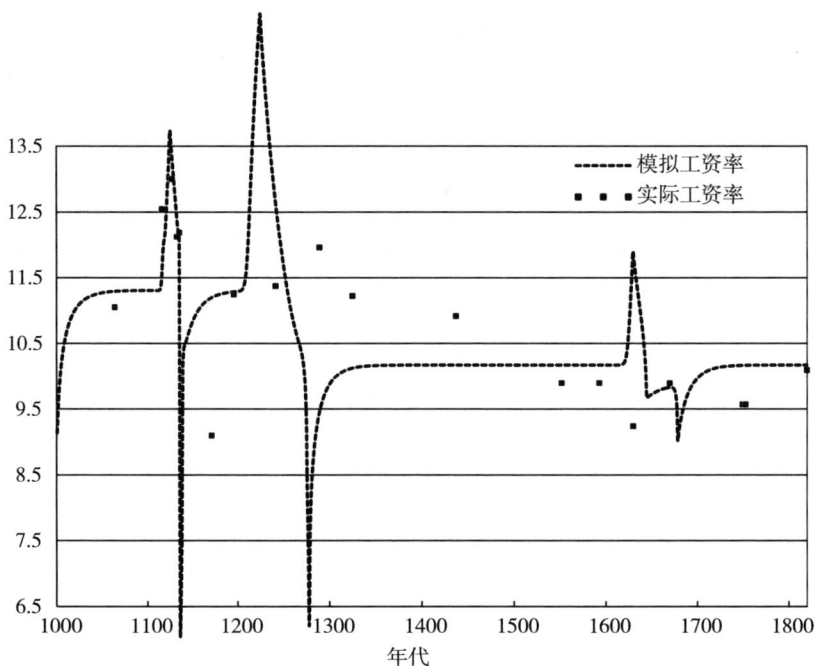

图 1-4　模拟工资率与实际工资率的比较

| 第六节 |

结　论

本章从技术传承方式的角度提出了一个假说解释传统中国无法取得向上突破、经济长期停滞这一问题。经济中的技术传承可以大致分为以物为载体和以人为载体两种方式,相应地我们将经济中的技术进步也分为"物化技术创新"(Materialized Innovation)与"人力资本增进型技术创新"(Human-capital Augmenting Innovation):前者体现为经济中的新产品、新工具不断发明,技术进步体现为"物"的发明,其传承主要依靠"物"的传承;后者则体现为劳动者技艺不断提高,技术进步凝结在人的生命之中,其传承主要依靠"人"。在传统社会的历史背景中,新工具、新产品的发明提高了人力资本的边际产出,激励人们更多地去提高个人的技艺水平,而不去研发新工具。长此以往,经济中的物化技术创新将陷入停滞。并且在传统社会,凝结在人力资本中的技术的传播和传承更多地是依赖面对面、手把手的教授实现,更多地是采取师徒传承和家族传承的方式进行,新知识无法迅速地扩大到整个社会,后代也很难继承上一代人的人力资本水平。显然,由于技艺扩散和知识的传承方面的这种限制,单纯的人力资本积累根本无法实现经济的持续增长。因此,传统中国的经济增长不可避免地会陷于停滞。

本章在一个OLG模型中展示了这一机制。我们的假说能够得到众多史料支持。史料支持主要体现在两个方面:一是科技史的史料支持。传统中国在机械、冶金、化学等容易被物化的领域技术发展缓慢,技术发明更多地集中在容易转化为个人技艺的产业部门,如各种手工业部门;二是根据我们的模型进行的数值模拟能够和真实的历史数据相吻合。具体来说,我们利用传统中国经济史的工资、利率数据进行了模型的模拟,模拟的结果与历史数据拟合较好,这进一步说明了我们模型的解释力。

附录 A：图 1-1 数据来源的详细说明

图 1-1 中关于月实物工资数据的整理较为辛苦烦琐。我们参考了《汉书·食货志》《通典·食货》《宋会要辑稿》《宋史》《齐民要术》《元史》等二十余种古籍关于工人工资情况的零星记载，然后根据彭信威的《中国货币史》、侯家驹的《中国经济史》以及黄冕堂的《中国历代物价问题考述》等书中货币购买力的资料统一折算成月实物工资（大米石）。

需要强调的是，此处的工资并不是特指某一行业某一工种的工人工资，而是包含我们所能够搜集到的各行各业的工资情况，包括自耕农、农业雇工、樵夫、丁役、纺织女工、水河工等工种，此处仅仅反映传统中国工人工资的大概水平与长期趋势。本章并未采用货币工资作为度量单位，因为在史料整理的过程中我们发现：传统中国不同时间、不同地域，银两本身质地、成色、重量都彼此不同，其价值与购买力都有很大的差异，如果用银两作为度量单位，势必会造成混乱。由于这种混乱，我们在史料的整理过程中，放弃了用银两作为度量单位的做法，而统一根据购买力折算为实物工资（大米石）。

附录 B：命题的证明

一、命题 1 的证明

证明：

（1）我们将方程（1—13）对 δ 求导，由一阶条件我们能够得到方程（1—14）。

（2）我们将方程（1-14）对 N_{t+1} 求导，利用（1-9）式和（1-11）式我们能够得到 $\partial \delta_t / \partial N_t < 0$。这一关系在 $N_t < N^*$ 时成立，当 $N_t = N^*$ 时，$\partial \delta_t / \partial N_t = 0$。

二、命题 2 的证明

（1）稳态意味着 $EN_{t+1} - EN_t = 0$，即 $E[exp(z)\varepsilon N^*] = E[a_t(\delta^*)^{\eta}]$，由此得到稳态时物化发明的数量。

（2）首先，稳态时个人每一期的消费应该相等，根据欧拉方程（1-3）我们知道稳态时期的利率 $r = 1/\rho - 1$。根据稳态时的利率，由关系式（1-6），我们得到稳态时多样化产品的数量

$$x^* = \frac{h_0 + B[1 - (\delta^*)]^{\eta}}{\left[\left(\frac{1-\rho}{\rho}\right)\frac{\beta}{\alpha^2}\right]^{\frac{1}{1-\alpha}}} \tag{1-18}$$

将方程（1-9）、方程（1-10）、方程（1-18）以及稳态时的 N^* 和利率 r^* 带入到关系式（1-14）中，我们能够得到方程（1-17）。

第 二 章

比较优势与落后国家的二元技术进步：

以近代中国产业发展为例①

| 第一节 |

引　言

最近几十年来,中国经济发展取得了巨大的成功,但是以更长的历史视野来看,中国仍然处在利用外生技术推动经济增长的历史阶段。问题是:在这样一个历史阶段,作为发展中国家的中国能否一步到位地采用发达国家最先进的技术实现产业发展的跃进,从而迅速实现经济的起飞?对中国产业进步历史经验的考察或许对当前中国产业发展战略有着非常重要的借鉴意义。

始于 19 世纪的工业革命首先是一场以蒸汽机的发明和应用为代表的技术变革,以蒸汽机为代表的新机器发明层出不穷,并广泛应用于生

---

① 本章的核心部分以《比较优势与落后国家的二元技术进步:以近代中国产业发展为例》为题发表于《经济研究》2009 年第 3 期。

产。这一技术变革引发经济、社会结构一系列的变革与转型。工业革命及其之后的年代,西方国家是技术创新的主力,而东方国家主要以引进、模仿西方国家的先进技术为主实现技术进步。如果落后国家能够自由地接触到西方国家的先进技术[1],那么落后国家通过引进西方国家的先进技术,能够迅速地实现本国的技术进步,从而与西方国家站在同一起跑线上。事实上在落后国家的发展历史上,落后国家总想通过移植工业化国家的先进技术,实现经济的跳跃式发展。

但是,历史的发展并不尽如人意。从各国经济发展的历史经验来看,不论是第二次世界大战前的殖民地国家还是当今的发展中国家,鲜有通过整体引进西方国家的先进技术而实现经济跳跃式发展的例子。

在历史上,19世纪之后,在西方工业文明冲击之下,落后国家如中国、日本、埃及、土耳其等国在大力引进外生技术的基础上开始了其近代化历程。其中以埃及、土耳其为代表的一些国家试图通过整体上采用西方先进技术而对传统经济的各产业部门予以“创世纪”般的彻底变革,以此走上经济持续增长的道路。但是,这种技术引进战略的经济绩效并不理想,除了若干产业(纺纱、造船等)较为成功地吸收了先进技术之外,其他产业的整体技术引进最终都以失败而终(斯塔夫里阿诺斯,1999)[2]。然而,明治维新的日本则完全遵循了不同的技术引进思路,在纺纱、造船、交通运输等产业选择了一步到位的整体技术引进,而在如织布、钢铁、丝织等产业则采取了渐进式的技术变革。这种技术进步道路的选择是日本近代化中一个非常重要的特点。

---

[1] 19世纪的确是这样,先进技术的知识产权保护并未在世界通行,西方国家也没有限制本国技术的扩散。

[2] 中国洋务运动的失败也和这种技术引进战略有很大关系。参阅徐泰来:《洋务运动新论》,湖南人民出版社1986年版。

当我们把关注的焦点转向近代中国时,更能发现一些有趣的现象。仔细考察中国近代经济史,我们发现:近代中国不同的产业走上了不同的技术进步道路:有些产业(如纺纱、造船、钢铁、采矿、铁路、邮电通信等行业),中国是整体引进西方先进机器,这些产业中的技术进步是一步到位的,新式机器与新的生产方式或快或慢地替代传统行业;但是对于其他的产业(如织布、磨粉、榨油、缫丝、丝织等行业),技术进步明显经历了一个或长或短的过渡阶段,走上了渐进技术改良的道路。渐进技术改良表现为"以手工工具改良和'石磨+蒸汽机'的技术模式为主的生产力的发展"(彭南生,2002)。近代中国不同产业走上了截然不同的技术进步道路,这是中国近代工业化中一个非常突出的现象。

问题是对于像中国这样的落后国家来说,什么样的产业会选择一步到位的技术进步道路,而什么样的产业会走上"石磨+蒸汽机"式的渐进技术进步道路? 其中有无一般的规律可循? 中国的这种历史经验对当今广大的发展中国家有无普遍适用性? 考察这些问题,对于我们理解中国近代化和现代化进程,重新审视中国改革开放以来的技术变迁道路具有非常重要的理论意义和现实意义。

和本章的研究紧密相关的是另一个问题:中国和广大的落后国家一样,都想通过跃进的方式迅速实现经济的发展。但是跃进总不成功,我们却付出了惨重的代价。落后国家到底应该选择什么样的发展战略? 其中规律如何? 通过总结近代中国产业发展的历史经验,或许能够得到很多有意义的启示。

本章以近代中国产业发展为例考察落后国家技术进步中的路径选择问题。而在所有这些近代产业中,棉纺织业又是其中的代表。近代中国棉纺织业的技术进步带有非常明显的二元特征:纺纱的技术进步是一步到位的,而织布行业的技术进步则经历了"石磨+蒸汽机"的过渡阶段,带有明显的渐进性。两个彼此紧密联系的行业居然走上了截然不同的技术进步道路,而这种技术进步的二元性是近代中国产业发展一个非常明显的特征。虽然纺纱和织布彼此有着明显的前向后向联系,但是鉴于本章所研究问题的一般性,我们仍然构建两个相互平行的产业以说明这种二元技术进步道路的普遍性。

这种技术进步的二元性和发展经济学中的二元结构有所不同。虽然同是二元现象,发展经济学中的二元结构是一个更为一般的现象,而本章仅仅研究落后国家产业技术进步中的二元道路问题。对于这一问题,我们认为技术进步的二元性实际上是落后国家根据其比较优势进行优化选择的一个结果。本章的分析表明:在国际竞争中,比较优势产业集中了落后国家绝大部分劳动力,如果在该产业中大规模的引进包含在新机器中的先进技术,势必须要大规模引进先进机器,先进机器的大规模引入会降低劳动力在产出中所占的份额,会带来失业与工资收入的下降,这是传统经济所不愿意看到的;所以一个替代的方法是逐步提高比较优势产业的技术水平,逐步释放出来的劳动力进入没有比较优势的行业,由于该行业劳动力少,反倒能够实现较高的人均资本水平,大规模引进西方先进设备。这样,从产业的层面上来看,比较优势行业的技术进步走上了渐进式的道路,而没有比较优势的行业反倒能够一次性地引进西方最先进的技术,实现技术进步的跳跃式发展。

虽然从技术进步的角度来说,有比较优势的产业采取渐进式的技术进步,而没有比较优势的产业技术进步是跳跃式的;但是从产业发展和经济发展的角度来说,没有比较优势的产业虽然能够采用最先进的技术,但是发展伊始,产业规模小,其发展壮大仍然需要时间。从这个意义上来说,跃进式的发展是不可能的。这意味着落后国家的发展战略选择仍然需要遵循自己的要素禀赋与比较优势,在某些产业技术即使能够实现跳

跃式进步,但是产业的发展和经济总体的发展却不能通过跃进的方式
达到①。

本章分为六节。在第二节,我们将进行相关文献回顾;第三节是理论
模型部分;数值模拟我们将在第四节给出;第五节将从中国近代经济史的
角度梳理近代中国产业二元技术进步的史实,以支撑本章的假说;最后第
六节总结全章。

| 第二节 |

文　　献

一、经济增长理论的文献

迄今为止,增长理论家们从经济史的角度探讨落后国家的技术进步
道路选择的文献并不多见,关于落后国家技术进步问题的讨论,经济增长
理论文献主要集中在发展中国家技术引进、技术模仿、国际技术扩散以及
发展中国家对先进技术的吸收等方面。

当新增长理论将研究视野扩大到国际经济增长时,新增长理论一般
强调国际范围内的技术外溢。在这种情况下,开放经济不仅使先进的发
达国家,也使得落后的发展中国家都能够实现比封闭经济条件下更快的
发展(如 Rivera-Batiz 和 Romer,1991a、1991b 等)。这一思路是新增长理

---

① 我们认为总体上经济发展不能跳跃并不意味着经济发展不能赶超,两者并不矛
盾。落后国家如果能够以较短的时间完成先进国家需要花费较长时间才能完成的发展历
程,落后国家就能够以更快的速度发展,最终实现经济赶超。关于经济赶超问题的展开讨
论超出了本章的研究范围,我们将另文论述。

论基于收益递增思想的直接推演。但是这一思路马上遇到了挑战。经济发展的现实并没有如新增长理论家们所预见的那样出现各国经济增长的收敛，第二次世界大战后经济发展出现了"穷国越穷，富国越富"两极分化的局面。在实证上，仅仅只有条件收敛得到了经验支持（如 Barro 和 Sala-I-Martin，1992、1995；Baumol，1986；Bloom，Canning 和 Sevill，2002 等）。

落后国家如何才能实现技术进步，实现经济赶超？现实中的发展中国家或落后国家为什么经济发展成功的少，失败的多？

在开放经济中，技术的扩散是一个非常重要的现象。技术从先进国家向落后国家的扩散是落后国家实现技术进步和经济增长非常重要的一个渠道。技术扩散开拓性的贡献是由尼尔森和菲尔普斯（Nelson 和 Phelps，1966）作出的，卢卡斯（Lucas，2000、2007）始终认为技术的扩散是人类社会发展的必然，工业革命在各国之间的扩散将会使得世界各国经济收敛，世界经济发展大同。但是技术扩散仅仅只是问题的一方面，技术扩散仅仅只能使落后国家接触到先进的技术。而落后国家如何模仿、引进、吸收这些先进技术实现本国的技术进步和经济增长则是问题的另一方面。如果没有技术吸收障碍，技术革命所带来的机遇很有可能会带来国际经济发展中落后国家赶超先进国家的"蛙跳"格局（Brezis，Krugman 和 Tsiddon，1993；Desmet，2002）①。

但是，事情并没有这样简单。国际经济发展中，成功实现"蛙跳"的国家屈指可数，绝大多数国家在国际经济竞争中犹如"龟兔赛跑"，穷国和富国的发展差距越来越大。落后国家对先进技术的吸收是存在障碍的

---

① 格申克龙（Gerschenkron，1962）通过总结美国、德国、意大利等国经济成功发展的历史经验，也提出了"后发优势假说"（Hypothesis of Backwardness Advantage）。后来伯利兹等（Brezis 等，1991）的"蛙跳"思想和这一思想是一致的。

（Parente 和 Prescott，1994），这意味着从落后国家吸收应用新技术方面解释为什么技术扩散没有推动落后国家的技术进步和经济增长这一问题是一个可行的思路。

格罗斯曼和赫尔普曼（Grossman 和 Helpman，1991）在一个一般均衡框架中讨论了落后国家模仿和先进国家创新的问题，在均衡状态下，落后国家和先进国家的技术水平（生产的多样化产品的种类数）都以相同的速度增长。这一结论既没有说明某些落后国家模仿所带来的经济赶超成功，也没有能够解释现实中大多数落后国家对发达国家先进技术吸收的失败而导致的世界经济发展的发散。而巴罗和萨拉·马丁（Barro 和 Sala-I-Martin，1997）提出过一个模仿成本的概念。模仿比创新便宜，随着落后国家接近先进国家的技术前沿，其模仿难度逐渐提高，模仿成本成倍上升。通过引入模仿成本的概念，他们部分地解释了国际经济发展中出现的条件收敛的情况。斯波劳雷和瓦齐亚格（Spolaore 和 Wacziarg，2006）则在一个更广的视角研究了发展的扩散以及发展扩散的障碍。他们通过研究欧洲国家 1500 年之后的收入差距数据发现：即使控制了地理、历史、气候、文化等因素，人种、基因因素对收入差距的影响仍然是显著的。陈昆亭、周炎（2008）从外生的制度、文化以及社会环境解释东西方发展的分流，解释东方国家为什么落后，但是他们的文献仍然没有解释在落后国家实现经济追赶时的技术进步道路选择问题。

还有的经济学家从适宜技术的角度解释落后国家对先进国家技术的吸收问题。巴苏和韦伊（Basu 和 Weil，1998）明确提出了适宜技术（appropriate technology）的概念，他们认为发达国家的技术是和发达国家本身较高的资本存量相匹配的，因此发展中国家如果能够提高自己的储蓄率从而提高自己的资本存量便可以充分地利用发达国家的先进技术，也有可能经历一个经济迅速增长的时期。根据他们的研究，落后国家技术引进低效的症结在于人均资本水平低下，但是这种推论却无法解释为什么在落后国家恰恰是资本密集型产业的先进技术得以整体引进，劳动力密集型产业的技术进步反而采取了渐进式的变革道路。阿西莫格鲁和齐尼波蒂（Acemoglu 和 Zilibotti，2001）则明确提出了发展中国家的劳动力和引进技术的不匹配问题。发达国家开发的技术适合发达国家的熟练劳动力使用，而发展中国家大量存在的是非熟练劳动力。劳动力技能水平和引进技术之间的不匹配（mismatch）导致了发展中国家和发达国家之间巨大的人均产出和人均收入的差异。阿西莫格鲁、阿吉翁和齐尼波蒂（Acemoglu、Aghion 和 Zilibotti，2006）则进一步提出：因为与世界前沿的技术相距甚远，所以落后国家的最优选择是模仿先进国家的现有技术。在他们的模型中，如果落后国家首先模仿先进国家的前沿内技术，技术模仿由易到难，那么落后国家就有可能向先进国家收敛，实现经济现代化转型。林毅夫（1994、1999、2002 等）等在比较优势理论基础上提出比较优势战略，认为发展中国家的发展只能够遵循其比较优势，实现渐进式的发展。但是林毅夫并没有注意到落后国家不同产业技术选择的问题，也没有能够注意到后进国家普遍存在的二元技术进步这一现象。

此外，先进国家的现有技术是从高到低的不同水平技术所组成的集合，落后国家应该在这个可借鉴的集合中模仿、引进哪一种技术呢？或许，所有的产业都采用发达国家技术前沿的技术并不一定是最优的（林毅夫、张鹏飞，2005）；而所有产业都引进非技术前沿的技术难道就是最优的吗？换而言之，落后国家产业千差万别，期望不同的产业都采取相同的技术进步模式并不现实。因此笼统地讨论落后国家的技术进步问题显然无法让我们得出更深刻的认识，要探讨落后国家的技术进步问题，深入到产业的层面就应该成为一个可行的思路。

通过对近代中国各产业技术进步道路的考察，我们发现这种技术引进存在明显的二元特征:一部分产业直接整体引进先进国家的现有技术,而其他产业则大多经历了"石磨+蒸汽机"的过渡阶段。我们将这种现象归纳为二元技术进步道路。为什么近代产业的技术进步会出现这样的二元特征?什么样的产业技术进步一步到位,而什么样的产业会走上渐进式的技术进步道路?其中有无一般规律可循?跳跃式发展到底可不可行?我们采取跃进式发展为什么总是失败?遗憾的是,增长理论对落后国家技术进步的考察缺乏经济史的视角,也缺乏产业的视角。对落后国家技术进步笼统的分析无法对二元技术进步这一历史事实作出有力的解释。

二、经济史的文献

对于二元技术进步道路,经济史文献比主流经济学文献要丰富得多。现有文献大致可以分为三类。第一类以描述为主,包括各种调查报告、资料汇编等;第二类旨在评价,以理论为参照评价论述二元技术进步道路的成因、形态及其发展轨迹;第三类是分析性的,试图对二元技术进步的内在机制演绎合乎逻辑的解释。[①] 目前的经济史文献以前两类为主,第三类非常少。

第一类文献大量涌现于 20 世纪 30 年代前后。当时,以方显廷、吴知等为代表的一批经济学者对近代中国纺纱、织布、面粉、制鞋等行业开展了系列的工业调查工作,从技术形态和生产效率角度对传统经济各产业部门与现代技术间的差异程度做出了详细的考证,揭示出技术进步在不同产业中存在渐进式与跳跃式的区别,为二元技术进步道路的研究保存了丰富的历史材料。新中国成立后,彭泽益(1957、1962)将近代中国渐

---

① 对经济史文献的这一评介,参阅彭凯翔等(2008)。

进式技术进步的历史案例进行了完整的资料汇编工作,汪敬虞(1957、2000、2007)、许涤新和吴承明(2003)则以一步到位式的技术进步为侧重点,细致地梳理了近代中国的工业发展史。其中,经济史学者对于近代中国棉纺织业的研究最为详细。赵冈和陈钟毅(1977、1997)、徐新吾(1992)等以江南、华北等纺织中心为重点,系统整理了棉纺织业技术进步的相关历史材料,而且其数据较为细致和全面,对我们的研究提供了重要的参考依据。

第二类经济史文献尤以严中平的研究成果为代表。严中平(1955)第一次从长时段系统梳理了棉纺织业从传统手工生产向现代机器生产的变迁过程,搜集整理了大量的相关历史文献。但是其研究旨要在于解释中国历史上资本主义经济的发展和变迁,未能提出严格的理论框架解释棉纺织业发展中出现的二元技术进步这一普遍现象。虽然如此,其研究对于传统棉纺织技术的变迁轨迹,近代中国机纱、机布对于土纱、土布的替代,机器纺纱业的发展和土布改良过程等问题进行了全景式的阐述,为我们提供了丰富的史料素材。近年来,经济史学者受西方比较史学的影响较深,在论证近代中国经济现代化转型的内生基础方面着墨尤多。从这一角度,彭南生(2003)重点研究了以高阳、宝坻等地为代表的华北手织布生产,清晰梳理了布业技术改良的阶段特征,对中国传统布业的渐进式进步过程进行了着重阐释。此外,彭南生(2002、2007)对于近代中国渐进式技术改良路径的多产业考察;朱荫贵(2001)、戴鞍钢(2007)等以近代商业市场拓展为基础,对钢铁、铁路、邮电通信等产业为代表的跳跃式技术进步的评介,展现了近代中国二元技术进步的普遍性,从历史材料上给予我们研究更多的支持。

由于现有经济史文献缺乏分析性研究,学者们对经济史上二元技术进步道路的内在机制分析是模糊的。在这方面,美国华裔学者赵冈和陈钟毅(1977、1997)作出了一定的贡献。他们首次从比较优势的视角,从生产效率差异等方面分析了传统经济对于纺纱的放弃和织布技术渐进改良的历史原因,给我们的研究工作提供了重要的思想启示。但是总体来看,经济史研究虽为我们提供了相当丰富的史料素材,但是经济史学者没有能够在同一个框架内分析近代中国产业渐进式技术进步和跳跃式技术进步共存的现象,具体案例研究多,而理论分析少,缺乏统一的逻辑与分析框架,实际上经济史对二元技术进步道路的研究仍然还有很长的路要走。

| 第三节 |

模　　型

一、模型的基本框架

伴随着工业革命机器轰鸣的是西方世界的崛起,世界各国开始分为先进的工业化国家与落后的传统国家两类。随着时代的不同,这种称谓有所变化,但是世界经济发展的两极分化长期存在。

工业化国家技术先进,生产效率高;但是工业化国家的先进技术体现在它所拥有的先进机器设备上,机器设备深深参与生产,其生产不仅依赖劳动力,也依赖于资本。工业革命及其以后的时代,新机器不断被发明出来,机器设备在生产中越来越重要,劳动力在生产中所占的份额越来越少,而与机器广泛应用相伴随的是产出效率几何级数的增长。同时机器设备等物质资本是否参与生产以及参与的程度实际上反映了生产方式的不同。在机器大工业中,机器的广泛应用使得传统的以家庭为生产单位的小规模生产成为不可能，取而代之的是广泛实行的工厂制。反观传统经济，生产以手工劳动为主，不用机器或很少利用机器。和落后的生产工具相伴随的是低下的生产率和家庭式的生产方式——生产规模小，生产以家庭为基本生产单位。

考虑到生产的这些特点，经济中产业 i 的生产函数采用如下的形式

$$Y_i = \lambda^{A\alpha_i} K_i^{\alpha_i} L_i^{1-\alpha_i} \tag{2-1}$$

其中 K_i 为投入到产业 i 中的资本，资本需要依靠投资活动积累；而 L_i 为投入到产业 i 中的劳动力数量，简单起见，我们假定各国不存在人口增长；$\lambda > 1$，为生产效率系数；$\alpha_i \in [0, \overline{\alpha_i}]$ 是产业 i 中资本的产出弹性，用于衡量资本在生产中的介入程度；显然 α_i 越大，代表生产中机器的介入程度越深，生产的技术也越先进，效率越高。很明显，经济中的技术进步体现为资本深化①。

这一生产函数能够反映出工业文明和传统经济生产的特性。对于封闭的传统经济来说，$\alpha_i = 0$，生产函数退化为 $Y_i = L_i$，即生产完全依赖手工劳动，不依赖资本，一个单位劳动生产一个单位产出；和这种手工生产相伴随的生产形式为小规模的家庭生产。鸦片战争前的中国就是这样的经济。但是对同时期的西方先进的工业化国家来说，经济中两个产业都广泛地利用资本，α_i 很大，生产效率 $\lambda^{A\alpha_i}$ 也远远高于传统经济。

简单起见，我们假定：对成熟的工业化经济来说，资本在两个产业中的贡献率分别为 $\overline{\alpha_1}$ 和 $\overline{\alpha_2}$，并且我们假定 $\overline{\alpha_1} < \overline{\alpha_2}$，即对于工业化技术来说，产业 1 是劳动密集型产业，而产业 2 是资本密集型产业。对落后的传统经济来说，近代化过程就是一个不断提高 α_i、用机器大生产取代家庭手工生产的过程。

----

① 库马尔和拉塞尔（Kumar 和 Russell，2002）曾经将产出的增长分为三种途径，资本深化只是其中一个途径。

根据这一生产函数，我们能够知道产业 i 的人均产出为

$$y_i = \lambda^{Aa_i} k_i^{\alpha_i}$$

对于这样的生产函数，生产的单位成本为

$$c_i = \lambda^{-A\alpha_i} (r/\alpha_i)^{\alpha_i} (w/1-\alpha_i)^{1-\alpha_i} \tag{2-2}$$

其中 r 为利率，w 为工资率。简单起见，假定两个市场都是完全竞争的市场，这意味着 $P_i = c_i$。同时产业 i 的单位产品对劳动力和资本的需求分别为

$$a_{iL} = \lambda^{-A\alpha_i} (r/\alpha_i)^{\alpha_i} (w/1-\alpha_i)^{-\alpha_i}$$
$$a_{iK} = \lambda^{-A\alpha_i} (r/\alpha_i)^{\alpha_i-1} (w/1-\alpha_i)^{1-\alpha_i} \tag{2-3}$$

经济中的消费者行为由以下方程所刻画

$$U_t = \int_t^{+\infty} e^{-\rho(\tau-t)} \ln C(\tau) \,\mathrm{d}\tau$$

$$\mathrm{s.t.} \, C + I = Y \tag{2-4}$$

其中 ρ 为消费者的主观贴现率，C 为消费者的消费，I 为投资。对于这一消费偏好，我们能够得到消费支出动态方程为

$$\dot{E}/E = r - \rho \tag{2-5}$$

利用格罗斯曼和赫尔普曼（Grossman 和 Helpman，1991）的方法，将消费者每一期的支出单位化为 1[①]，即 $E(t)=1$。这样我们能够得到

$$r = \rho \tag{2-6}$$

每一期的产出一方面用于消费，另一方面用于投资，进行资本积累，即 $Y = P_1 Y_1 + P_2 Y_2 = C + I$。简单起见，我们不考虑资本折旧，那么每一期投资量就等于资本的增量，即 $I = \dot{K}$。同时，落后国家并不想总是专业化于劳动密集型产业的生产，也想进入更先进、更复杂、资本密集程度更

---

① 为了计算的方便，在我们进行数值模拟的时候，将每一期支出实际上是标准化为 100。

高的产业。换句话说，落后国家想同时提高两个产业的技术水平，即提升 α_i。这要求经济需要在两个部门都进行投资。这样我们有

$$I = SY = S(P_1 Y_1 + P_2 Y_2) = I_1 + I_2 = sI + (1 - s)I \qquad (2\text{-}7)$$

其中，Y_i 为产品 i 的产出水平，其生产由方程（2-1）决定；P_i 是产品 i 的价格，S 为经济中的储蓄率，s 为经济在产业 1 中的投资比例，这一投资比例取决于经济中的产业偏好。由于我们假定产品市场是完全竞争的，厂商的均衡条件意味着产品价格 P_i 等于生产成本 c_i，而各产业的生产成本以及单位产品的要素需求分别由方程（2-2）和方程（2-3）决定。

当然，生产者追求利润最大化。即

$$\text{Max} \sum P_i Y_i - r K_i - w L_i \qquad (2\text{-}8)$$

由生产者的利润最大化条件我们能够得到不同部门之间人均资本的配置条件

$$k_1 / k_2 = \frac{\alpha_1}{1 - \alpha_1} / \frac{\alpha_2}{1 - \alpha_2} \qquad (2\text{-}9)$$

其中 $k_i = K_i / L_i$，为产业 i 的人均资本。方程（2-9）实际上向我们表明了技术水平和人均资本之间的比例关系，产业所采用的技术越先进，其人均资本就越高，产业的技术进步体现为资本的不断深化。

从方程（2-8）我们也能得到利率与工资的表达式

$$r = \alpha_i \left(r / \alpha_i \right)^{\alpha_i} \left(w / 1 - \alpha_i \right)^{1 - \alpha_i} k_i^{\alpha_i - 1}$$

$$w = (1 - \alpha_i) \left(r / \alpha_i \right)^{\alpha_i} \left(w / 1 - \alpha_i \right)^{1 - \alpha_i} k_i^{\alpha_i}$$

由此我们能够得到工资和利率的关系为

$$w / r = (1 - \alpha_i) k_i / \alpha_i \qquad (2\text{-}10)$$

最后，我们交代要素市场均衡条件。生产对劳动力的需求满足均衡条件

$$\alpha_{1L} Y_1 + \alpha_{2L} Y_2 = L \tag{2-11}$$

对资本的需求满足均衡条件

$$\alpha_{1K} Y_1 + \alpha_{2K} Y_2 = K \tag{2-12}$$

而 t 时刻经济中的资本存量以及各产业中的资本分别为 $K(t) = \int_0^t I(\tau) \mathrm{d}\tau$，$K_i(t) = sK(t)$，$K_2(t) = (1-s)K(t)$。

经济中并不存在内生技术进步。落后国家的任务是不断提高自己的 α_i，在生产中广泛利用西方先进的机器设备，提高生产效率，使得自己的 α_i 达到工业化国家 $\overline{\alpha_1}$ 和 $\overline{\alpha_2}$ 的水平。

二、比较优势与二元技术进步的起点

这一小节将讨论落后国家二元技术进步的起点。我们认为比较优势原则决定了落后国家二元技术进步的起点。这一起点问题有两层含义：第一，落后国家在国际分工中放弃不具备比较优势的行业，即便这些产业在封闭经济条件下曾达到相当的规模（例如棉纱生产）。第二，对于工业革命之后兴起的近代产业，无一不是大规模利用资本进行生产，落后国家更缺乏比较优势，在经济发展初期更不可能涉足。而正是落后国家在经济发展之初根据比较优势原则选择的产业分工格局决定了各产业技术进步道路的不同：那些落后国家集中生产的产业，技术进步采用渐进的方式；而对于那些已经放弃的产业，技术进步反倒能够一步到位。我们可以设想：如果当时近代中国放弃的是织布行业，后来产业技术进步的结果就很可能是织布行业技术进步一步到位，而纺纱反倒走上渐进式技术进步道路。

鸦片战争之前，传统中国是一个封闭经济，传统中国利用传统的手工劳动同时从事两个产业的生产；鸦片战争以后，西方的工业化商品开始进入中国市场,中国被迫卷入国际市场,中国开始根据比较优势原则参与国际分工,退出比较劣势产业,集中于具有比较优势的产业的生产。根据比较优势参与国际分工是落后国家二元技术进步的起点。

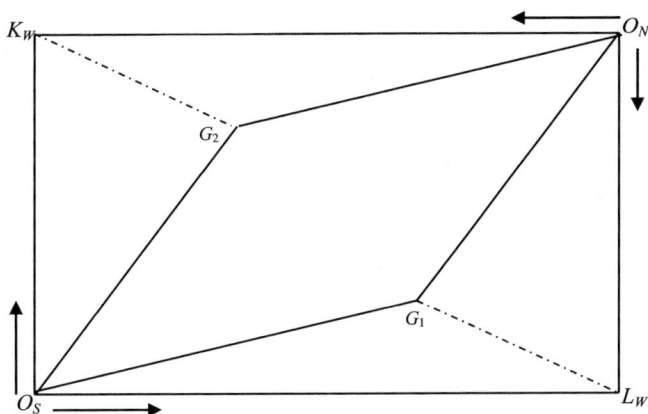

图 2-1 一体化均衡

在模型中,产业 1 是劳动密集型产业,而产业 2 是资本密集型产业,而在经济发展之初,中国资本匮乏,劳动力相对丰裕;根据比较优势原则,中国应该放弃产业 2 这样的资本密集型产业。我们利用迪克希特和诺曼(Dixit 和 Norman,1980)发展出来的一体化均衡(integrated equilibrium)方法来分析两国的贸易模式和专业化分工。如图 2-1 所示,K_W 和 L_W 为整个世界的资本和劳动力存量,O_S 和 O_N 分别代表从落后的传统国家和先进的工业化国家出发所度量的要素禀赋量,$O_S G_1$ 代表整个世界产品 1 的产量,其斜率为 α_{1K}/α_{1L},代表相对要素需求,而 $O_S G_2$ 代表整个世界产品 2 的产量,其斜率(相对要素需求)为 α_{2K}/α_{2L}。如果要素在各国之间分配的要素禀赋点落在四边形 $O_S G_1 O_N G_2$ 之中,整个世界能够实现要素价格的均等化。但是在传统国家开放之初,传统国家的生产完全依赖劳动,资本非常之少,要素禀赋的分配点位于 $O_S G_1 L_W$ 区域。我们知道,在这一区域,国际分工模式为 $Y_1 > 0, Y_2 = 0; Y_1^* > 0, Y_2^* > 0$。即面对洋货冲击,落后的传统国家根据比较优势,将放弃产业 2,集中于产业 1 的生产;而发达的工业化国家,则两种产品都生产。

比较优势原则要求落后国家放弃资本密集型产业的生产,专注于劳动密集型产业的生产,而中国近代产业的发展的确遵循了这样的原则。

我们还是以中国近代纺织业的发展为例说明这一点。鸦片战争之后,洋纱洋布涌入中国市场,质优价廉,对传统的土纱土布造成了很大的冲击。原来家庭手工劳动是自己纺土纱,用自己纺的土纱织土布,生产土布的效率低且质量差、成本高,根本无法与质优价廉的洋布竞争;鸦片战争后,家庭开始放弃手工纺纱,从市场上买洋纱或机纱来织土布,所耗成本低,所织的土布质量要好于原来的土布。如此一来,土纱便完全没有市场,传统经济基本上退出了土纱的生产,原有家庭劳动则都集中于土布的生产。洋纱对土纱的替代在 1913 年达到 45.09%。此时在经济发达地区以及商埠地区,土纱很难生存。传统经济在纺纱行业中的退出迹象非常明显(见表 2-2)。在我们看来,对于工业化技术来说,相对于织布,资本介入纺纱更深,纺纱是资本密集型产业,而织布相对来说是劳动密集型产业。新式的机器纺纱机采用动力带动数目庞大的纱锭,生产效率呈几何级数提高,而且 1 个工人可以管理 2 至 3 台纱机,属于资本密集型行业;而新式织机与手工织机的关键差别则在于飞梭等轴承装置,织速提高有限,1 个工人只能管理 1 台织机,属于劳动密集型行业(严中平,1955)。在生产效率比较上,土纱的生产效率仅为机纱的 1/80,土布的生产效率则为机布的 1/16(吴承明,1983);并且在传统经济中,纺纱相对于织布也是利润低下的生产环节(吴承明,1983;彭慕兰,2003 等),放弃纺纱也很自然。

传统中国对纺纱的放弃,是比较优势原则使然,这也使得中国能够放弃原先低利润的纺纱生产环节，专注于利润较高的织布生产。至于工业革命及其之后兴起的行业，如近代造船、铁路、钢铁、采矿、邮电通信等行业，无一不是大量采用新机器、新发明的行业，资本参与生产的程度更深，资本匮乏的中国比较劣势非常明显，在经济发展的初期根本不可能涉足。

对比较劣势行业的放弃是落后国家二元技术进步的起点。

三、落后国家的二元技术进步道路

模仿和引进是落后国家实现技术进步非常重要的一种方式，在本章模型中，甚至是唯一方式。在本章的模型中，落后国家的技术进步体现为资本的不断深化。前面的方程（2-9）也表明产业的技术水平与产业的人均资本成正比，人均资本越高，其技术水平也就越高。因此，落后国家在提高自己技术水平 α_i 的同时，需要提高产业中的人均资本水平；单方面提高技术水平 α_i 而不提高人均资本水平，会带来劳动者收入下降，这会带来传统经济对新技术引入的普遍抵制。进一步说，落后国家新技术的引入是以不触动传统经济下既得利益者的既得利益为前提的。如果新机器的引入带来劳动力的失业，劳动力收入的下降，那么传统经济对新机器、新技术的引入则是抵制的。[1]

这种例子在近代中国非常之多，这里试举两例。1872 年，爱国华侨陈启沅在广东南海创办近代中国第一家机器缫丝厂，然而创业之初，机器缫丝工业遭到当地传统缫丝手工业者的反对和抵制，甚至于 1881 年爆发了当地传统缫丝手工业者捣毁缫丝机器的事件。第二年，陈启沅不得不将自己的工厂迁往澳门。再有，20 世纪 30 年代初，南京国民政府尝试实行盐运改革，由以前的帆船运输改为全部轮船运输，盐运流程、路线也随

---

[1]　关于垄断对技术进步的抵制，参见帕伦特和普雷斯科特的相关研究（Parente 和 Prescott，1999）。

之调整。但是这一改革触动了传统盐商、船帮、脚夫搬运的利益,遭到了强烈的反对和抵制。

新技术、新机器的引入不能够带来劳动者收入的下降,这是下面命题的核心思想。

命题 1:落后国家新技术的引入以不带来工资收入下降为前提,这需要落后国家在提高产业技术水平的同时相应提高人均资本水平,两者的关系为 $k_i = \mu \alpha_i/(1 - \alpha_i)$ 。

证明:参见本章附录。

命题 1 说明技术水平 α_i 和人均资本水平 k_i 存在一一对应的关系,经济既不会选择高于自己人力资本水平的技术水平,也不会过度投资而使得技术水平低于人均资本所对应的技术水平。均衡状态下产业 i 的人均资本为

$$k_i = \mu \alpha_i/(1 - \alpha_i) \tag{2-13}$$

在经济发展的初期,落后国家专注于劳动密集型产业的生产,即产业 1 吸纳了所有的劳动力。这是比较优势原则使然。和图 2-1 一致,图 2-2 反映了落后国家发展伊始遵循比较优势原则的产业结构。AB 反映的是经济的生产可能性边界,由于在发展伊始,落后国家还是像以前那样使用传统技术,用手工劳动生产两种产品,这样的话两种产品的相对价格应该为 1,其斜率反映的是国内两种商品的相对价格,而 AC 斜率反映国际市场的相对价格。而我们假定落后国家在经济上是小国,国际市场价格由先进的工业化国家所决定,即 $\dfrac{P_1^*}{P_2^*} = \dfrac{\lambda^{-A\alpha_1} (r/\bar{\alpha_1})^{\alpha_1} (w/1 - \bar{\alpha_1})^{1-\alpha_1}}{\lambda^{-A\alpha_2} (r/\bar{\alpha_2})^{\alpha_2} (w/1 - \bar{\alpha_2})^{1-\alpha_2}}$。通过计算,我

们知道 $\dfrac{P_1^*}{P_2^*} > \dfrac{P_1}{P_2} = 1$。这意味着根据比较优势原则,落后国家专注于产业 1(劳动密集型产业)的生产,即在 A 点生产。这和图 2-1 的一体化均衡所

揭示的产业分工格局一致。

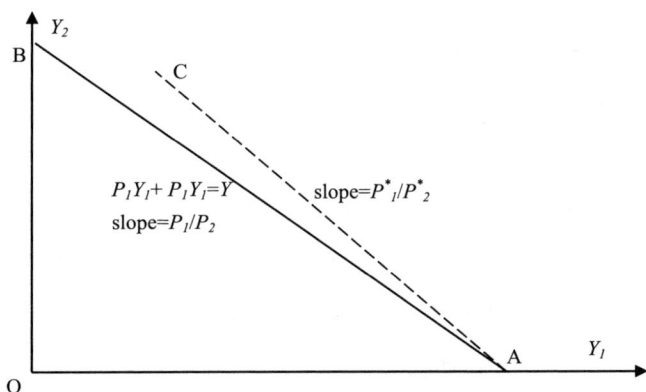

图 2-2 落后国家产业结构发展的初始状态

但是落后国家总想提高产业中的技术水平,不断实现产出扩张。这意味着落后国家需要不断引进新式机器用于生产。但是资本与劳动力是相互替代的,新机器的引入必然会减少劳动力在产出中所占的份额,如果想维持劳动力工资水平保持不变,就必须淘汰掉部分劳动力。如果没有办法实现这些被淘汰劳动力的就业,维持劳动力的工资水平,那么经济中根本不会采用新技术。如果要成功的实现新技术的引入,就必须为转移出来的劳动力寻找相应的出路,而转移出来的劳动力只有进入资本密集型产业。

如果完全按照比较优势分工,落后国家应该完全专业化于劳动密集型产业的发展。但是落后国家总是想进入更复杂、更先进的产业,技术上的先进意味着资本的密集程度更高。在我们看来,落后国家投资先进的产业部门,一方面是出于改善产业结构考虑:没有国家总是愿意集中于低技术水平的劳动密集型产业生产,而总是想进入更高级的产业部门;另一方面也是升级自己劳动密集型产业的需要。提高自己劳动密集型产业的技术水平意味着新式机器的应用,意味着资本对劳动力的替代,小规模的发展资本密集型产业能够起到吸纳劳动力的作用。这样一来,逐步的提高自己专业化生产的产业的技术水平,慢慢释放出劳动力,而释放出的劳动力在资本密集型产业寻找出路。由于劳动力少,资本密集型产业反倒能够一步到位的引入最先进的技术,实现和先进技术相对应的高人均资本存量。随着资本不断积累,劳动密集型产业逐步提高其人均资本,劳动力慢慢从劳动密集型产业流向资本密集型产业,劳动力密集产业渐进式的实现技术进步;而资本密集型产业不断吸纳转移出来的劳动力,人均资本维持在一个和高技术水平相匹配的高水平,不断在产业规模上则相应扩张。在这种情况下,劳动密集型产业和资本密集型产业一个实现渐进式的技术进步,另一个实现跳跃式的技术进步。

在这一过程中,两个产业的扩张是不一样的:对于落后国家具有比较优势的产业,产业的扩张表现为技术水平不断提高,资本不断引入,人均资本不断提高;而对于落后国家比较劣势的产业,技术进步一步到位,人均资本一下子提高到相应的高水平,产业的扩张表现为劳动力的不断增加,产出规模不断扩大,而人均资本、相对应的技术效率却保持不变。

此时落后国家的产业格局如图 2-3 所示。经济在两个部门都进行投资,经济的生产可能性边界为 DE,因为经济生产开始利用资本,所以 a_i 开始变化,从而导致产品的相对价格开始变化。DE 的切线斜率代表国内的相对价格。生产可能性边界上每一点所对应的技术水平组合都不同,D 点对应的技术水平为(α_1,$\overline{\alpha_2}$)而 E 点对应的技术水平为($\overline{\alpha_1}$,α_2)。国际市场相对价格曲线为 DC,其相对价格水平仍然为 P_1^*/P_2^*。生产可能性边界和最高的国际市场价格相切于 D 点。在这里,E 点并不是最优点。实际上,在 E 点,劳动密集型产业广泛使用资本,资本最大限度地替代劳动力;直观上来说,E 点的选择本身违背了比较优势原则,并没有发挥落后国家劳动力丰裕的比较优势,自然达不到经济的最优。(关于生产可

能性边界的详细讨论,参见本章附录)

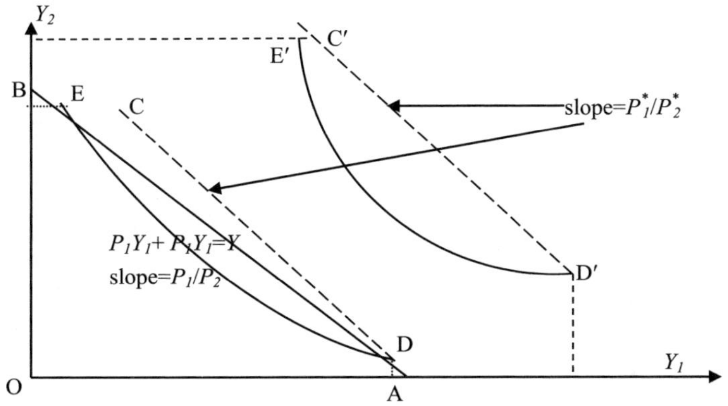

图2-3　二元技术道路中的产业结构

从图2-3中我们还可以看出与A点相比,我们无法保证D点是一定优于A点。特别是在经济发展的初期,D点很可能不如A点。但是D点是在经济产业发展战略中的最优,A点是落后国家完全遵循比较优势实现的静态最优。完全遵循比较优势,专业化于劳动密集型产业的生产,尽量在经济中不使用资本,将使得经济总是位于A点,生产可能性边界得不到扩张,经济将陷于比较优势发展的陷阱。落后国家需要根据自己经济发展的状况制定相应的产业政策,不断提高劳动密集型产业的技术水平(α_1上升)和资本密集型产业的扩张,经济中的生产可能性边界不断向外推移。生产可能性边界的外移对落后国家而言都意味着技术进步和经济增长。如图所示,经济的生产可能性边界外推到D'E'时,经济将比原先的生产可能性边界要扩张很多,此时经济的最优点仍然是D'点。在这一过程中,劳动密集型产业的技术进步是渐进的,但是资本密集型产业的技术进步是跳跃式的;同时在这一过程中,经济也始终在产业发展战略的范围内发挥比较优势,尽量选择集中生产劳动密集型产业(如选择D和

D′点)。当国内两种产品的相对价格和国际市场的相对价格相等时(即 $P_1^*/P_2^* = P_1/P_2$),这意味着两个产业部门的技术水平达到了先进国家的技术水平,二元技术进步也就完成了。

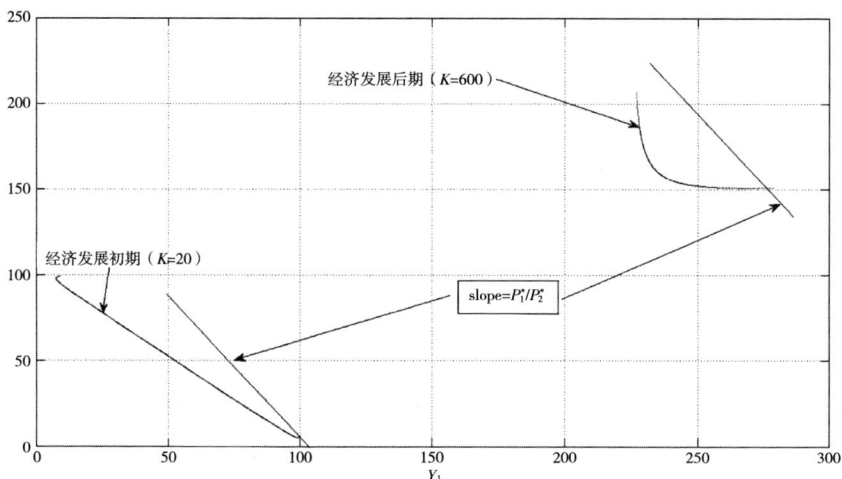

图2-4　不同经济发展阶段的生产可能性边界

图2-4给出了不同经济发展阶段的生产可能性边界的模拟图,其中各参数赋值与表2-1同①。

我们将以上的思想总结为以下命题。

命题2:落后国家不同的产业采取了不同的技术进步道路,对那些技术更先进的资本密集型产业,落后国家能够一步到位的采用最新的技术;对于那些劳动密集型产业,落后国家的产业进步则是渐进式的。

证明:参见本章附录。

---

① 由于模型本身的特殊性,没有办法具体描述生产可能性边界的性状,但是我们通过数值模拟对其有一个直观的认识。

| 第四节 |

数值模拟

本章的模型无法给出显性解,我们用数值模拟的方法观察经济中技术进步的动态轨迹。

首先,我们设定经济中的各个参数值。为了计算简便,我们规定经济中劳动力数量为100,我们将每一期的支出都标准化为100(包括期初),这意味着在期初工资 w 为单位1[①],同时在均衡时工资保持不变,工资始终为单位1。假定经济中储蓄率为20%,经济中产业偏好决定在每一期,经济将投资的60%投资于第一产业,剩下的投资于第二产业。经济中的主观贴现率为0.05。根据实际情况,我们假定产业1资本份额 α_1 上限为0.3,产业2资本份额 α_2 上限为1/3。很明显,产业1为劳动密集型产业,而产业2为资本密集型产业。具体的参数表见表2-1。

表 2-1 参数表

L	s	S	λ	A	ρ	$\bar{\alpha_1}$	$\bar{\alpha_2}$
100	0.6	0.2	2	6	0.05	0.3	1/3

我们关注如下几个问题:(1)两个产业技术水平上升的轨迹;(2)两个产业人均资本存量的动态;(3)两个产业吸纳劳动力的变化;(4)两个产业总产出水平的变化。而图2-5描述了在参数表的规定下,各变量的动态。

---

① 在生产完全依靠劳动时,经济中没有资本积累,所有的劳动收入都变成消费支出。如果支出标准化为劳动数量,那么工资就应该为单位1。

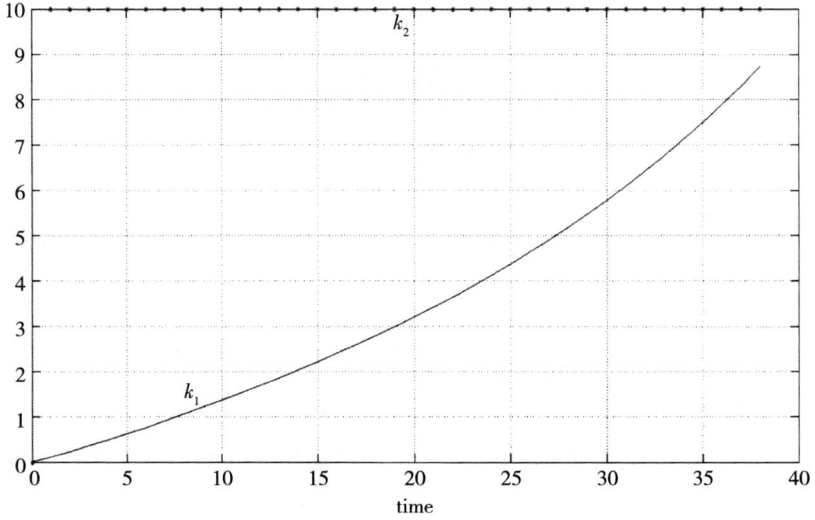

图 2-5　各产业人均资本的演变

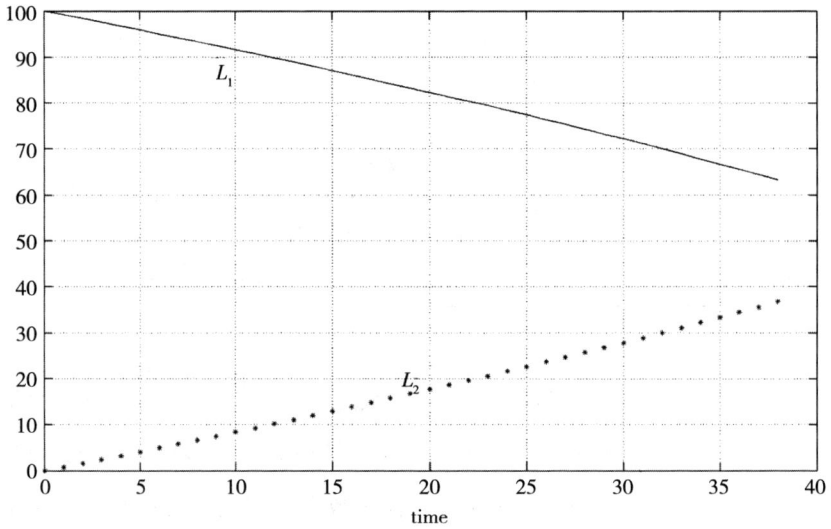

图 2-6　各产业劳动力的演变

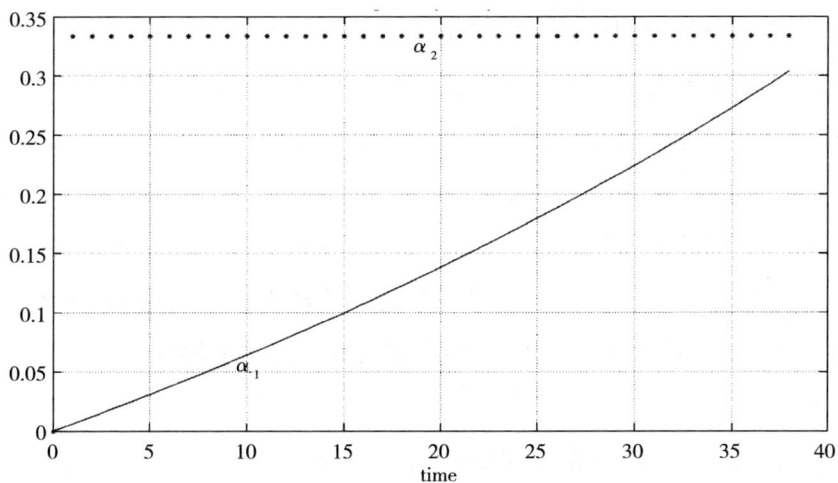

图 2-7 各产业的技术进步

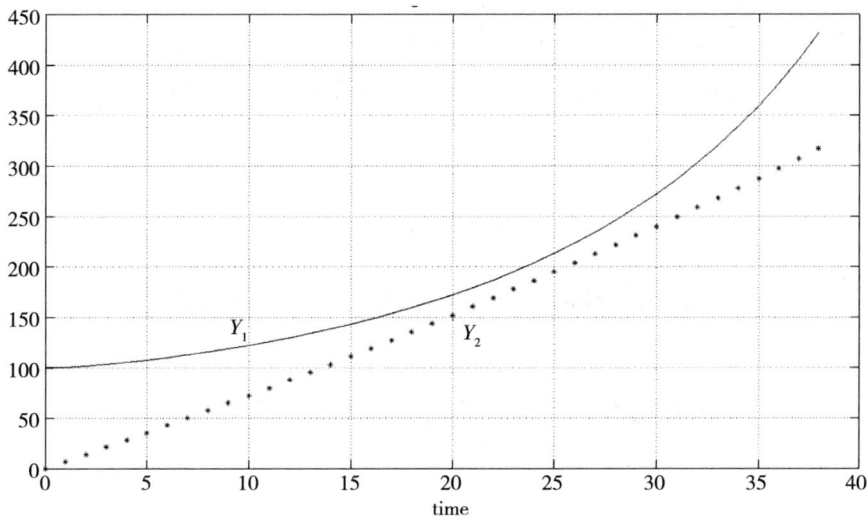

图 2-8 各产业的产出变化

从具体数值模拟的结果中我们都可以看出,经过 39 次循环(或 39 年)之后,经济中两个产业的技术水平都能够达到上限值,即落后国家的技术和先进国家达到相同的水平。在这一演变过程中,劳动密集型产业(产业1)的人均资本逐步提高(见图 2-5),劳动力逐渐减少(见图 2-6),技术水平也逐渐提高(见图 2-7);而资本密集型产业(产业 2),能够以比较少的劳动力,实现很高的人均资本水平(见图 2-5),技术水平一下子达到上限水平(见图 2-7),随着产业发展吸纳的劳动力也逐渐增加(见图 2-6);当然,这一技术进步过程中,两个部门的产出水平都同时扩张(见图2-8)。

值得注意的是,在落后国家引进新式机器,实现技术进步的过程中,资本的形成至关重要,这是与新增长理论完全不同的结论。经济增长的绩效对储蓄率比较敏感,我们的数值模拟表明:当其他参数不变,将经济中的储蓄率降低为 0.1 的时候,落后国家二元技术进步需要 76 次循环(或 76 年)才能够完成;而将储蓄率提高到 0.3 时,这一过程会缩短到 27年。在本章附录中,我们给出了不同储蓄率下具体数值模拟结果。

| 第五节 |

史料:近代中国产业的二元技术进步

这一部分,我们将通过整理近代中国产业的历史经验,支持本章的假说。

一、棉纺织业

棉纺织业是中国传统经济的代表性行业,明清之后,棉布逐渐替代丝麻成为中国人主要的衣着原料,棉纺织业也成为中国传统经济最重要的手工业部门,是中国传统社会"男耕女织"、自给自足小农经济的标志性产业;同时在西方,棉纺织业也是工业革命的先导部门,棉纺织业技术的突破与生产效率的大幅度提高使得以蒸汽机为代表的新动力的广泛应用成为必然;而机器普遍应用于生产,又首先出现在棉纺织业。所以,棉纺织业的重要程度不容人们忽视,对棉纺织业发展的考察有助于我们梳理近代中国乃至落后国家的技术进步道路。

纺织,是纺纱与织布两个行业的合称。在自给自足的家庭手工业阶段,农户手工纺纱,然后再用自己的手工纱织布。整个生产过程都在家庭内部完成。中国传统棉纺织业长期使用木质织布机与纺纱机。这种木质织布机,效率十分低下,粗糙质次;而传统纺纱的效率更低!据考证,传统家庭的单锭手摇纺车,每人每天仅能纺纱 4 两,需要四人同时纺纱才能供一人织布所需(吴承明,1983、1993;彭慕兰,2003;史建云,2004 等),限制了织布工具在织布速度方面技术改进的可能。而且,纺成纱线的支数仅为 6—10 支,纱线的抗拉力有限,进一步制约了织布工具中动力装置的引进和布幅的扩大(赵冈,1997)。然而,正是这样两个彼此紧密联系的传统部门,却经历了截然不同的技术进步道路。

鸦片战争之后,用机器生产的洋纱、洋布在进入中国市场之后,逐渐形成了对传统土纱、土布的替代。从表 2-2 我们可以看出,1840 年洋纱(进口机纱)、洋布(进口机制布)所占用纱量和用布量的比重分别为 0.4%和 0.46%,但是到了 1894 年这一比重分别提高到了 18.66%和 13.36%。

洋纱、洋布行销日广,获利丰厚,刺激了民族棉纺织业的兴起。1894年以后,先进的机器棉纺技术在中国得以传播(赵冈,1997)。民族纱厂由集中于上海的 4 家企业发展到 1927 年的 72 家,从地域上也有从江浙两省向腹地城市扩散的迹象(汪敬虞,2000)。这些纺纱企业从英、美等国直接购置生产 16 支纱以下的低支纱纺机、蒸汽轧花机等设备从事生产(汪敬虞,2000)。这一期间,近代中国机器纱锭数量迅猛增长,从 1890年的 3.5 万锭增长到 1930 年的近 450 万锭,扩张 128 倍;同时,机纱占全国用纱量的比重则从 1894 年的 23.42%提高到 1936 年的 75.94%(见表2-2);至 20 世纪 20 年代,中国纱厂在 20 支以下的低支纱领域取得了明显的市场优势(方显廷,1934)。其间虽有反复,机纱用纱比重总体上直线上升,到 1936 年,机纱用纱量所占用纱比重达到了 88.86%,而其中将近 99%都是国产机纱(见表 2-2)。除了偏远农户自给布的生产还用土纱外,洋纱、机纱整体上完成了对土纱的替代(许涤新、吴承明,2003)。

表 2-2　进口机纱机布和国产机纱机布对土纱土布的替代①

年份	国产机纱占用纱量比重(%)	进口机纱占用纱量比重(%)	土布消耗机纱量占用纱总量比重(%)	机纱用量占总用纱量的比重(%)	机制布所占用布总量比重(%)	进口机布占总用布量比重(%)	国产机布占总用布量比重(%)
1840	0	0.4	0.4	0.4	0.46	0.46	0
1860	0	0.56	0.56	0.56	3.18	3.18	0
1894	5.51	18.66	23.42	24.17	14.15	13.36	0.79
1913	28.18	45.09	72.33	73.27	34.83	32.57	2.26
1920	37.53	16.29	50.76	53.82	28.55	24.2	4.35
1936	87.75	1.11	75.94	88.86	56.84	11.84	45

资料来源:根据许涤新、吴承明(2003)的数据计算整理。

---

① 另据方显廷(1934)的调查报告显示,至 1930 年土布消耗机纱量占用纱总量比重仍占 80%。由此推知,20 世纪 30 年代土布占国内总用布量的比重仍居绝对优势地位,这与表 2-2 数据存在差别。而且,表 2-2 中第 3 列、第 7 列数据也存在不完全对应的情况。这主要是由于数据来源的不一致性导致的。因此,表 2-2 仅可视作对于棉纺织业发展情况的趋势性描述。

　　然而在织布部门，机器织布机的应用则受到来自改良土布生产的极大阻力。如表 2-2 所示，机制布总量占用布总量的比重在 1936 年才达到 56.84%，其中国产机布所占份额为 45%，改良土布、土布等占全国用布总量的比重仍达 43.16%。机布对土布的替代完全不同于机纱对土纱的替代。具体而言，早期的棉业经营者虽然试图引进机布生产线，但却受到来自改良土布的巨大竞争压力。直到 1910 年，除官营工厂外，新开设的棉纺织企业都是专业纺纱，没有涉及织布领域（严中平，1955）。土布的改良体现在以下方面：（1）家庭手工土布普遍使用机纱，改良了土布的生产。而洋纱和机纱对土纱的替代大部分为土布的生产提供原料，一方面改良了土布的生产，另一方面基本上切断了土布和土纱之间的联系。如表 2-2 所示，土布用机纱的比重在 1913 年超过了 70%，同一比重在 1936 年甚至达到了 75.94%。这一时期，在靠近天津、青岛、上海、南通等近代中心城市的宝坻、高阳、潍县、海门等地，运用机纱生产的改良土布蓬勃兴起。（2）原有的旧式织布机的逐渐改良。这种改良使得土布的生产效率、产品质量不断提高。手工工具的改良经历了一系列过程。1900 年前后，日式手拉机①开始引进普及（彭泽益，1957）；很快，更先进的日本足踏铁轮机传入中国（吴知，1936）。一开始，这种铁轮机采取铁木结合的结构，又称为铁木机。到 1906 年，日式的铁轮织布机开始被布业生产者广泛采用，这一铁轮机采取全铁结构，将织速较原有木机提高了 4 倍，约为新式动力织机的 1/4（许涤新、吴承明，2003）。1924 年以后，高阳、潍县、海门等地的手工织布厂在铁轮机上添加了电机、蒸汽机等动力装置，进一步提高了改良土布的生产效率（赵冈，1997）。表 2-3 总结了近代中国织布行业的技术改良情况。这一时期，机布的生产虽然在扩大，但是仍然赶

---

　　① 在经济史的文献中，有的将手拉机称为拉梭机。它们基本结构相同，是同一种改良织布机。

不上土布的生产;一直到 1933 年机布产量才达到 2500 万匹(赵冈,1997),超过土布成为全国布匹的最重要来源。

表 2-3　近代织布产业的技术改良

年代	改良情况
1896—1897 年	浙江宁波等地商人在旧式木机基础上改良投梭机,后制成"甬布机",获得 20 年专利权。这一时期的织机改良通过将踏板装置增加,使布幅增加,从而能够仿造机制的窄幅洋布。不过,织速方面未有提高(彭泽益,1957;彭南生,2007)
1900 年前后	日式手拉机传入中国。这一时期手工织机引进机器织机的飞梭装置,布幅宽度得以增加,得以仿制宽面洋布。而且,每分钟织速增加一倍,土布生产效率达到机布效率的 1/8。手拉机每架值银元 10—15 元,比旧式木机的造价只高出少许(赵冈,1997)
1906 年后	日式足踏铁轮机引入中国。铁轮机上装有各种足踏式的自动装置,连转动经轴及卷布的工作都可以在织布工作不断进行中完成,织速增加到机器织机的 1/4。铁轮机每架值银元 40—70 元(王子建,1936)
20 世纪 20—30 年代	山东、河北、江苏等地的传统棉织业开始改进动力装置,应用机器马达。此时主要采用的电力提花铁轮机和电力条纹铁轮机等设备,运用柴油引擎牵动发电机传动织布机,织速得到进一步提高。每架值银元 110~180 元(吴知,1936)

二、近代中国其他产业

除棉纺织业以外,对于造船、钢铁、采矿、铁路、邮电通信等资本密集型行业,技术进步基本上选择了一步到位的方式;而对于榨油、磨粉、缫丝、丝织等劳动力密集型行业,技术进步则基本沿循了渐进式的变革道路。这一点得到了诸多经济史料的印证。

表 2-4 概述了代表性资本密集型产业的技术进步情况。

表 2-4 代表性资本密集型产业的技术进步概况

产业	概况
造船	江南机器制造总局(1865)、天津机器制造局(1867)、马尾船政局(1867)等造船企业自创办时起就选用欧美先进的技术设备,造船吨位逐年扩大 江南机器制造总局:从 1868 年至 1885 年,该厂共造轮船和小火轮 15 只,由向国外购置轮机进步到自制船用轮机等机器设备,船体也由木壳船提升为小铁甲船(许涤新、吴承明,2003)。天津机器制造局:自 1880 年起开始造船,制成"仙航"号小轮、"直隶"号挖泥船和其他小型船舶。特别值得一提的是,该厂于 1880 年制成了中国第一艘潜水艇(陈振汉,1979) 马尾船政局:远东规模最大、设备最为齐全。从 1868 年至 1907 年的近 40 年间,该厂共造船 44 艘,总吨位 5.76 万吨,占当时中国总产量的 82%,造船水平也完成了由木壳船到铁甲船的提升(沈岩,2006)
钢铁	汉冶萍公司(1890),以当时世界上第一大钢铁厂德国的克虏伯钢铁厂为蓝本建设的,是亚洲第一家集开矿、采煤、炼铁为一体的大型钢铁企业(张继煦,1947)
采矿	基隆机器煤矿(1875):创办之始即引进外国技师和机器设备,1878 年建成后,年产量达 1.6 万吨。1881 年,增加为 5.4 万吨(陈振汉,1979)。开平煤矿(1876):1881 年建成投产,日产量 300 吨左右。以后逐年提高,1885 年达 900 吨,1894 年增为 2000 吨(陈振汉,1979)
铁路	铁路里长从 1895 年的 364 公里增加到 1927 年的 13044 公里,电报电缆则至 1911 年基本上覆盖了华中、华东一半以上的地级行政区划(朱荫贵,2003;宓汝成,2004;戴鞍钢,2007)
邮电通讯	1914 年中国正式加入国际邮联,至 1920 年则以现代化机动车和大型邮轮进行邮件运输,迅速取代了原有民信局的邮件业务(陈雪筠等,1985)

综上所述,纺纱、织布两个部门的技术进步路径呈现明显的二元特征:纺纱技术是一步到位的整体式进步;织布技术则经历了一个长达 30 年的"石磨+蒸汽机"的中间阶段。织布行业发展中对明治维新初期技术的引入、对现有手工工具改良特别明显,而这种改良的过渡阶段是纺纱行业没有的。这种二元式的技术进步在近代中国非常普遍,并不限于有投入产出关系的棉纺织业。此外表 2-2 也表明,即便纺纱行业技术先进,但是机纱对土纱的完全替代仍然花费了相当长的时间。从这

个意义上来说,纺纱行业技术进步可以跃进,但是产业的发展仍然是循序渐进的。

与此同时,在传统经济具有比较优势的劳动密集型产业,则采取了渐进式的技术进步道路,其标志是这些产业的技术水平都经历了类似"石磨+蒸汽机"的过渡阶段。表2-5归纳了代表性劳动密集型产业技术进步概况。

表2-5 代表性劳动密集型产业技术进步概况

产业	概况
榨油	1896年营口率先将现代技术移植到传统榨油工艺之中,用蒸汽磨替代了原来的畜力石磨(汪敬虞,1957)。进入民国,这种改良的榨油技术逐渐传播到辽宁安东、山东周村、河北杨柳青等地,有些油坊还进一步采用电磨替代了蒸汽磨(彭泽益,1957)
磨粉	天津贻来牟磨坊(1878)最先采用蒸汽机带动石磨生产面粉,其他工序则仍然延续传统的磨粉工艺(上海市粮食局,1980)。1878年至1913年间,这种以蒸汽机带动石磨的机器磨坊共有26家(上海市粮食局,1980)。1914年后磨坊业者则更采用电磨代替了蒸汽磨,到1930年,仅天津一地即有这种新式磨坊达208家(方显廷,1933)
丝织	1912年,杭州纬成公司引入10台日本手拉织机,提高了织绸效率。至20世纪30年代,整个杭嘉湖丝织区所有的改良织机增加至3.2万张(徐新吾,1991);同时,丝织业中的电力改良织机数量日益增多,到20世纪30年代占织机数量的约80%(朱新予,1985)
缫丝	南海继昌隆缫丝厂(1872)率先安装了蒸汽机,改良了原有的土法缫丝工艺。从1881年至1887年,珠江三角洲地区相继创办了55家新式缫丝工场,使得该地区成为近代中国最为重要的蚕丝出口基地。这种改良技术虽然运用蒸汽锅炉控制水温,但是在抽丝过程中采用人力,并未采用机械装置(彭泽益,1957)。1910年前后,东北很多地区都相继建起了蒸汽供水的柞蚕缫丝工场(彭泽益,1957)

由此可见,面对外生技术冲击,近代中国不同的产业表现出了不同的技术进步道路。对于资本密集型产业,技术进步遵循了一步到位式的整体变革;反观劳动力密集型部门,则明显经历了"石磨+蒸汽机"式的中间阶段,这种中间过渡阶段是资本密集型产业发展所没有的。这种二元式

的技术进步也与日本等国的经济发展相一致(赵冈,1997)。近代中国产业发展历程支持了本章的假说。

值得注意的是,即便近代中国不同产业走上了不同的技术进步道路,但是产业的发展以及经济的整体发展都表现为渐进式发展的特征。例如近代资本密集型产业虽然采取了最先进的技术,但是在近代中国这些产业本身规模小,其产业的发展历程仍然漫长而曲折,也经历了一个由小到大的发展历程。

| 第六节 |

结　论

工业文明有一个非常重要的特点是新机器不断应用于生产,技术进步体现在越来越多的资本参与生产,先进的技术是和资本深化联系在一起的。作为落后国家的代表,近代中国的不同产业在采用外生技术方面走上了不同的技术进步道路,我们利用比较优势原则解释了近代中国产业技术进步的二元道路。

我们在一个简单的两部门模型中研究了这一问题。在这一模型中有三个分析的起点:第一,技术的进步体现在机器设备在生产中的广泛应用,经济想要实现技术进步,需要摆脱传统生产中完全依赖手工劳动的生产方式;第二,新技术的引入不能带来工人的失业与工资收入的下降;第三,落后国家并不想始终专业化于劳动密集型产业的生产,想进入更先进、更复杂的产业,而更先进意味着资本密集程度更高。值得注意的是,在落后国家二元技术进步的过程中,比较优势的产业和比较劣势的产业同时都在扩张,只不过扩张的方式不同。对于渐进技术进步的产业,扩张表现为其人均资本在逐渐提高;而对技术进步一步到位的产业,其扩张表现为规模的扩张,能够吸纳越来越多的劳动力,而人均资本则没有变化。我们的数值模拟也反映了这一过程。

回顾中国近代经济史,我们发现我们的理论模型对历史的解释基本吻合。鸦片战争之后,中国被迫卷入国际市场,开始根据比较优势的原则放弃资本密集型产业。专注于劳动密集型产业的生产,是近代中国二元技术进步的起点。对于自己根据比较优势原则集中生产的产业,不能在生产中大规模采用机器,引入最新的技术,只能采取渐进式技术进步(如织布、榨油、磨粉、丝织、缫丝等行业)。这是因为,这些产业容纳了大部分的劳动力,而资本对劳动是替代的,猛然大规模采用资本,导致工资收入的下降以及工人大批失业,这是传统经济不能够容忍的。逐步提高其人均资本,逐步提高技术水平,劳动力从该产业中缓缓释放倒是一个可行的选择。从劳动密集型产业逐步转移出来的劳动力进入那些落后国家想努力发展的技术更先进、复杂程度更高、资本密集程度更高的产业。在这些产业,由于劳动力少,反倒能够实现较高的人均资本,一步到位采用最先进的技术(如纺纱、造船、钢铁、采矿、铁路、邮电通信等行业)。这样一来,那些落后国家有比较优势的产业走上了"石磨+蒸汽机"的渐进式技术进步道路,而没有比较优势的产业反倒能够实现一步到位的技术进步道路。

由此看来,落后国家的产业技术进步二元道路实际上仍然取决于落后国家的比较优势,是落后国家根据自己的比较优势优化选择的结果。本章的研究从某一方面实际上扩展了发展经济学中关于二元结构问题的研究。值得注意的是,根据本章的分析,从技术的层面上来看,落后国家某些产业技术水平的确有一个跳跃式的发展,但是这些产业的发展仍然有一个从小到大的历史过程。从这个意义上来说,跳跃式发展是不可行的。落后国家如何根据自己的要素禀赋与比较优势制定合适的发展战略使得自己以较短的时间完成先进国家较长的发展历程倒是问题的核心。

附　　录

一、命题 1 的证明

证明:证我们知道,均衡状态下,利率和工资的关系为由方程(2-10)刻画。将工资 W 对 α_i 求导,我们得到

$$\partial W/\partial \alpha_i = r\, k_i / \alpha_i\, \dot{k}_i / k_i \cdot (1 - \alpha_i) - \alpha_i^{-1} \tag{2-14}$$

其中 $k_i = K_i / L_i$。当技术选择达到最优时,$\partial W/\partial \alpha_i = 0$。求解对应的微分方程,我们变得到了命题 1。

二、关于生产可能性边界的说明

1. 生产可能性边界的形状

我们所熟知的生产可能性边界(Production Possibility Frontier,PPF)都是凹向原点,这是因为当资本产出弹性 α 或劳动力产出弹性 $(1-\alpha)$ 不变的时候,不论是资本还是劳动力,都存在着报酬递减。在本章给定的生产函数方程(2-1)中,α 不仅代表资本产出弹性,而且还代表技术水平,它是一个可以选择的参数;根据命题 1,我们能够得到产业中人均资本 k_i 与该产业技术水平 α_i 的正向关系。在本章的 PPF 中,经济通过选择各产业中资本(资本的配置由投资行为方程决定)和劳动力,决定了各产业中的技术水平 α_i,结合生产函数决定了 Y_1 和 Y_2 的最大产出组合即 PPF。当参数本身随着产业中的人均资本按照命题 1 所规定的规则同时变动时,PPF 便表现出凸向原点的形状。

这一点可以通过两种方式进行验证:其一我们可以通过计算 PPF 的二阶

导数 $d^2Y_2/dY_1{}^2 \geqslant 0$；其二我们通过数值模拟的方法也发现凸向原点的 PPF。

2. 生产可能性边界 $\mathrm{PPF}(Y_1,Y_2)$ 与技术水平组合 (α_1,α_2) 的对应关系

生产可能性边界 $\mathrm{PPF}(Y_1,Y_2)$ 的每一点与技术水平组合 (α_1,α_2) 相对应，这一点很容易看出。根据生产函数(2-1)与命题 1，我们能够得到

$$Y_i = K_i(1-\alpha_i)/(\mu\,\alpha_i)\,\lambda^{A\alpha i}\,[\,u\,\alpha_i/(1-\alpha_i)\,]^{\alpha_i}$$

其中 K_i 由产业中的投资行为所决定。

这样一来，我们便可以将 PPF 中 (Y_1,Y_2) 转化为技术水平组合 (α_1,α_2)。换而言之，PPF 上每一点都对应一个技术水平组合 (α_1,α_2)，PPF 的中点 $(Y_1=Y_2)$ 对应技术水平组合 $(\alpha_1=\alpha_2)$，而 PPF 的上端点对应 $(\alpha_1=\overline{\alpha_1},\alpha_2)$，下端点对应 $(\alpha_1,\alpha_2=\overline{\alpha_2})$。

三、命题 2 的证明

证明：经济发展之初，落后国家完全依赖手工劳动，一个单位劳动生产一单位产品，而我们已经将每一期的支出单位化为 1，这意味着在期初，劳动者的工资应该为 $1/L$。而落后国家新技术的引入要保持工资水平不变，这意味着劳动者的工资 w 维持在 $1/L$ 的水平，利率则等于消费者的主观贴现率，根据这种设定，我们能够找到人均资本的初始值，其中的 $\mu = w/r$，同时带入人均资本的条件，我们将目标函数写为

$$\mathrm{Max}Y = \sum_i \left(\frac{r}{\alpha_i}\right)^{\alpha_i}\left(\frac{w}{1-\alpha_i}\right)^{1-\alpha_i}\left(\frac{(w/r)\,\alpha_i}{1-\alpha_i}\right)^{\alpha_i}L_i \qquad (2-15)$$

化简为

$$\mathrm{Max}Y = \sum_i K_i r/\alpha_i$$
$$\mathrm{s.t.}L_1 + L_2 = L$$

$$L_i = K_i \Big/ \left(\frac{(w/r)\,\alpha_i}{1 - \alpha_i} \right)$$

$$\alpha_i \in [0, \overline{\alpha}_i] \tag{2-16}$$

我们利用库恩-塔克条件写出一阶必要条件为

$$- \alpha_i^{-2} K_i = \lambda\, K_i (r/w)(- \alpha_i^{-2}) + \mu_i(- \alpha_i) + v_i(\overline{\alpha}_i - \alpha_i) \tag{2-17}$$

互补松弛条件为

$$\mu_i(- \alpha_i) = 0$$
$$v_i(\overline{\alpha}_i - \alpha_i) = 0 \tag{2-18}$$

我们先找出最优内点解。最优内点解为($\alpha_1 = \alpha_2$)。在内点解中，$k_1 = k_2 = K/L$。我们将比较内点解与可行的角点解，然后做出解的剔除。我们首先剔除($\alpha_1 = \alpha_2 = 0$)。剩下的角点解中，我们剔除($\alpha_1 = 0, \alpha_2$)、($\alpha_1 = 0, \alpha_2$)，因为落后国家同时提高两个产业部门的技术水平，不可能出现某一产业技术水平为0的情况。剩下的角点解只有($\alpha_1 = \overline{\alpha}_1, \alpha_2$)、($\alpha_1, \alpha_2 = \overline{\alpha}_2$)了。因为我们都将每一期的支出都单位化了，所以无法比较这几个解的产值。但是我们可以利用生产可能性边界的方法来进行解的剔除。如图2-3，($\alpha_1 = \overline{\alpha}_1, \alpha_2$)对应点 E，而($\alpha_1, \alpha_2 = \overline{\alpha}_2$)对应点 D，内点解位于 DE 之间。我们知道，经济最优点为 D 点，即($\alpha_1, \alpha_2 = \overline{\alpha}_2$)为最优点。实际上 E 点没有能够发挥落后国家的比较优势，也不可能是最优点；同理，位于 DE 之间的内点解也不可能是最优点。

这意味着，经济将首先使得 α_2 达到最大。此时，产业 2 中的人均资本为 $\dfrac{(w/r)\,\overline{\alpha}_2}{1 - \alpha_2}$，而产业 2 中投入的劳动为 $K_2 \alpha_{2L}/\alpha_{2K}$；产业 1 中所投入的劳动力为 $L - K_2 \alpha_{2L}/\alpha_{2K}$，人均资本 $k_1 = K_1/(L - K_2 \alpha_{2L}/\alpha_{2K})$，产业 1 中的技术水平为 $k_1/(w/r + k_1)$。

四、不同储蓄率下数值模拟的具体结果

表 2-6　数值模拟结果（S=0.2）

Time	k_1	k_2	L_1	L_2	alpha1	alpha2	Y_1	Y_2
0	0	0	100	0	0	0	100	0
1	0.120968	10	99.2	0.8	0.006012	0.333333	100.4281	6.894191
2	0.245142	10	98.392	1.608	0.012109	0.333333	101.7272	13.85732
3	0.372645	10	97.57592	2.42408	0.018291	0.333333	103.4043	20.89009
4	0.503607	10	96.75168	3.248321	0.024562	0.333333	105.367	27.99318
5	0.638163	10	95.9192	4.080804	0.030921	0.333333	107.578	35.1673
6	0.776456	10	95.07839	4.921612	0.037372	0.333333	110.021	42.41317
7	0.918637	10	94.22917	5.770828	0.043915	0.333333	112.6899	49.73149
8	1.064865	10	93.37146	6.628536	0.050552	0.333333	115.5845	57.123
9	1.215308	10	92.50518	7.494822	0.057285	0.333333	118.7089	64.58842
10	1.370143	10	91.63023	8.36977	0.064115	0.333333	122.0704	72.12849
11	1.529557	10	90.74653	9.253468	0.071045	0.333333	125.6787	79.74397
12	1.693748	10	89.854	10.146	0.078075	0.333333	129.5457	87.4356
13	1.862925	10	88.95254	11.04746	0.085209	0.333333	133.6857	95.20415
14	2.037311	10	88.04206	11.95794	0.092448	0.333333	138.1148	103.0504
15	2.21714	10	87.12248	12.87752	0.099794	0.333333	142.8514	110.9751
16	2.402662	10	86.19371	13.80629	0.107249	0.333333	147.9161	118.979
17	2.594143	10	85.25565	14.74435	0.114815	0.333333	153.3317	127.063
18	2.791863	10	84.3082	15.6918	0.122494	0.333333	159.1238	135.2278
19	2.996123	10	83.35128	16.64872	0.130288	0.333333	165.3204	143.4743
20	3.207243	10	82.3848	17.6152	0.1382	0.333333	171.9526	151.8032
21	3.425562	10	81.40864	18.59136	0.146232	0.333333	179.0549	160.2154
22	3.651443	10	80.42273	19.57727	0.154386	0.333333	186.6653	168.7118
23	3.885276	10	79.42696	20.57304	0.162664	0.333333	194.8257	177.2931
24	4.127474	10	78.42123	21.57877	0.171069	0.333333	203.5826	185.9602
25	4.378483	10	77.40544	22.59456	0.179604	0.333333	212.9874	194.714
26	4.638779	10	76.37949	23.62051	0.188271	0.333333	223.097	203.5553
27	4.908873	10	75.34329	24.65671	0.197073	0.333333	233.9744	212.4851
28	5.189316	10	74.29672	25.70328	0.206013	0.333333	245.6898	221.5041
29	5.480698	10	73.23969	26.76031	0.215092	0.333333	258.3208	230.6134
30	5.783658	10	72.17209	27.82791	0.224315	0.333333	271.9542	239.8137
31	6.098884	10	71.09381	28.90619	0.233684	0.333333	286.6862	249.106
32	6.427119	10	70.00475	29.99525	0.243202	0.333333	302.6247	258.4913
33	6.769168	10	68.90479	31.09521	0.252872	0.333333	319.8898	267.9704
34	7.125904	10	67.79384	32.20616	0.262697	0.333333	338.6162	277.5443
35	7.498275	10	66.67178	33.32822	0.272682	0.333333	358.955	287.2139
36	7.887311	10	65.5385	34.4615	0.282828	0.333333	381.0757	296.9802
37	8.294138	10	64.39388	35.60612	0.29314	0.333333	405.1691	306.8442
38	8.719982	10	63.23782	36.76218	0.303621	0.333333	431.4502	316.8069

表 2-7　数值模拟结果（S=0.1）

Time	k_1	k_2	L_1	L_2	alpha1	alpha2	Y_1	Y_2
0	0	0	100	0	0	0	100	0
1	0.060241	10	99.6	0.4	0.003003	0.333333	100.0044	3.447096
2	0.121273	10	99.198	0.802	0.006027	0.333333	100.4307	6.911426
2	0.121273	10	99.198	0.802	0.006027	0.333333	100.4307	6.911426
3	0.18311	10	98.79399	1.20601	0.009072	0.333333	101.0248	10.39308
4	0.245768	10	98.38796	1.61204	0.012139	0.333333	101.7347	13.89214
5	0.309262	10	97.9799	2.0201	0.015228	0.333333	102.5368	17.4087
6	0.37361	10	97.5698	2.430201	0.018338	0.333333	103.418	20.94284
7	0.438826	10	97.15765	2.842352	0.02147	0.333333	104.3701	24.49464
8	0.504928	10	96.74344	3.256564	0.024625	0.333333	105.3878	28.06421
9	0.571933	10	96.32715	3.672846	0.027802	0.333333	106.4676	31.65163
10	0.63986	10	95.90879	4.091211	0.031001	0.333333	107.607	35.25698
11	0.708725	10	95.48833	4.511667	0.034224	0.333333	108.8045	38.88036
12	0.778549	10	95.06578	4.934225	0.037469	0.333333	110.0592	42.52186
13	0.84935	10	94.6411	5.358896	0.040737	0.333333	111.3705	46.18157
14	0.921148	10	94.21431	5.785691	0.04403	0.333333	112.7383	49.85957
15	0.993964	10	93.78538	6.214619	0.047345	0.333333	114.1628	53.55596
16	1.067818	10	93.35431	6.645692	0.050685	0.333333	115.6444	57.27084
17	1.142731	10	92.92108	7.078921	0.054048	0.333333	117.1837	61.00429
18	1.218726	10	92.48568	7.514315	0.057436	0.333333	118.7816	64.75641
19	1.295826	10	92.04811	7.951887	0.060849	0.333333	120.439	68.52728
20	1.374053	10	91.60835	8.391646	0.064286	0.333333	122.1571	72.31701
21	1.453431	10	91.1664	8.833604	0.067748	0.333333	123.9373	76.1257
22	1.533986	10	90.72223	9.277772	0.071236	0.333333	125.781	79.95342
23	1.615742	10	90.27584	9.724161	0.074748	0.333333	127.6897	83.80028
24	1.698725	10	89.82722	10.17278	0.078287	0.333333	129.6653	87.66638
25	1.782963	10	89.37635	10.62365	0.081851	0.333333	131.7095	91.55181
26	1.868482	10	88.92324	11.07676	0.085442	0.333333	133.8243	95.45666
27	1.955312	10	88.46785	11.53215	0.089059	0.333333	136.0119	99.38104
28	2.043481	10	88.01019	11.98981	0.092702	0.333333	138.2745	103.325
29	2.133019	10	87.55024	12.44976	0.096373	0.333333	140.6145	107.2888
30	2.223959	10	87.08799	12.91201	0.10007	0.333333	143.0344	111.2723
31	2.31633	10	86.62343	13.37657	0.103795	0.333333	145.5369	115.2758
32	2.410168	10	86.15655	13.84345	0.107548	0.333333	148.1248	119.2992
33	2.505505	10	85.68733	14.31267	0.111329	0.333333	150.8011	123.3428
34	2.602376	10	85.21577	14.78423	0.115137	0.333333	153.5689	127.4066
35	2.700818	10	84.74185	15.25815	0.118974	0.333333	156.4315	131.4908
36	2.800867	10	84.26556	15.73444	0.12284	0.333333	159.3924	135.5953
37	2.902563	10	83.78689	16.21311	0.126735	0.333333	162.4552	139.7204
38	3.005945	10	83.30582	16.69418	0.130659	0.333333	165.6238	143.8661
39	3.111054	10	82.82235	17.17765	0.134613	0.333333	168.9021	148.0325
40	3.217931	10	82.33646	17.66354	0.138597	0.333333	172.2945	152.2198
41	3.326622	10	81.84814	18.15186	0.142611	0.333333	175.8054	156.428
42	3.437171	10	81.35738	18.64262	0.146655	0.333333	179.4395	160.6572
43	3.549624	10	80.86417	19.13583	0.15073	0.333333	183.2017	164.9076
44	3.664031	10	80.36849	19.63151	0.154835	0.333333	187.0972	169.1792
45	3.78044	10	79.87033	20.12967	0.158973	0.333333	191.1315	173.4722
46	3.898903	10	79.36969	20.63031	0.163142	0.333333	195.3102	177.7867
47	4.019474	10	78.86653	21.13347	0.167342	0.333333	199.6393	182.1227
48	4.142208	10	78.36087	21.63913	0.171575	0.333333	204.1254	186.4804
49	4.267162	10	77.85267	22.14733	0.175841	0.333333	208.7749	190.8599
50	4.394395	10	77.34193	22.65807	0.18014	0.333333	213.5949	195.2613
51	4.523968	10	76.82864	23.17136	0.184471	0.333333	218.5929	199.6847
52	4.655946	10	76.31279	23.68721	0.188837	0.333333	223.7766	204.1302
53	4.790393	10	75.79435	24.20565	0.193236	0.333333	229.1541	208.598
54	4.927378	10	75.27332	24.72668	0.197669	0.333333	234.7342	213.088
55	5.066973	10	74.74969	25.25031	0.202137	0.333333	240.526	217.6006
56	5.20925	10	74.22344	25.77656	0.20664	0.333333	246.539	222.1357
57	5.354285	10	73.69456	26.30544	0.211179	0.333333	252.7833	226.6934
58	5.502158	10	73.16303	26.83697	0.215753	0.333333	259.2697	231.274
59	5.652952	10	72.62884	27.37116	0.220363	0.333333	266.0094	235.8775
60	5.80675	10	72.09199	27.90801	0.225009	0.333333	273.0144	240.504
61	5.963643	10	71.55245	28.44755	0.229692	0.333333	280.2971	245.1536
62	6.123723	10	71.01021	28.98979	0.234412	0.333333	287.8709	249.8264

续表

Time	k_1	k_2	L_1	L_2	alpha1	alpha2	Y_1	Y_2
63	6.287085	10	70.46526	29.53474	0.23917	0.333333	295.7499	254.5227
64	6.45383	10	69.91759	30.08241	0.243966	0.333333	303.9487	259.2424
65	6.624061	10	69.36718	30.63282	0.2488	0.333333	312.4833	263.9857
66	6.797886	10	68.81401	31.18599	0.253672	0.333333	321.37	268.7527
67	6.97542	10	68.25808	31.74192	0.258584	0.333333	330.6267	273.5436
68	7.156779	10	67.69937	32.30063	0.263536	0.333333	340.2718	278.3584
69	7.342086	10	67.13787	32.86213	0.268527	0.333333	350.3251	283.1973
70	7.531468	10	66.57356	33.42644	0.273559	0.333333	360.8076	288.0603
71	7.72506	10	66.00643	33.99357	0.278631	0.333333	371.7413	292.9477
72	7.923001	10	65.43646	34.56354	0.283745	0.333333	383.1499	297.8596
73	8.125437	10	64.86364	35.13636	0.2889	0.333333	395.0583	302.796
74	8.332519	10	64.28796	35.71204	0.294097	0.333333	407.4931	307.757

表 2-8 数值模拟结果(S=0.3)

Time	k_1	k_2	L_1	L_2	alpha1	alpha2	Y_1	Y_2
0	0	0	100	0	0	0	100	0
1	0.182186	10	98.8	1.2	0.009027	0.333333	101.0151	10.34129
2	0.371687	10	97.582	2.418	0.018245	0.333333	103.3908	20.83769
3	0.568931	10	96.34573	3.65427	0.02766	0.333333	106.4182	31.49154
4	0.774377	10	95.09092	4.909084	0.037276	0.333333	109.9831	42.3052
5	0.988526	10	93.81728	6.18272	0.047098	0.333333	114.0552	53.28107
6	1.211915	10	92.52454	7.475461	0.057134	0.333333	118.6369	64.42157
7	1.445131	10	91.21241	8.787593	0.067387	0.333333	123.7495	75.72918
8	1.688808	10	89.88059	10.11941	0.077865	0.333333	129.4272	87.20641
9	1.943638	10	88.5288	11.4712	0.088574	0.333333	135.7154	98.85579
10	2.210374	10	87.15673	12.84327	0.09952	0.333333	142.6701	110.6799
11	2.489839	10	85.76409	14.23591	0.110709	0.333333	150.358	122.6814
12	2.782932	10	84.35055	15.64945	0.12215	0.333333	158.8578	134.8629
13	3.09064	10	82.9158	17.0842	0.133848	0.333333	168.2609	147.2271
14	3.414049	10	81.45954	18.54046	0.145812	0.333333	178.6742	159.7768
15	3.754352	10	79.98143	20.01857	0.158049	0.333333	190.2212	172.5148
16	4.112868	10	78.48116	21.51884	0.170567	0.333333	203.0457	185.4438
17	4.491056	10	76.95837	23.04163	0.183375	0.333333	217.3149	198.5667
18	4.890536	10	75.41275	24.58725	0.196482	0.333333	233.2234	211.8865
19	5.313109	10	73.84394	26.15606	0.209896	0.333333	250.9987	225.4061
20	5.760786	10	72.2516	27.7484	0.223626	0.333333	270.907	239.1285
21	6.235819	10	70.63537	29.36463	0.237683	0.333333	293.261	253.0567
22	6.740736	10	68.9949	31.0051	0.252077	0.333333	318.429	267.1938
23	7.278388	10	67.32983	32.67017	0.266819	0.333333	346.8467	281.543
24	7.851998	10	65.63978	34.36022	0.281919	0.333333	379.0308	296.1074
25	8.465229	10	63.92437	36.07563	0.297388	0.333333	415.597	310.8903
26	9.122257	10	62.18324	37.81676	0.31324	0.333333	457.2815	325.895

第 三 章

蒸汽机为什么没有推动晚清中国的经济增长:

外生技术冲击与利益集团阻碍①

　　为什么在 19 世纪后半叶蒸汽机没有推动中国的经济增长,为什么晚清中国在相当长的时间里都没有能够利用西方的工业革命技术实现经济长期增长? 本章在一个标准的 GPTs(General Purpose Technologies,一般用途技术)框架内分析了这一问题。首先,在全面转向西方工业革命技术之前,中国需要为工业革命作充分的准备,这种准备在中国这样农耕文明非常成功的国家显得尤为漫长;其次,新技术的引入意味着对上一代垄断利润的破坏,上一代垄断厂商构成的利益集团对新技术引入的阻碍也是中国迟迟不能够转向西方工业革命技术一个非常重要的原因。

---

① 本章核心内容以《蒸汽机为什么没有推动晚清的经济增长:基于外生技术冲击与利益集团阻碍的探讨 》为题发表于《财经研究》2010 年第 6 期。

| 第一节 |

引　言

在中国实现近代化和现代化的过程当中,来自西方列强(西方发达国家)的先进技术扮演了非常重要的角色。按照新增长理论的观点,技术进步是长期增长的动力,那么落后国家通过技术引进应该能够实现经济增长(Segerstrom、Anant 和 Dinopoulos,1990;Grossman 和 Helpman,1991;Brezis、Krugman and Tisddon,1993)。但是事情远非这样简单。通过引进、模仿外生的先进技术实现经济长期增长的国家仍然是少数;对于广大发展中国家来说,经济增长的"蛙跳"仍然是一件可望而不可即的事情。

1800 年是人类社会发展的一个转折点(Lucas,2002)。以蒸汽机为代表的工业革命在西方蓬勃开展,西方国家也在第一次工业革命的浪潮中实现了经济的起飞与社会的转型。显然,晚清中国并没有能够抓住工业革命的历史机遇,经济增长一直停滞不前;与此同时,中国在世界经济中的地位急剧下滑。

表 3-1　世界人均 GDP 增长率以及中国人均 GDP 增长率(0—1950 年)

(年均复合增长率,%)

	0— 1000 年	1000— 1500 年	1500— 1820 年	1820— 1870 年	1870— 1913 年	1913— 1950 年
中国		0.06	0.00	-0.25	0.10	-0.62
世界	0.00	0.05	0.05	0.53	1.30	0.91

资料来源:安格斯·麦迪森(Angus Maddison):《世界经济千年史》,北京大学出版社 2003 年版,第 263 页。

表 3-2　中国在世界经济中的地位(1700—1950 年)

	1700 年	1820 年	1900 年	1950 年
GDP(10 亿 1990 年国际元)				
中国	83	229	218	240
世界	371	696	1973	5326
中国占世界比重(%)	22	33	11	5
人均 GDP(1990 年国际元)				
中国	600	600	545	439
世界	615	668	1262	2110
中国/世界	0.98	0.90	0.43	0.21

资料来源:The World Economy:Historical Statistics,OECD,2003。转引自安格斯·麦迪森(Angus Maddison):《世界经济千年史》,北京大学出版社 2003 年版。

表 3-1 和表 3-2 可以反映这样的事实:当西方社会的工业革命如火如荼全面展开的时候,进入 19 世纪的中国却步履蹒跚、增长停滞,停滞、贫困和落后是近代中国挥之不去的噩梦。问题是 19 世纪的中国为什么在相当长的时间内并没有能够通过引进先进的工业革命技术获得经济增长? 为什么在 19 世纪后半叶蒸汽机没有推动晚清中国的经济增长;而同时期的日本却能够抓住工业革命的机遇,迅速实现对传统经济的改造,实现经济长期增长? 对这一问题的考察有助于我们重新审视外生技术对中国经济增长的影响,也有助于我们重新考察中国近几十年来经济持续高增长的经历。

本章基于赫尔普曼和特拉滕伯格(Helpman 和 Trajtenberg,1998a)的 GPTs(General Purpose Technologies)框架分析了这一问题。西方工业文明是与中国传统经济完全不同的经济体系,中国需要时间为工业革命做准备,这一准备过程在中国这样封建经济异常成功的国家显得尤为漫长。新技术的引入意味着对传统技术的全面淘汰,意味着对传统经济结构的全面改造,新旧利益冲突在此凸现;由于利益冲突,传统经济会竭力阻碍新技术的引入,我们认为这是近代中国在工业革命面前举步维艰的一个重要原因。

本章一共分为七个部分:第一部分引言介绍了本研究的动机与相关文献,第二部分介绍相关的文献以及中国近代经济史中的案例,第三部分介绍模型的基本框架,第四部分考察落后国家在外生 GPTs 冲击下的动态效益,第五部分分析利益集团对新技术引进的阻碍以及这种阻碍对落后国家经济产生的影响,第六部分考察政府政策,第七部分是总结。

| 第二节 |

文献与中国晚清经济史中的案例

考察蒸汽机为什么没有能够推动晚清中国的经济增长具有相当重要的理论与现实意义。对这一问题更一般化的表述是:西方国家的先进技术为什么没有促进落后国家的经济增长? 落后国家在引进西方先进技术方面是不是存在某种阻碍? 帕伦特和普雷斯科特(Parente 和 Prescott,1994)考察了发展中国家在先进技术采用中存在的阻碍问题。他们认为这种阻碍在各国是不一样的,技术引进阻碍大的国家需要更多的投资以克服技术引进中存在的阻碍。进一步的,经济学家们提出了适宜技术的概念(Basu 和 Weil,1998)。他们认为:发达国家的技术是和发达国家本身较高的资本存量相匹配的,技术的适宜性表现在技术与相应资本存量的匹配上,因此发展中国家如果能够提高自己的储蓄率从而提高自己的资本存量便可以充分地利用发达国家的先进技术,也有可能经历一个经济迅速增长的时期。物资资本的积累固然重要,但并不是问题的全部;世界经济增长的历史也并没有表明储蓄率与经济增长的长期关系。① 阿西莫格鲁和齐尼波蒂(Acemoglu 和 Zilibotti,2001)则考察劳动力与技术的匹配关系,从这种匹配关系讨论技术的适宜性。他们认为发展中国家的劳动力和引进技术的不匹配(mismatch)是导致引进技术无法推动发展中国家长期增长的一个重要原因。沿着这样的思路,邹薇和代谦(2003)进一步明确指出,人均人力资本存量是决定引进技术适宜性的关键,必须要有相应的人力资本与引进技术相匹配才能够使引进技术切实的推动技术引进国的经济增长。但是问题是,人力资本是唯一的因素吗? 中国自鸦片战争之后长期积弱积贫,同时中国的人力资本水平长期在低水平徘徊,两者的关系恐怕并非是一个人力资本制约技术引进从而遏制经济增长的单项因果关系;与此同时的日本在明治维新之后经济起飞时人力资本水平仍然低下,人力资本水平与经济增长到底孰因孰果,人们恐怕也很难作出简单判断;此外反观当今的拉美国家,人均人力资本水平普遍较高,也很容易获得发达国家的先进技术,但是拉美国家的经济增长却不尽如人意。显然,在这一问题的背后,人力资本并不是唯一的因素。

实际上,技术本身可以分为很多层次,很多类型。笼统地谈论落后国家或发展中国家的技术引进并没有很强的实际意义。例如,同样是技术引进,引进西方先进新颖的鼠标设计与引进西方先进的 CPU 制造技术对技术引进国的影响不能同日而语。布瑞兹斯、克鲁格曼和齐登(Brezis、Krugman 和 Tsiddon,1993)认为现实中的技术变革一般会采取两种形式:一是根本性的、颠覆性的技术变革;二是源自生产经验和边干边学的技术改良。后来的经济学家将这一思想进一步明确,将技术主要分两个层次:

---

① 理论上单纯重视物资资本积累以推动经济增长的 Solow 新古典增长模型已经归于沉寂,而实践上单纯依赖物资资本积累实现经济增长的苏联早已经分崩离析。物资资本的积累显然不是经济长期增长的源泉。

一是一般用途技术(General Purpose Technologies,GPTs)。GPTs 是指重大的、革命性的技术,例如,蒸汽机、电力技术、信息技术①等,这类技术能够广泛地应用于经济中的各个部门,能够对经济产生革命性的影响(Bresnahan 和 Trajtenberg,1995;Lipsey、Bekar 和 Carlaw,1998)。二是与 GPTs 相匹配的配套技术(components)。这些技术虽然并不是革命性的重大技术,但是有了这些配套技术,GPTs 才可能在经济中发挥自己的作用。没有足够的配套技术,经济将无法转向新的 GPTs,从而引进的重大技术将无法对本国经济产生推动作用。

蒸汽机的发明标志着第一次工业革命的开端,它对人类社会的意义毋庸赘述。蒸汽机是很典型的 GPT 技术,西方社会围绕着蒸汽机出现了一系列配套技术以及一整套制度安排。伴随着西方列强的扩张,19 世纪的东方文明开始被动地接触到了西方的工业革命。面对发端于西方的工业革命,东方各国反应不一。明治维新之后的日本幸运地抓住工业革命的契机,实现了经济的起飞和长期增长;但是同时期晚清的中国却没有能够抓住工业革命的机会实现中国的经济起飞与长期增长。具体到本章所考察的问题:蒸汽机为什么没有推动晚清中国的经济增长?

考察中国近代经济史,我们发现中国对这些技术的引进并不是一帆风顺的。1765 年,英国人瓦特发明改良的蒸汽机;1787 年,美国人约翰·菲奇以瓦特改良蒸汽机为动力发明了轮船;1836 年,瑞典人埃里克发明了有螺旋桨的轮船。这是一系列重大的技术进步,对西方社会产生了革命性的影响(Rosenberg 和 Trajtenberg,2001;Crafts,2004)。然而,面对这些重大的技术发明,晚清中国的反应是迟钝的,并没有迅速地将这些重大的技术进步运用于本国各个产业,刺激相关产业的发展。例如,19 世纪

---

① 乔根森(Jorgenson,2001)认为 IT 技术是 20 世纪 90 年代后半期美国经济持续增长的主要动力。

后半叶,中国还是利用传统的木船作为航运的运输工具,根本看不到以蒸汽机为动力的近代轮船的影子;直到 1872 年,中国第一家近代轮船企业——轮船招商局才成立,这离西方资本主义轮船在长江上航行已经过了很长的时间。轮船招商局的成立是清政府内部洋务派和保守派利益博弈的结果,轮船招商局成立之后,清政府宣布"五十年内只准华商附股",不许其他华商"独树一帜"①,招商局伙同外国轮船公司一起垄断国内航运,遏制民间航运的发展,昔日的新生改革力量迅速蜕变为保守的垄断者(魏纪纲,2004)。中国航运业对蒸汽机大规模的应用成为空中楼阁,不仅蒸汽机在中国的应用前景变得模糊,与之相关的产业与技术也难以得到发展。

1830 年,世界第一条铁路——利物浦至曼彻斯特的铁路通车,这标志着铁路时代的来临。1876 年,英国人在华建成吴淞铁路,这是中国第一条营运铁路②;而 1881 年唐胥铁路的建成标志着中国自主修建铁路的开始,这离世界上第一条铁路的建成通车已有半个世纪之遥③。然而,中国铁路发展速度极其缓慢,到 1894 年中日甲午战争前夕,中国的铁路仅仅只有 400 多公里。现在看来,如果当时的中国,以蒸汽机等新动力为基础,在经济中广泛采用西方先进技术,并以此带动整个经济各个部门的发展与进步,就有可能使中国抓住西方工业革命的发展机遇,实现中国的近代化,就像明治维新后的日本那样走上长期增长的道路。例如,在技术

---

① 麦仲华:《皇朝经世文新编》,卷 13(上),岳麓书社 1980 年版,第 15 页。刘坤一在《请将招商局本息作为官股片》中也说道:"外洋轮船,人人可以驾驶,同受商贩之益。今中国轮船,非招商局不可"。(见《刘忠诚公遗集》,奏疏,卷 17,中国社科院历史研究所第三所 1959 年影印版,第 50 页。)

② 这条铁路第二年被清政府花 25 万两白银赎回并拆除。

③ 为了减轻保守派的反对,唐胥铁路建成后不用火车头,居然利用马和驴子拉着运煤车厢在铁路上走。

上,铁路系统的发展能够刺激火车车厢、客车车厢各方面设计和制造工艺的改善,配套铁轨设计的改良,各地区各国铁轨系统的统一与铁路网络的建立、信号调度系统的建立与完善,钢铁冶炼的进步,等等;在经济上,铁路的发展更能够促进国内统一市场的形成,降低交易成本,推动城市化进程,促进劳动分工的加深,促进产业的集聚与规模经济的形成,等等。①显然,晚清的中国错过了这一发展机遇。

近代中国对近代机器与技术的引入是排斥的,这种排斥使得近代中国对新技术的引入异常艰难。1872年,爱国华侨陈启沅在广东南海创办近代中国第一家机器缫丝厂。然而创业之初,机器缫丝工业遭到当地传统缫丝手工业者的反对和抵制,甚至于1881年爆发了当地传统缫丝手工业者捣毁缫丝机器的事件,而当地政府视机器缫丝工业为罪魁祸首,一方面派兵勇查封缫丝机器,另一方面明令"平民不得私擅购置"机器,强行取缔机器缫丝工业(孙毓棠,1957)。机器缫丝工业的兴起是缫丝工业的革命,陈启沅等中国民族资本家通过引进西方先进技术,希望能够彻底改造中国传统缫丝业。然而,由于传统缫丝业的抵制,这种改造在近代中国显得极其艰难和曲折。②

这种排斥不仅来自传统经济力量,也来自洋务派本身。洋务运动试图在不触动保守派垄断利益的情况下引进西方先进技术,然而洋务企业创办之后,在官办、官商合办或官督商办的背景下,洋务派总是倾向于谋求自身的垄断地位,压制民族资本的进一步进入,前面轮船招商局就是一例;而中国的第一家织布厂——上海机器织布局创立之始,即被授予十年

---

① 铁路系统的发展与完善被认为能够极大地促进当时经济的发展(例如 Kriedel,2006)

② 第二年,陈启沅被迫将自己的机器缫丝厂搬迁到澳门。

专利,"酌定十年内只准华商附股搭办,不准另行设局"①,其专利并不限于通商口岸,实是全国性的垄断。其他洋务企业也都享有各种特权:如开平矿务局"距唐山十里内不准他人开采"②;滦州矿务局"矿界四至较定章三十方里特为宽展(达三百三十方里),他矿不得援以为例"。

为什么近代中国与世界技术革命的浪潮擦肩而过,晚清中国为什么不能通过引进蒸汽机这一 GPT 技术,推动国民经济各个产业的发展,实现经济的近代化呢? 面对国外的先进技术,中国又为什么弃置不用? 是这些技术不适宜? 不适宜的技术,我们可以学习、模仿、改造,使之适合中国的国情。是我们人力资本水平低下,无法实现对西方技术有效的改造? 但是与中国同时期的日本,在经济起飞初期,其人力资本水平并不比中国人力资本水平高,而日本却能够通过引进、模仿和改造西方先进技术实现经济起飞。那么,到底是什么原因阻碍了中国对西方先进技术的引进?

传统国家对西方先进技术的引进和学习应该包含三个方面:(1)对 GPTs 本身的引进与学习;(2)引进、模仿、研发与 GPTs 相匹配适宜本国国情的配套技术;(3)引进、模仿与 GPTs 相配套的制度模式、管理方法。显然,中国也不例外。这种技术引进如果想要成功地对中国经济产生推动作用,有两个问题需要解决:(1)中国需要在本国做好迎接新一代 GPTs 的准备,中国必须同时引进和自主研发适合中国国情的与新一代 GPTs 相匹配的配套技术,在连与新一代 GPTs 相配套的螺丝钉都需要进口的情况下,很难想象中国会转向新一代 GPTs。没有足够的技术准备,经济根本不可能迅速转向新一代 GPTs,那么中国面对新一代 GPTs 的时候,还是无动于衷;(2)克服来自既得利益集团的阻碍。新技术的引入意

---

① 《李文忠公全集》,奏稿,卷 43,第一档案馆 1980 年影印版,第 43 页。
② 《周止庵先生别传》,暨南大学 1937 年影印版,第 26 页。

味着对既有利益格局的破坏，破坏了上一代GPTs以及与之匹配的垄断技术的垄断租金，意味着对既得利益集团的冲击，这是一个典型的创造性破坏过程（Aghion和Howitt，1992），因此经济中的既得利益者对新技术是排斥的（Krusell和Rios-Rull，1996）。换而言之，中国对西方先进技术的引进一方面表现为中国对先进技术本身大规模地引进、学习与模仿，这种学习和模仿不仅包括对GPTs的学习和模仿，也包含中国准备与GPTs相匹配的配套技术；另一方面技术引进也始终伴随着复杂的利益纠葛，新一代技术的引入意味着对上一代技术的淘汰，意味着淘汰与上一代GPTs相匹配的配套技术。显然，利益冲突在此凸现，中国对西方先进技术的引进也在这种利益冲突中摇摆曲折。

当各种配套技术并不具备的时候，很难想象中国会迅速转向新一代GPTs，中国需要时间来为新一代GPTs做准备。晚清洋务派最初兴办军事工业，这是中国大规模学习西方的开始；但是中国根本没有做好西方先进技术引进的准备，连军舰上一颗螺丝钉都需要进口，这也是后来洋务派兴办民用工业的一个原因。但是，近代工业体系是与中国传统经济体系完全不同的经济体系，晚清中国向以蒸汽机为代表的近代工业的转向意味着其经济体系的重构和发展，这些都需要时间。当经济没有转向新一代GPTs的时候，企业家进行与新一代GPTs相匹配的配套技术的引进和研发时，需要相当的远见和勇气（Helpman和Trajtenberg，1998a）。特别是经济在上一代技术框架下已经取得了辉煌的成就时，经济更不愿意转向新一代技术，历史上的成功往往会成为未来进步的包袱（Brezis、Krugman和Tsiddon，1993）。

但是，如果我们有一个完善的市场体系，这些问题的解决只是一个时间问题。显然，在一个市场完备、竞争充分的经济中，新一代GPTs的引入、与之配套的技术的引进和开发是一件非常自然的事情，在这样一个自然的过程中,伴随着一代代外生 GPTs 的出现,经济会不断实现长期增长(Helpman 和 Trajtenberg,1998a)。如果中国经济是一个竞争充分的经济,中国经济会出现赫尔普曼和特拉滕伯格(Helpman 和 Trajtenberg,1998a)所描述的经济增长循环。因为只要经济中存在足够的市场引诱,中国新兴的民族资本家愿意投资于与新一代 GPTs 相匹配的配套技术的开发与应用,这一点已经为历史所证明;即便在中国,这一过程可能需要更长的时间。还是以中国近代航运业为例,由于外国轮船公司营运利润丰厚,一些有远见的民族资本家总是试图突破清政府的禁令,试办近代轮船运输业(魏纪纲,2004)。遗憾的是,中国一直都没有能够建立起完善的市场竞争制度!在中国引进新技术的过程中,保守的既得利益集团总是试图阻碍新一代 GPTs 的引入,总是阻碍与新一代 GPTs 相匹配的配套技术的引进研发,从而使近代中国与工业革命的浪潮擦肩而过。

晚清中国和明治维新之后的日本走上了截然不同的近代化道路。在晚清中国,源自西方的近代工业文明基本上是外生移植的,中国传统经济对西方近代工业文明基本上是排斥的;而日本在明治维新一开始"就立即开始创建经济发展所需的制度框架,并很快就拥有了西式的银行、教育、运输和法律系统"①,这一点与中国非常不一样。晚清中国对西方工业文明的排斥有很多原因,利益冲突恐怕是其中一个非常重要的原因。洋务运动希望在传统的政治经济框架下引进西方先进的工业革命技术,希望能够通过在技术层面上模仿西方的工业文明达到富国强兵的目的②;洋务派没有也不可能认识到西方工业文明是与传统经济完全不同的经济体系,仅仅只是在技术层面模仿工业革命根本不可能成功,对传统经济进行彻底改

---

① [英]M.M.波斯坦等主编:《剑桥欧洲经济史》第六卷,经济科学出版社 2002 年版,第 817 页。

② 洋务派"中学为体,西学为用"的口号是这一思想的集中体现。

造是中国由传统社会迈向近代国家和现代国家不可逾越的阶段。

赫尔普曼和特拉滕伯格(Helpman 与 Trajtenberg,1998a)、埃里克森和林德(Erikson 和 Lindh,2000)在格罗斯曼和赫尔普曼(Grossman 和 Helpman,1991)的内生增长框架下发展过相应的 GPTs 模型,用来考察经济在外生的 GPTs 冲击下的动态性质;赫尔普曼和特拉滕伯格(Helpman 与 Trajtenberg,1998b)还沿用以前的 GPTs 分析框架考察 GPTs 在不同产业之间的扩散;而阿方索和阿吉亚尔(Afonso 和 Aguiar,2005)则考察 GPTs 在南方和北方国家之间的扩散以及由此所带来的劳动力工资差异问题。这些模型都假定经济中的市场制度是完善的,经济对外生 GPTs 的引入是一个自然而然的过程,完善的市场使得既得利益者阻碍新 GPTs 引入的行为成为不可能;但是在落后国家(发展中国家)市场制度是残缺的,新旧厂商之间尖锐的利益冲突使得既得利益者往往会有意阻碍新技术的引入,从而使得落后国家难以利用外生 GPTs 技术推动经济的长期增长。因为他们缺乏对新旧企业利益冲突的考察,所以他们的模型无法解释大多数落后国家为什么没有能够利用西方国家的先进技术实现经济的长期增长,更不可能解释作为落后国家的中国为什么没有能够利用西方的工业革命推动本国经济的增长。在内生增长文献中,克鲁塞尔和里奥斯-鲁尔(Krusell 和 Rios-Rull,1996)考察了技术采用中的利益冲突问题;遗憾的是,他们并没有区分经济中的重大革命性技术以及与之匹配的配套技术,并没有能够考察落后国家在外生重大技术变革冲击下的动态表现。帕伦特和普雷斯科特(Parente 和 Prescott,1999)意识到落后国家存在着技术引入的阻碍,并认为落后国家垄断力量的存在是落后国家对先进国家技术弃而不用的主要原因。但问题在于垄断力量在发达国家也存在,发达国家的垄断力量为什么没有造成发达国家技术进步的停滞。

晚清中国为什么没有利用工业革命的契机实现经济增长?西方有先

进的技术,中国为什么弃之不用? 我们认为有两个原因造成了这种结果:第一,因为工业革命所带来的技术变革是外生的,中国需要时间来为工业革命的引入做准备,以蒸汽机的引入为基础建立一整套近代工业体系需要很长的时间。这种准备一方面是技术上的,中国需要引进和开发足够的配套技术;另一方面中国需要在管理制度、经济制度方面进行和工业革命先进技术相匹配的配套变革。这种准备不可能一蹴而就,并且在旧的技术框架下经济越成功、越发达,经济就越难以转向新一代技术,这种准备的时间就越长。中国经济在封建时代一直领先,中国也一直被视作是文明的中心,这也决定中国向以蒸汽机为代表的西方工业革命转变的过程异常艰难和曲折。第二,利益冲突问题。如果保守的既得利益者对新技术的引进采取抵制的态度使得新技术的运用成为不可能的话,那么中国很可能会陷于技术停滞的增长陷阱而无法自拔。新技术的引入意味着对旧技术下既得利益者的冲击,所以既得利益者往往站在新技术引进和研发的对立面,使中国对新技术的引进成为不可能。前面我们所提到的铁路发展、航运发展、缫丝工业发展、纺织工业发展等无一不反映了这一点。同时,引进西方先进技术的洋务企业也很快垄断相关行业,反过来阻碍民间资本对新技术的引入。从这些中国近现代经济史的具体案例中,我们也可以看出中国在发端于西方的工业革命面前,转变之艰难,利益冲突是其中的核心问题。

| 第三节 |

模型的基本框架

我们利用赫尔普曼和特拉滕伯格(Helpman 和 Trajtenberg,1998a)的

GPTs 分析框架,分析落后国家出现利益集团阻碍时,落后国家面对重大技术变革的浪潮出现的技术停滞、增长停滞现象。在本章研究中,技术分为两类:一是一般用途技术(General Purposed Technologies,GPTs),这是重大的革命性技术,可以用在各个经济领域,能够对整个经济产生革命性的推动作用;二是与 GPTs 相匹配的配套技术(components)。没有足够的配套技术支持,经济便无法转向新一代的 GPTs(Helpman 和 Trajtenberg,1998a)。本章考察的经济是一个落后国家,自己没有能力研发革命性的GPTs,GPTs 只能从西方国家引入。所以在本章的模型中,经济的 GPTs都是外生的,但是与 GPTs 相匹配的配套技术却需要本国企业根据本国国情来研发。

我们沿用赫尔普曼和特拉滕伯格(Helpman 和 Trajtenberg,1998a)的分析框架,来分析落后经济在外生 GPTs 冲击下动态表现。经济的总量生产函数为

$$Q_i = \lambda^i \left[\int_0^n x_i(j)^\alpha \mathrm{d}j \right]^{1/\alpha} \tag{3-1}$$

其中 Q_i 代表第 i 代 GPTs 下经济的最终产品产出,λ^i 代表第 i 代 GPTs 的生产效率系数,$\lambda > 1$。由于先进的 GPTs 生产效率要高于旧的 GPTs,不同代的 GPTs 之间的竞争会淘汰落后的 GPTs,所以经济的最终产品部门不会同时采用几代 GPTs[①]。$x_i(j)$ 代表与第 i 代 GPTs 相匹配的中间产品,不同中间产品之间的替代弹性 $\varepsilon = 1/(1 - \alpha)$。中间产品的研发需要本国来完成,同时我们假定与不同代的 GPTs 相匹配的中间产品之间不能够互相通用。这意味着新一代 GPTs 的引入不仅要淘汰上一代的 GPTs 技术,并且还要淘汰与上一代 GPTs 相匹配的所有配套技术与配

---

① 正如本章后面所表明的经济不一定会采用世界上最先进的 GPTs,但是经济不会同时采用几代 GPTs。

套产品。

配套中间产品的生产需要劳动力投入,假定一个单位的劳动力能够生产一个单位的中间产品。劳动力工资为 w ,那么中间产品的定价为成本加成定价 w/α。这是一个对称模型,最终产品的生产函数可以写为

$$Q_i = \lambda^i n_i^{1/\alpha} x_i = \lambda^i n_i^{(1-\alpha)/\alpha} X_i \qquad (3-2)$$

其中 $X = n_i x_i$,它实际上代表为了生产 Q_i 的最终产出,经济所投入的劳动力数量。定义

$$b_i = X_i / Q_i = \lambda^{-i} n_i^{-(1-\alpha)/\alpha}$$

代表生产 1 单位最终产品所需要的劳动力投入量。由此我们知道最终产品的定价为 $P_Q = b_i w/\alpha$。

虽然新一代的 GPTs 效率比上一代要高($\lambda > 1$),但是经济并不是在新一代 GPTs 一出现就马上转向新一代 GPTs;只有当经济利用新一代 GPTs 生产最终产品的成本低于采用上一代 GPTs 的生产成本时,经济才会转向新一代 GPTs。这意味着 $b_{i+1} \leq b_i$,即 $n_{i+1} \geq \lambda^{-\alpha/(1-\alpha)} n_i$。由此我们知道:落后国家并不是在新一代 GPTs 一出现就马上转向新一代 GPTs,当落后国家为新一代 GPTs 准备了足够的配套产品之后,经济才会转向新一代 GPTs。

T_{i+1} 时刻西方国家出现了第 $i+1$ 代 GPTs,我们记经济转向第 $i+1$ 代 GPTs 时间为 $T_{i+1} + \Delta_1$。这一结论有一个隐含的推论。观察条件 $n_{i+1} \geq \lambda^{-\alpha/(1-\alpha)} n_i$,$n_{i+1} \geq \lambda^{-\alpha/(1-\alpha)}$ 我们知道经济在上一代(第 i 代)GPTs 下越成功(n_i 越大),经济转向新一代(第 $i+1$ 代)GPTs 所需要的时间就越长。因此我们知道:经济在上一代 GPTs 下越成功,发展的配套产品越多,那么经济就越难以转向新一代的 GPTs。

中国经济在封建时代非常成功,长时间领先于世界,中国如果要转向以蒸汽机为代表的工业革命,所耗费的时间可能比日本这样的国家

要长得多。向工业革命的转变容易与否,实际上是由经济内生决定的。①

当经济采用第 i 代 GPTs 的时候,生产配套产品的厂商垄断利润为 $\pi_i = [(1-\alpha)w\,b_i\,Q_i/\alpha\,n_i]$ 。研发配套产品的垄断厂商 t 时刻企业现值为 $V_i(t) = \int_t^{T_{i+1}+\Delta_1} e^{-r(\tau-t)}\,\pi_i(\tau)\,\mathrm{d}\tau$,均衡时经济将在时刻 $T_{i+1}+\Delta_1$ 转向第 $i+1$ 代 GPTs,所以积分上限我们取 $T_{i+1}+\Delta_1$ 。

企业需要投入 a 的劳动力用于配套产品的研发,这样企业的研发成本为 aw 。均衡时,企业的研发成本应该等于企业的现值,即 $aw = V_i$ 。

消费者的效用函数为 $U(t) = \int_t^\infty e^{-\rho(\tau-t)}\log C(\tau)\,\mathrm{d}\tau$ 。对于这样的消费函数,我们知道消费者的支出动态为 $\dot{E}/E = r - \rho$ 。我们将每一期支出单位化为 1,即每一期产出总价值 $P_Q \times Q_i$ 恒等于 1,那么我们得到 $r = \rho$ 。同时,如果我们将每一期的产出价值都单位化为单位 1,那么通过计算,我们得知企业的利润为 $\pi_i = (1-\alpha)/n_i$ 。

经济资本市场和劳动力市场的均衡条件为

$$\frac{\pi_i}{V_i} + \frac{\dot{V}_i}{V_i} = r$$

$$a\dot{n}_i + b_i\,Q_i = L$$

---

① 与中国同样背负沉重历史包袱的还有土耳其,土耳其在近代的衰落以及土耳其向现代国家转变的艰难都说明:历史上越是成功的国家,在以蒸汽机为代表的工业革命面前,往往转变艰难,步履蹒跚。

| 第四节 |

外生 GPTs 的冲击与长期经济周期

由于经济中没有任何收益递增的因素,经济的长期增长依赖于外生的 GPTs 技术进步,假设 GPTs 出现的时间间隔为 T。由于一代又一代外生 GPTs 不断进步,经济也能不断随着外生技术进步实现经济增长。如图 3-1,整体来看经济在外生 GPTs 影响下,其动态性质可以分为两期:(1)第一期 $[T_i, T_i + \Delta_1)$。在 T_i 时刻,第 i 代 GPTs 在西方国家出现,根据命题 1,这个时候落后国家不会马上转向这一技术(第 i 代 GPTs),经济仍然在第 $i-1$ 代 GPTs 的框架下运行;当经济为新一代 GPTs 研发了足够的配套技术之后,在时刻 $T_i + \Delta_1$ 转向第 i 代 GPTs;在这一期内,企业从事与第 i 代 GPTs 相匹配的配套技术研发是无法获得任何利润的,因为这个时候第 i 代 GPTs 在经济中并没有具体应用。(2)第二期 $[T_i + \Delta_1, T_{i+1})$。经济全面转向新一代(第 i 代)GPTs 之后,继续研发并生产与第 i 代 GPTs 相匹配的配套技术与产品,获得相应的垄断利润,直至经济转向下一代 GPTs(第 $i+1$ 代 GPTs);在这一期,由于没有任何收益递增的因素,经济会逐步收敛到稳态的工资率 w^* 和配套技术数量 n_i^*,经济总产出会收敛到稳态水平 Q^*①。

一、两阶段均衡及其条件

第一期:在时刻 T_i,西方国家出现了第 i 代 GPTs,但是落后国家不会

---

① 在这里,我们假定经济第二期有足够的时间收敛到鞍点均衡。

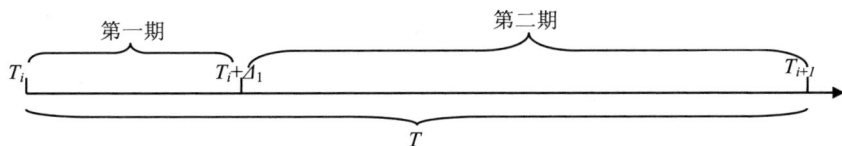

图 3-1　GPTs 冲击下的经济周期

迅速转向这一先进技术。当 $t \in [T_i, T_i + \Delta 1)$ 时,经济本身还是利用上一代的 GPTs,但是有远见的企业家开始研发与先进 GPTs 相匹配的配套技术,即便当时经济并没有应用第 i 代 GPTs,企业开发的配套产品在当时根本找不到市场,企业当时利润为零。[①]

由此,市场均衡条件重新写为

$$\dot{V}_i(t)/V(t)_i = r = \rho$$
$$a\,\dot{n}_i + b_i\,Q_i = L \qquad , t \in [T_i, T_i + \Delta 1) \tag{3-3}$$

代入研发市场均衡条件 $aw = V_i$,我们得到

$$\dot{w}/w = r$$
$$\dot{n}_i = (L - \alpha/w)/a \tag{3-4}$$

第二期:在 $T_i + \Delta_1$ 时刻,条件满足 $n_i \geq \lambda^{-\alpha/1-\alpha} n_{i-1}$ 经济为第 i 代 GPTs 准备了足够的配套产品,经济会全面转向第 i 代 GPTs。所以,当 $t \in [T_i + \Delta_1, T_{i+1})$ 时,由于经济已经转向第 i 代 GPTs,所以研发、生产与第 i 代 GPTs 相匹配的配套产品的企业能够获得相应的垄断利润,所以第二期的均衡条件为

$$\dot{\pi}_i / V_i + \dot{V}_i / V_i = \rho$$

$$a\dot{n}_i + b_i\,Q_i = L$$

----

① 上一代企业不会从事与新一代 GPTs 相配套的配套技术的研发,参见赫尔普曼和特拉滕伯格的相关研究(Helpman 和 Trajtenberg,1998a)。

化简可以得到,

$$\dot{w} = \rho w - (1 - \alpha)/(a\,n_i)$$

$$\dot{n}_i = (L - \alpha/w)/a \tag{3-5}$$

方程(3-5)给出了一个自治的微分方程系统,系统在 $\dot{w} = 0$、$\dot{n} = 0$ 的时候达到稳态均衡。当经济处于稳态时,稳态的工资与配套产品种类数分别为

$$w^* = \alpha/L \tag{3-6}$$

$$n^* = (1 - \alpha)L/\alpha a\rho \tag{3-7①}$$

二、实际产出

这里所说的经济周期指的是由于外生 GPTs 冲击所导致的落后国家经济出现的周期性循环。在时刻 T_i,西方国家出现了第 i 代 GPTs,落后国家为新一代的 GPTs 研发配套技术;在时刻 $T_i + \Delta_1$ 转向第 i 代 GPTs,产出迅速增长,同时经济趋于方程(3-6)与方程(3-7)所规定的稳态,直到 T_{i+1} 时刻西方国家出现第 $i+1$ 代 GPTs,经济在原有的 GPTs 下为新一代的 GPTs 做准备直到 $T_{i+1} + \Delta_1$ 经济全面转向新一代 GPTs。这样,伴随着外生 GPTs 进步,落后国家经济不断出现周期性的循环。

由于我们已经将每一期产出的价值单位化为 1,所以我们在这里考虑的是经济的实际产出。

第一期:当 $t \in [T_i, T_i + \Delta_1)$ 时,经济一方面沿用上一代(第 $i-1$ 代)的 GPTs,另一方面经济从事与最新 GPTs(第 i 代)相匹配的配套技术开发。此阶段经济的实际产出为 $Q = Q_{i-1} = \lambda^i n_{i-1}^{\frac{1-\alpha}{\alpha}} X_{i-1} = \lambda^{i-1} n_{i-1}^{\frac{1-\alpha}{\alpha}} \alpha/w$,其中 n_{i-1} 由方程(3-7)决定,w 由方程(3-4)刻画。很明显,由于在第一期

---

① 方程(3-6)、方程(3-7)的证明参见本章附录。

工资率是上升的,所以第一期实际产出是下降的。由于经济沿用上一代(第 $i-1$ 代)GPTs 的同时为新一代(第 i 代)GPTs 进行配套准备,而研发新的匹配技术需要耗费经济资源,所以这一阶段实际产出会相应的下降,下降的速度为 $-\rho$。

对落后国家来说,这是一段比较艰难的时期,虽然世界上已经出现了新的 GPTs,但是经济在没有作好充分的准备之前是无法应用新一代 GPTs 的;经济中有远见的企业家会从事与新一代 GPTs 相匹配的配套技术的研发,但是由于研发耗费了相应的经济资源,所以经济的产出会相应下降,这也成为新技术在落后国家推广的阻力。

第二期:在 $T_i + \Delta_1$ 时刻,经济会全面转向第 i 代 GPTs,由于工资 w 和产品种类数 n_i 由方程(3-5)决定,同时由于没有收益递增的因素,经济会收敛到方程(3-6)、方程(3-7)所规定的均衡点。当 $t \in [T_i, T_i + \Delta_1)$ 时,经济实际产出为 $Q = Q_i = \lambda^i n_i^{\frac{1-\alpha}{\alpha}} X_i = \lambda^i n_i^{\frac{1-\alpha}{\alpha}} \alpha/w$,其中工资 w、配套产品数量 n_i 由方程(3-5)决定,经济最终会收敛到方程(3-6)、方程(3-7)所规定的均衡点,此时经济的实际产出为 $Q = \lambda^i [(1-\alpha)L/\alpha a\rho]^{(1-\alpha)\alpha} \alpha/(\alpha/L)$。

可以看出,每代配套企业垄断时间长度为 T,例如第 i 代配套企业,其产品的垄断时间为 $[T_i + \Delta_1, T_{i+1} + \Delta_1)$,其中 $[T_i + \Delta_1, T_{i+1})$ 在周期 i 内,而 $[T_{i+1}, T_{i+1} + \Delta_1)$ 在周期 $i+1$ 内,总共的垄断时间为 T,正好是外生 GPTs 出现的间隔时间。而经济在每个经济周期处于稳态时(第二期),实际产出为 $Q = \lambda^i [(1-\alpha)L/\alpha a\rho]^{(1-\alpha)\alpha} \alpha/(\alpha/L)$,每经过一个 GPTs 的循环,实际经济产出增长为原先的 λ 倍,外生 GPTs 是经济实现长期增长唯一动力,如何利用外生技术革命推动本国经济长期增长是落后国家经济增长的核心问题。

| 第五节 |

利益集团与落后国家的技术进步

一、利益集团的阻碍

并不是所有的落后国家都能够顺利通过引入外生 GPTs 实现经济的周期性循环,中国近代化和现代化的历程再一次说明利用外生 GPTs 实现本国的经济增长并不是一帆风顺的。新一代 GPTs 的引进不仅意味着对上一代 GPTs 的淘汰,而且意味着全面淘汰与上一代 GPTs 相匹配的配套技术,意味着对相关垄断企业垄断租金的破坏。所以每一代 GPTs 配套技术的垄断者都有内在动力阻碍新一代 GPTs 技术的引入:通过阻碍新一代 GPTs 的配套技术的研发来达到阻碍新一代 GPTs 引入的目的。

考虑在时刻 T_{i+1} 西方国家出现了先进的第 $i+1$ 代 GPTs,落后国家中有远见的企业家开始从事新一代 GPTs 配套技术的研发,如果没有任何阻碍,经济将在时刻 $T_{i+1} + \Delta_1$ 全面转向新一代 GPTs,至此第 i 代技术(包括 GPTs 与配套技术)将完全被淘汰,就如同当年第 i 代 GPTs 淘汰第 $i-1$ 代 GPTs 一样。但是第 i 代配套技术的垄断厂商不愿意放弃自己的垄断利润,因此他们有动机去阻碍新一代配套产品的研发以延长自己的垄断期间。假设代表性垄断厂商在本产业中需要投入 c 个单位的劳动力阻碍新一代配套技术的研发,那么整个经济中用于阻碍配套技术研发的劳动力为 $n_i c$。如果能够成功将新一代 GPTs 的引入推迟 Δ_2,第 i 代垄断厂商的垄断利润将增加 $\Delta V_i = \int_{T_{i+1}+\Delta_1}^{T_{i+1}+\Delta_1+\Delta_2} e^{-r(\tau - T_{i+1})} \pi_i(\tau) \mathrm{d}\tau$ [1],而第 i 代的垄

---

[1] 本章在这里都贴现到 T_{i+1} 时刻。

断厂商阻碍新技术的总投入现值为 $\varphi = \int_{T_{i+1}}^{T_{i+1}+\Delta_1+\Delta_2} e^{-r(\tau-T_{i+1})} cw(\tau)\mathrm{d}\tau$。

均衡时,我们要求

$$\varphi = \Delta V_i \qquad\qquad (3-8)$$

同时,每个从事新一代配套产品的企业所面临的阻碍为 φ;这样的阻碍需要新企业去克服,这样企业研发新一代配套技术的成本为 $aw + \varphi$。新一代配套厂商的研发成本增加,他们需要自己的垄断产品能够垄断更长的时间,所以新配套产品的垄断时间页会相应延长。如图3-2,第 i 代企业通过投入劳动力资源设立阻碍 φ,成功将自己产品的垄断时间延长了 Δ_2,这一方面使得经济采用第 $i+1$ 代 GPTs 的时间向后推延了 Δ_2;另一方面,由于新一代配套厂商需要延长自己的垄断时间 Δ_2' 以弥补前期研发成本中增加的 φ,所以这要求第 $i+1$ 代企业的利润就相应增加 φ,

即要求 $\varphi = \Delta V_{i+1} = \int_{T_{i+2}+\Delta_1+\Delta_2}^{T_{i+2}+\Delta_1+\Delta_2+\Delta_2'} e^{-(\tau-T_{i+1})} \pi_{i+1}(\tau)\mathrm{d}\tau$。因此第 i 代企业阻碍新技术引入的行为一方面使得经济引入第 $i+1$ 代 GPTs 的时间向后推延了 Δ_2,另一方面使得经济引入第 $i+2$ 代 GPTs 的时间向后推延了 $\Delta_2 + \Delta_2'$,以后所有的新技术引入都相应推迟 $\Delta_2 + \Delta_2'$。这意味着一代垄断厂商阻碍新技术引入的行为对经济的影响是长期的,不仅推迟了当期新技术的引入,而且影响下一期新技术的引入;同时以后经济引入新 GPTs 的时间都会被推迟。

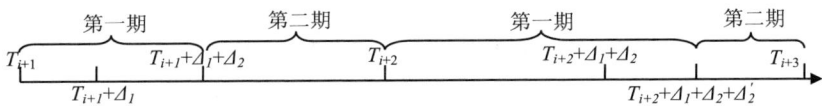

图3-2 技术阻碍下的经济周期

在第 $i+1$ 个经济周期,由于第 i 代的垄断时间延长 Δ_2,经济一直到 $T_{i+1} + \Delta_1 + \Delta_2$ 才转向第 $i+1$ 代 GPTs,所以第 $i+1$ 个经济周期的第一期为$[T_{i+1}, T_{i+1} + \Delta_1 + \Delta_2)$，第二期为$[T_{i+1} + \Delta_1 + \Delta_2, T_{i+2})$；同时新企业由于受到上一代企业的阻碍，一般均衡条件也有所改变。

第一期均衡条件：

$$\frac{\dot{V}_{i+1}}{V_{i+1}} = \rho \qquad \text{，当 } t \in [T_{i+1}, T_{i+1} + \Delta_1 + \Delta_2)$$

$$a\,\dot{n}_{i+1} + b_i Q_i + n_i c = L$$

由于上一代企业需要投入劳动力资源阻碍新配套技术的研发，用于阻碍新配套产品劳动力投入总量为 $n_i c$。代入 $aw + \int_{T_{i+1}}^{T_{i+1}+\Delta_1+\Delta_2} e^{-r(\tau - T_{i+1})} cw(\tau)\mathrm{d}\tau = V_{i+1}$ 以及 $r = \rho$ 等条件，我们得到

$$a\,\dot{w} + c\int_{T_{i+1}}^{T_{i+1}+\Delta_1+\Delta_2} e^{-\rho(\tau - T_{i+1})} [\dot{w}(\tau) - 2\rho w(\tau)]\mathrm{d}\tau = a\rho w \qquad \text{，当 } t \in [T_{i+1}, T_{i+1} + \Delta_1 + \Delta_2)$$

$$\dot{n}_{i+1} = (L - \alpha/w - n_i^* c)/a$$

$$(3-9)$$

这一方程无法得到显性解，但是通过计算，我们可以知道 $2\rho > \dot{w}/w > \rho$。比较这一结果与方程（3-4），我们发现当存在上一代垄断厂商的阻碍时，在第 $i+1$ 个周期的第一期，工资率上涨要比没有垄断厂商阻碍时的工资率上涨快，这是因为劳动力资源一方面用来生产上一代配套产品，一方面用来研发新一代配套产品，同时有一部分劳动力还被用来阻碍新配套产品的研发，所以劳动力资源显得比较紧张，工资率上升的幅度自然比较大。这一阶段新配套产品种类数的动态方程与方程（3-4）有所不同，可以发现上一代垄断厂商的阻碍行为对新一代配套产品的研发有两种效应：一是促进作用。由于工资率上涨得更快，所以配套产品的定价更高，需求相应减少，均衡产量减少，那么经济投入配套产品生产中的劳动力变少，经济有可能将更多的劳动力用于新一代配套产品的研发。二是抑制

作用。由于经济需要投入一部分劳动力资源用于阻碍新配套产品的研发,那么经济用于新配套产品研发的劳动力会相应减少。最后新配套产品的研发速度变化取决于这两种效应彼此的大小,通过计算我们知道在存在技术阻碍的情况下 $\dot{n}_{i+1} < \dot{n}_i$,这也使经济推延 Δ_2 的时间转向第 $i+1$ 代 GPTs。此外由于经济还需要劳动力资源阻碍下一代配套产品的研发,所以这一阶段经济的总产出要小于不存在垄断厂商阻碍时的总产出。由此,我们得到命题1。

命题1:当经济中存在垄断企业对新一代配套技术研发的阻碍时,经济在经济周期的第一期,工资率会上涨得更快($2\rho > \dot{w}/w > \rho$),新配套技术的研发速度会变慢,同时经济总产出会下降得更快。

证明:参见本章附录。

观察方程(3-9),我们知道 c 越大, $\dot{n}_{i+1}$ 越小,同时 c 越大,工资上升的速度也越快,从而 $\dot{n}_{i+1}$ 越大,所以 c 的提高对下一代配套产品的研发仍然具有正面和负面两个方面的影响。通过计算,我们发现 c 的提高对下一代配套产品总的影响仍然为负。换而言之,如果上一代企业投入越多的劳动力阻碍下一代配套产品的研发,那么下一代配套产品的研发速度就越慢。

第二期均衡条件:

$$\dot{\pi}_{i+1}/V_{i+1} + \dot{V}_{i+1}/V_{i+1} = \rho$$
,当 $t \in [T_{i+1} + \Delta_1 + \Delta_2, T_{i+2})$
$$a\,\dot{n}_{i+1} + b_{i+1} Q_{i+1} = L$$

通过化简,我们得到

$$a\,\dot{w}/(aw + \varphi) + (1 - \alpha)/(aw + \varphi)\,n_{i+1} = \rho$$
,当 $t \in [T_{i+1} + \Delta_1 + \Delta_2, T_{i+1}]$
$$\dot{n}_{i+1} = (L - \alpha/w)/a$$

$$(3-10)$$

其中 $\varphi = \int_{T_{i+1}}^{T_{i+1}+\Delta_1+\Delta_2} e^{-r(\tau-T_{i+1})} cw(\tau)\mathrm{d}\tau$ 。

同样,方程(3-10)给出了一个自治的微分方程系统,系统在 $\dot{w} = 0$、$\dot{n}_{i+1} = 0$ 的时候达到稳态均衡。此时,

$$w^* = \alpha/L \tag{3-11}$$

$$n_{i+1}^* = (1-\alpha)L/(\alpha a\rho + \rho L\varphi) \tag{3-12}$$

比较方程(3-11)、方程(3-12)与没有技术引入阻碍的方程(3-6)、方程(3-7),我们发现两种情况下工资率是一样的,但是配套产品的数量却有差别。第 i 代 GPT 技术引入时并没有遇到上一代配套厂商的阻碍;但是当第 i 代厂商阻碍下一代技术的引入时,经济第 $i+1$ 代配套产品的数量要明显低于不存在技术引入阻碍时配套产品的数量;并且阻碍的力度越大(φ 越大),配套产品 $\dot{n}_{i+1}$ 的数量越少。

二、技术进步的停滞

现在考虑一个极端情况:在时刻 T_{i+1} 第 $i+1$ 代 GPTs 出现,但是上一代垄断厂商希望能够无限期延长自己的垄断时间($\Delta_2 \to \infty$)[1]。我们考察在这种情况下,经济会出现什么情况。

现在仍然假设第 i 代配套厂商在第 $i+1$ 代 GPTs 出现时力图阻碍与之配套的配套产品的研发,希望永远延续自己的垄断利润,第 i 代厂商投入 c 个单位的劳动力阻碍新配套产品的研发,其投入的阻碍成本的现值为 φ。

对第 i 代企业来说,均衡时企业要求其投入的阻碍力量的现值应该等

---

[1] 这种情况在现实生活中非常常见,任何一个垄断者或既得利益者都希望自己的垄断利润或既得利益能够永远维持下去。

于其增加的利润流现值,即要求 $\varphi = \Delta V_i$,其中 $\varphi = \int_{T_{i+1}}^{\infty} e^{-r(\tau - T_{i+1})} cw(\tau) d\tau$,
$\Delta V_i = \int_{T_{i+1}+\Delta_1}^{\infty} e^{-r(\tau - T_{i+1})} d\tau \alpha a \rho / L$。下一代(第 $i+1$ 代)垄断厂商需要面临 φ
的阻碍,所以为第 $i+1$ 代 GPTs 从事配套产品研发的成本为 $aw + \varphi$,而
企业利润流现值为 $V_{i+1}(t) = (1-\alpha) \int_t^{T_{i+2}+\Delta_1+\Delta_2+\Delta'2} e^{-r(\tau-t)} n_{i+1}^{-1} d\tau$,其中
$T_{i+2} + \Delta_1 + \Delta_2 + \Delta'_2$ 为第 $i+1$ 代企业垄断利润的截止时间。

考察第一期(经济转向第 $i+1$ 代 GPTs 之前)的均衡条件

$$\frac{\dot{V}_{i+1}}{V_{i+1}} = \rho \qquad\qquad ,当 t \in [T_{i+1}, T_{i+1} + \Delta_1 + \Delta_2), \Delta_2 \to \infty$$

$$a \dot{n}_{i+1} + b_i Q_i + n_i c = L$$

代入 $V_{i+1} = aw + \varphi = aw + \int_{T_{i+1}}^{T_{i+1}+\Delta_1+\Delta_2} e^{-r(\tau-T_{i+1})} cw(\tau) d\tau$(其中 $\Delta_2 \to$
∞)、$n_i^* = (1-\alpha)L / \alpha a \rho$、$r = \rho$,我们仍然得到:

$$a \dot{w} + c \int_{T_{k1}}^{T_{i+1}+\Delta_1+\Delta_2} e^{-\rho(\tau-T_{i+1})} [\dot{w}(\tau) - 2\rho w(\tau)] d\tau = a\rho w \tag{3-13}$$

$$\dot{n}_{i+1} = [L - \alpha/w - cL(1-\alpha)/\alpha a \rho]/a$$

观察方程(3-13),我们能够得到很多有意思的结论。首先,看人口
L 对下一代配套产品的影响。这种影响仍然表现为两个方面:一方面,人
口规模的扩大为经济研发更多的第 $i+1$ 代配套产品提供了可能;另一方
面,比较高的人口规模意味着上一代配套产品种类繁多,那么如果上一代
垄断企业阻碍新一代配套产品的研发,那么整个经济用于阻碍新一代配套
产品的劳动力投入比较多。其次,我们发现即便在其他参数给定的情况
下,下一代配套产品种类数的增加量 $\dot{n}_{i+1}$ 不可能是一个恒定的常数[1],并

---

① 我们并没有考虑 n_{i+1}^* 为负数的可能,因为 $\dot{n}_{i+1}$ 为负数并没有合适的经济意义。

且随着工资率的上升，$\dot{n}_{i+1}$ 也会逐步上升，一直上升到 $n_{i+1} \geq \lambda^{-\alpha/(1-\alpha)} n_i$（其中 n_i^* 由方程(3-7)决定）的时候,经济会全面转向第 $i+1$ 代 GPTs。因此,经济不可能长期停滞在第 i 代 GPTs。这一点也能够通过方程(3-12)得到印证,只要 φ 不是趋于无穷大, n_{i+1}^* 就不可能为零。换而言之,即便第 i 代厂商希望自己的垄断时间无限持续下去,但经济不可能停滞在第 i 代 GPTs。外生 GPTs 进步或多或少会对落后国家经济产生影响,但是问题是,经济到底需要多少时间转向新一代 GPTs? 这取决于方程(3-13)所决定的下一代配套产品的增长。

当第 i 代垄断厂商意识到无法成功将垄断期限无限期延长时,第 i 代垄断厂商会考虑有限期延长自己的垄断时间 Δ_2,这种情况就是上一小节所分析的内容。经济在第一期和第二期的动态方程分别由方程(3-9)、方程(3-10)刻画。虽然经济不可能停滞在第 i 代技术,但是经济有可能停滞在第 $i+1$ 代技术。由于第 i 代垄断厂商的阻碍行为 φ,第 $i+1$ 代厂商需要将自己的垄断时间延长 Δ'_2 以弥补上一代垄断厂商所带来的损失。如果

$aw + \varphi = V_{i+1}(t)$ 成立,其中 $V_{i+1}(t) = (1-\alpha)\int_t^{T_{i+2}+\Delta_1+\Delta_2+\Delta'_2} e^{-r(\tau-t)} n_{i+1}^{-1}\mathrm{d}\tau =$

$(1-\alpha)\int_t^\infty e^{-r(\tau-t)} n_{i+1}^{-1}\mathrm{d}\tau$,这意味着下一代企业需要无限期延长自己的垄断时间才能弥补上一代厂商的阻碍,那么经济将停滞在第 $i+1$ 代 GPTs,

$\int_{T_{i+1}+\Delta_1}^{T_{i+1}+\Delta_1+\Delta_2} e^{-\rho(\tau-T_{i+1})} \mathrm{d}\tau \rho a\alpha/L = \Delta V_i = \Delta V_{i+1} = \int_{T_{i+2}+\Delta_1+\Delta_2}^\infty e^{-\rho(\tau-T_{i+1})} \mathrm{d}\tau \rho(a\alpha+\varphi L)/L$

成立。化简得 $\varphi = \Phi\alpha a/L(\rho^{-1}-\Phi)$,其中 $\Phi = \int_{T_{i+2}+\Delta_1+\Delta_2}^\infty e^{-\rho(\tau-T_{i+1})} \mathrm{d}\tau$ 。如果该条件满足,则经济将停滞在第 $i+1$ 代 GPTs,因为第 $i+1$ 代厂商垄断时间将无限延长;如果 $\varphi < \Phi\alpha a/L(\rho^{-1}-\Phi)$（当 $\rho^{-1} > \Phi$ 时）或 $\varphi > \Phi\alpha a/L(\rho^{-1}-\Phi)$（当 $\rho^{-1} < \Phi$ 时）,第 $i+1$ 代厂商垄断时间将有限,经济

经过长时间的推迟之后,仍然会转向一代代最新的GPTs。由此,我们得到命题2。

命题2:即使落后国家第i代垄断企业有意识地无限期延长自己的垄断时间,经济不可能停滞在第i代GPTs;但是当$\varphi = \Phi\alpha a/L(\rho^{-1} - \Phi)$(其中$\Phi = \int_{T_{i+2}+\Delta_1+\Delta_2}^{\infty} e^{-\rho(\tau-T_{i+1})} \, \mathrm{d}\tau$)时,经济会停滞在第$i+1$代GPTs。

命题2表明垄断企业对技术进步的阻碍对落后国家经济的影响是深远的,这种阻碍虽然不会使经济停滞在第i代GPTs,但是它有可能使经济在下一代GPTs出现技术进步和增长的停滞。经济能够冲破第i代企业的垄断是因为经济允诺延长下一代企业的垄断时间以弥补第i代企业的阻碍行为对下一代企业所造成的损失,经济实际上对垄断妥协以求得眼前的技术进步;但是正如命题2所表明的那样,从长期来看这种方法有可能会使得经济停滞在第$i+1$代GPTs,无法利用外生的技术进步推动本国经济的长期增长。纵观如今世界各国,几乎没有国家停留在封建时代的技术水平,也很少有国家停留在蒸汽机时代的技术,但是停留在西方国家20世纪上半叶技术水平和经济发展水平的国家却有很多。或许对垄断妥协以换取眼前技术进步的做法能够使经济获得暂时的成功,但是随着时间的推移,这种饮鸩止渴的办法愈发显示出它对经济长期的危害。

| 第六节 |

政府政策与中日近代化政策比较

我们在这里又看到了政府干预的必要性,一个市场制度不完善的经济不能依赖市场的自我调节实现经济的长期增长。适当的政府政策在落后国家利用外生的 GPTs 实现本国经济的长期增长方面起着非常关键的作用。政府政策可以分为两个方面内容：(1)长期政策。落后国家的长期政策仍然是建立和完善市场制度和市场体系，发达国家每代垄断企业也希望能够延长自己产品的垄断时间，但是完善的市场制度和市场规则使得垄断企业延长自己垄断时间的努力成为不可能；但是落后国家培育自己的市场制度需要长时间的努力。(2)短期政策。这是本章分析的重点。

在这里，我们考虑一种简化情况，即政府对新一代厂商的研发实施补贴，补贴比例为 θ，这样新一代企业从事研发的总成本为 $a(1-\theta)w+\varphi$，这样经济的均衡条件为：

第一期：

$$a(1-\theta)\,\dot{w}+c\int_{T_{i+1}}^{T_{i+1}+\Delta_1+\Delta_2}e^{-\rho(\tau-T_{i+1})}\left[\dot{w}-2\rho w\right]d\tau=a(1-\theta)\rho w$$

$$\dot{n}_{i+1}=(L-\alpha/w-n_i^* c)/a(1-\theta)\,,当\ t\in\left[T_{i+1},T_{i+1}+\Delta_1^s+\Delta_2\right)$$

$$(3-14)$$

可以看出，在政府提供研发补贴的情况下，新一代企业即使遇到了上一代垄断企业的技术阻碍，经济中下一代配套产品的研发速度仍然比没有上一代垄断企业技术阻碍时要快。保证经济能够以更快的速度研发的一个条件是 $\theta>(1-\alpha)c/\alpha a\rho$。当这一条件满足时，经济能够以更短的时间转向新一代 GPTs，即 $\Delta_2=0$，$\Delta_1^s<\Delta_1$，其中 Δ_1^s 为政府补贴 $\theta>(1-\alpha)c/\alpha a\rho$ 时经济转向下一代 GPTs 所拖延的时间。

第二期：

$$\frac{a(1-\theta)\,\dot{w}}{\left[a(1-\theta)w+\varphi\right]}+\frac{(1-\alpha)}{\left[a(1-\theta)w+\varphi\right]n_{i+1}}=\rho$$

$$\dot{n}_{i+1}=(L-\alpha/w)/(1-\theta)a\,,当\ t\in\left[T_{i+1}+\Delta_1^s,T_{i+2}\right)\qquad(3-15)$$

当 $\dot{w}=0$、$\dot{n}_{i+1}=0$ 时，均衡的工资率仍然由方程(3-11)所决定，但

是均衡的配套产品数量则为

$$n_{i+1}^{*} = (1 - \alpha)L/[\alpha a(1 - \theta)\rho + \rho L\varphi] \qquad (3-16)$$

显然存在技术阻碍 φ 的情况下,政府补贴使经济下一代配套产品的数量增加;如果要使得存在政府补贴情况下经济下一代配套产品的均衡数量大于没有技术阻碍时的均衡的配套产品数量,则要求 $\theta > L\varphi/\alpha a$。

日本与中国走上了不同的近代化道路,在其中,政府政策起了非常大的作用。在两国近代化起步阶段,都是由政府主导兴建近代工业企业。所不同的是,在日本,明治政府"兴建和经营着一些日本最早的工厂"[1]。政府模仿西方建立近代工业企业,作为向民间示范的模范工厂,吸引和推动民间资本的进入,并且"在 19 世纪末以前,政府把所属的多数企业转给了私人企业"[2]。在日本近代化过程中,日本政府对近代工业和民间资本的扶植政策起了相当重要的作用。日本政府除了对民间资本进行直接补贴之外,"也建立了现代经济发展所需的制度与基础服务系统,即普通的职业教育系统、现代银行系统、电信和邮政系统、铁路和航运服务系统"[3]。这些都是经济能够实现现代经济增长的保证。

在中国近代化的进程中,晚清政府缺乏日本明治政府那样的眼光与政策,并未将推动中国传统经济的改造视为自己主要的经济目标。虽然在中国近代化早期,中国的近代工业企业以洋务派兴办的官办、官督商办

---

[1] [英]M.M.波斯坦等主编:《剑桥欧洲经济史》第六卷,经济科学出版社 2002 年版,第 809 页。

[2] [英]M.M.波斯坦等主编:《剑桥欧洲经济史》第六卷,经济科学出版社 2002 年版,第 809 页。

[3] [英]M.M.波斯坦等主编:《剑桥欧洲经济史》第六卷,经济科学出版社 2002 年版,第 798 页。

和官商合办的洋务企业为主;但洋务企业在遭到保守派抵制的同时,也不断利用政府的优势垄断盈利机会,压制民间资本的进入。正如前文所分析的那样,洋务运动在不触动传统经济的前提下引进西方的先进技术,希望通过向保守派妥协的方式换取保守派对洋务企业的容许;但是洋务企业本身的垄断却成为中国进一步发展的阻碍。同时就整个政府层面来说,"中央政府把任何成功的企业都首先看作是财政收入的来源,而不是看作是经济发展的代表"①,政府并不是努力扶植民间资本的发展,基本上采取夺民之利、与民争利的政策。由此可见,西方的蒸汽机没有能够推动近代中国的近代化也是非常自然的事情。

| 第七节 |

结　　论

考察外生技术冲击在中国近代化和现代化中的作用对我们重新审视近几十年来中国经济高增长的历史具有非常重要的意义。作为落后国家的中国经济长期持续增长实际上分为两个层次:一是中国不断利用外生颠覆性的工业革命技术推动本国的经济增长;二是中国参与重大技术变革中去,依靠自身重大的技术创新推动中国经济的持续增长。显然,本章考察的是前一个问题。

19 世纪后半叶的中国曾与日本站在同一起跑线上,"洋务运动"通过引进模仿西方的先进技术,试图达到"富国强兵"的目的。然而"洋务运动"30 年,并没有使近代中国像日本那样利用工业革命的契机,实现经济

---

① [英]M.M.波斯坦等主编:《剑桥欧洲经济史》第六卷,经济科学出版社 2002 年版,第 818 页。

长期增长。为什么? 我们利用赫尔普曼和特拉滕伯格(Helpman 和 Tra-jtenberg,1998a)的 GPTs 分析框架分析了这一问题。我们认为有两个原因造成了这种结果:第一,由于以蒸汽机为代表的工业革命是完全不同于中国传统经济的经济体系,中国需要时间来为这种外生 GPTs 做准备;这一准备过程可能会比较长,因为这涉及对整个经济体系的改造。正如前文分析所表明的,中国在传统经济下的成功会使得中国背上沉重的历史包袱,这也意味着中国传统经济改造的历程要远远比日本这样的国家曲折复杂得多。第二,利益冲突的纠葛。新一代 GPTs 的引入、对传统经济的改造意味着对传统经济下的技术、体制的全面淘汰,意味着对上一代垄断企业垄断利润的破坏,所以上一代企业有动力阻碍新一代 GPTs 的引入。垄断企业对新一代 GPTs 引入的阻碍对经济的影响是深远的,第 i 代垄断厂商的技术阻碍行为一方面使得经济转向第 $i+1$ 代 GPTs 的时间推迟,另一方面也使得经济转向第 $i+2$ 代 GPTs(以及以后所有的 GPTs)会进一步被推迟。如命题 2 所表明的那样,虽然第 i 代垄断厂商不可能阻碍新一代 GPT 的引入,但是经济却有可能在第 $i+1$ 代 GPTs 陷于停滞。这是因为经济通过延长第 $i+1$ 代厂商垄断时间的办法来弥补第 i 代垄断厂商的技术阻碍给第 $i+1$ 代厂商所带来的损失,利用向垄断妥协的办法来换取眼前的技术进步,可能会对经济造成长期的危害。

在落后国家经济向新一代 GPTs 转变的过程当中,适当的政府政策尤为重要。在经济产出下降的第一阶段,政府需要鼓励和支持经济坚定不移地为新一代 GPTs 做准备。为了防止上一代厂商对新一代 GPTs 引入的阻碍,在长期政府需要建设和完善市场制度;在短期,政府可以对新一代厂商的 R&D 活动实行补贴,使得新一代企业能够弥补上一代企业的技术阻碍行为造成的损失;随着补贴力度的加大,经济能够更快地转向新一代GPTs,并且也能够在均衡时生产更多的配套产品。① 对比经济近代化进程中中日政府的政策,近代中国并没有像日本那样抓住工业革命的机遇实现经济增长也是一件非常自然的事情。

---

① 但正如本章所证明的,当期经济越成功,发展的配套产品越多,下一期经济就越难以转向新一代GPTs,因此成功者更应该对眼前的成功保持相当的警惕。所谓"祸兮福所倚,福兮祸所伏"也是这个道理。

🖋 附　录

一、方程(3-6)、方程(3-7)的证明

证明:方程(3-5)给出了一个自治的微分方程系统。

首先我们证明这一微分系统的均衡点。将方程(3-5)在均衡点这一系统当 $\dot{w}=0$、$\dot{n}=0$ 的时候达到稳态均衡。当 $\dot{w}=0$、$\dot{n}=0$ 时,通过计算可得 $w^{*}=\alpha/L$ 以及 $n_{i}^{*}=(1-\alpha)L/\alpha a\rho$,为微分方程的均衡点。

其次,我们证明该微分系统存在鞍点均衡。

将方程(3-5)在均衡点 w^{*}、n_{i}^{*} 一阶展开得到

$$\dot{w}=\rho(w-\alpha/L)+[(1-\alpha)/a]\,n_{i}^{-2}(n_{i}-(1-\alpha)L/\alpha a\rho)$$

$$\dot{n}_{i}=\alpha/a\,w^{-2}(w-\alpha/L)$$

特征方程为 $r^{2}-r\rho-\alpha(1-\alpha)/\alpha a\,w^{2}n_{i}^{-2}=0$, w 与 n_{i} 必须为正,所以特征方程的两个实数特征根一个为正,一个为负,该系统存在鞍点均衡。

二、命题 1 的证明

证明:在第一期时,经济由微分系统(3-9)所决定。根据这一系统,我们知道工资率的动态实际上取决于 $\dot{w}$ 与 $2\rho w$ 的相对大小。

(1)如果 $\dot{w}/w>2\rho$,将这一条件带入微分系统,得到 $\dot{w}/w<\rho$,这与前面假设矛盾。

(2)如果 $\dot{w}/w=2\rho$,将这一条件带入微分系统,得到 $\dot{w}/w=\rho$,也推出矛盾。

(3)如果 $\dot{w}/w<2\rho$,将这一条件带入微分系统,得到 $\dot{w}/w>\rho$ 。所

以工资率的增长率为 $2\rho > \dot{w}/w > \rho$ 。

我们比较微分系统（3-9）中配套产品的决定方程 $\dot{n}_{i+1} = (L - \alpha/w - n_i^* c)/a$ 与微分系统（3-4）中配套产品的决定方程 $\dot{n}_i = (L - \alpha/w)/a$ ，发现 $\dot{n}_{i+1} < \dot{n}_i$ ；同时我们知道实际产出为 $Q_i = \lambda^i n_i^{(1-\alpha)/\alpha} \alpha/w$ ，由于工资率上升得更快，所以在第一阶段产出也下降得更快。

第 四 章

技术扩散和人力资本积累[①]

在一个开放经济中,先进技术不可避免地会从发达国家扩散到落后的发展中国家。这种扩散的技术如何才能对发展中国家的经济发展产生推动作用,这是本章试图回答的问题。本章在标准的内生增长模型中分析了外生的技术扩散与发展中国家的经济增长问题,指出扩散的先进技术对发展中国家经济增长的推动作用依赖于技术的适宜性,而技术的适宜性取决于发展中国家对发达国家先进技术的吸收利用能力;进一步地,发展中国家的这种吸收能力取决于发展中国家的人均人力资本水平。发展中国家技术引进失败以及经济增长绩效低下的原因在于发展中国家所引进的技术对发展中国家来说并不适宜,而技术不适宜的原因在于发展中国家所引进的技术和其低下的人均人力资本水平并不匹配。因此提高人力资本储蓄率、普遍提高普通劳动者的人力资本水平应该成为发展中国家政府一个可行的战略选择。

本章共分为五个部分:第一节导言,总结前人的研究成果,阐述本章

---

① 本章核心部分以《技术模仿、人力资本积累与经济赶超》为题发表于《中国社会科学》2003 年第 5 期。

的基本观点;第二节主要介绍模型的基本结构,描述发展中国家的生产和消费;第三节主要探讨发展中国家的技术进步和人力资本积累之间的关系,给出发展中国家经济的均衡增长率;对发展中国家经验数据的探讨将在第四节给出;第五节总结本章,进一步指出本章模型的政策含义。

| 第一节 |

引　言

经济增长的源泉是什么? 对于这一问题的回答,在经济发展理论的不同发展阶段人们有着不同的回答。以索罗(Solow,1956)为代表的新古典经济增长理论认为增长的源泉是技术进步,但是他们模型中的技术进步是外生的,是人们无法预知和控制的,经济增长就完全取决于外生不可知的经济变量;这样这一理论就面临一个非常尴尬的局面,"(这一模型)解释了一切却独独不能解释长期增长"(Barro 和 Sala-I-Martin,1995)。新增长理论的一组经典论文建立了内生技术进步增长理论的框架(Lucas, 1988;Romer, 1986、1990;Grossman&Helpman, 1991;Aghion&Howitt,1992)。新增长理论仍然认为技术进步是增长的源泉,但是这一理论和新古典增长理论不同的是,他们建立的是内生技术进步的理论框架。技术进步是经济体系内部知识外溢、收益递增、R&D 投资、教育培训等人力资本投资、劳动分工和专业化等内部力量作用的结果。技术进步内生化使人们能够进一步从微观层面上探讨经济增长。

既然经济增长的源泉是技术进步和创新,那么从理论上来说发达国家和发展中国家增长水平的差距应该由它们之间技术发展水平差距所决定。新增长理论一个很自然的推论应该是:不同国家之间经济增长水平的差距应该和他们彼此之间技术水平的差距相一致。进一步地,对于发展中国家的经济增长而言,新增长理论一个非常清晰的政策结论是:发展中国家通过引进发达国家的先进技术,缩小与发达国家技术水平的差距,应该能够缩小和发达国家之间经济发展水平的差距(Segerstrom、Anant 和 Dinopoulos,1990)。

然而现实经济情况却并非如此:(1)发展中国家和发达国家之间经济增长水平的差异和它们之间技术水平的差异并不成比例。现实经济中有的发展中国家在技术上能够达到相当高的水平[①],但是和它们的尖端性技术能力不相称的是它们低下的经济发展水平。对于很多发展中国家而言,它们的经济增长水平远远低于它们的技术能力所能容许的经济增长水平。到底是什么因素影响和制约着这些发展中国家技术能力无法推动整个国民经济的增长? 对此,新增长理论语焉不详。(2)经济增长的实践表明,发展中国家和发达国家的差距是在拉大而不是在缩小,新增长理论所预见的经济增长中的"蛙跳"对于绝大多数发展中国家来讲是一件可望而不可即的事情。实际上,考虑到国际贸易、技术扩散和发展中国家对发达国家的技术模仿,国际间增长的收敛或趋同(convergence)应该是一件很自然的事情(Barro 和 Sala-I-Martin,1992;Eaton 和 Kortum,1994;Bayoumi、Coe 和 Helpman,1996;Sala-I-Martin,1996)。但是,现在只有条件收敛(conditional convergence)得到了经验支持(Barro 和 Sala-I-Martin,1992;Baumol,1986;Bloom、Canning 和 Sevill,2002)。对于绝大多数发展中国家而言,它们并没有能够通过技术引进、技术模仿和国际贸易缩小与发达国家的人均收入的差距(Pearson 等,1969;Romer,1994)。

---

① 这种情况在发展中的大国表现得特别普遍。例如像中国、印度、巴西这样的国家在技术上能够达到相当的水平,它们在技术上甚至有能力研制出先进的导弹、运载火箭、卫星、超级计算机。

如何理解发展中国家和发达国家之间如此悬殊的经济增长水平的差异,新增长理论应该为我们提供一把钥匙,但是显然主流增长理论家们对于探讨经济长期持续增长的内在机制这一问题更感兴趣。不论是罗默(Romer,1990)的中间产品模型、阿吉翁和豪伊特(Aghion 和 Howitt,1992、1999)的熊彼特式创造性破坏模型以及格罗斯曼和赫尔普曼(Goss-man 和 Helpman,1991)的产品质量阶梯模型,新增长理论将自己关注的焦点聚集在技术创新的微观激励上。但是对于创新行为本身的分析并不能说明为什么发展中国家引进了发达国家的先进技术却不能缩小和发达国家经济增长的差距。

如果技术进步仍然是经济长期增长的源泉,如果新增长理论的基本结论仍然正确,那么最大的问题可能出在发展中国家对发达国家的技术引进吸收上。对于模仿中可能出现的问题,巴罗和萨拉·马丁(Barro 和 Sala-I-Martin,1995、1997)曾经引入了一个模仿成本的概念。他们认为:技术模仿比技术创新便宜,但是发展中国家的技术模仿需要花费相应的成本,并且随着发展中国家经济发展水平的不断提高,发展中国家和发达国家之间技术水平的差距越来越小;而与此同时,发展中国家可以模仿的技术越来越少,而模仿的难度越来越大,模仿成本越来越高,毕竟发达国家一些尖端核心的技术的模仿难度是相当大的。通过引入模仿成本的概念,巴罗和萨拉·马丁在一定程度上解释了国际经济发展中出现的条件收敛现象。遗憾的是,他们并没有进一步分析说明模仿成本这个概念。

在标准的新增长模型中,技术创新是以中间产品种类的扩大(水平创新,horizontal innovation)以及中间产品的质量不断提高(垂直创新,ver-tical innovation)为表现形式的(Gancia 和 Zilibotti,2005)。在新增长理论中,技术创新和中间产品的生产是一致的。换句话说,实验室所开发的新技术在经济中的应用是无条件的;实验室能够开发出什么样的技术,企业就能够依照新技术生产出什么样的产品。经济增长仅取决于技术创新的水平和能力,这也是新增长理论一贯的观点和逻辑。至于如何利用创新技术生产出新的中间产品,新增长理论是不考虑的。而这一点可能是发展中国家技术引进和吸收过程中一个相当关键的问题。

技术的适宜性在发达国家或许并不成为问题。因为发达国家是技术创新的主体,发达国家的企业以及各类研究机构在进行技术创新的时候总是会考虑发达国家种种经济现实,总是尽量利用发达国家经济中业已存在的种种优势而避开发达国家经济的劣势。换句话说,发达国家总是会开发适合本国资源禀赋和经济技术发展水平的新技术,不适合本国经济发展实际情况的技术不可能被开发出来(Basu 和 Weil,1998;Acemoglu 和 Zilibotti,1999;Hausmann 和 Rodrik,2003)。但是适合发达国家的新技术对于发展中国家来说可能并不适合,因为发展中国家普遍缺乏像发达国家那样应用技术所必需的软件、硬件条件。所以在国际经济中的技术扩散中,我们可以看到一个奇怪的现象:很多发展中国家引进了发达国家的先进技术,但是发展中国家用这样的先进技术却往往生产不出相应的产品;即使能够勉强生产,不是实际生产的产品离设计要求相去甚远,就是企业生产从技术、设备、原材料包括技术工人都完全依赖国外,完全成为发达经济的一分子,而与本国经济联系甚少。脱离发展中国家国情的技术即使再先进,也不能推动发展中国家经济增长和发展。

对于技术的适宜性,阿肯森和斯蒂格利茨(Arkinson 和 Stiglitz,1969)提出了"局部性的边干边学"(localized learning by doing),他们认为对于企业(或经济)所使用的一个特定的资本和劳动的组合,企业需要时间来提高这一特定要素组合的生产率。迪万和罗迪克(Diwan 和 Rodrik,1991)则利用技术的适宜性讨论了发展中国家加强知识产权保护的激励问题。巴苏和韦伊(Basu 和 Weil,1998)明确提出了适宜技术(appropriate technology)的概念,他们认为发达国家的技术是和发达国家本身较高的资本存量相匹配的,因此发展中国家如果能够提高自己的储蓄率从而提高自己的资本存量便可以充分地利用发达国家的先进技术,也有可能经历一个经济迅速增长的时期。洛什和蒂默(Los 和 Timmer,2005)对这一观点进行了实证研究,发现不同国家由于自身创新水平、技术吸收能力以及资本深化速度的不同,在技术适宜性上的差异导致不同国家经济增长趋同上的差异。但是正如林毅夫(2002)所指出的那样,巴苏和韦伊的观点并不能解释为什么拉丁美洲、非洲和"四小龙"之外的亚洲国家政府提高储蓄率的努力没有能够提高经济增长率。阿西莫格鲁和齐尼波蒂(Acemoglu 和 Zilibotti,2001)则明确提出了发展中国家的劳动力和引进技术的不匹配问题。发达国家开发的技术适合于发达国家的熟练劳动力使用,而发展中国家大量存在的是非熟练劳动力。劳动力技能水平和引进技术之间的不匹配(mismatch)导致了发展中国家和发达国家之间巨大的人均产出和人均收入的差异。但是,他们的模型比较复杂,并且他们的假定过于严格,他们假定发展中国家总是使用发达国家处于技术前沿的技术,而不是技术前沿以内的技术(林毅夫,2002)。潘士远和史晋川(2001)提出了一个类似的概念:知识吸收能力。在其他条件给定的情况下,知识吸收能力实际上决定了知识(技术)的溢出效应,也决定了知识技术的实际作用。格里菲斯、雷丁和里宁(Griffith、Redding 和 Reenen,2004)的研究也发现,R&D 投资可以提高发展中国家的技术吸收能力,从而对经济增长产生显著影响。

本章认为所谓技术的适宜性实际上依赖于发展中国家的技术吸收能力。同样的技术,对于技术吸收能力高的国家可能比较合适,但是对于技术吸收能力低的国家可能就不合适。而这种吸收能力则依赖于发展中国家的人均人力资本水平:人力资本水平高,发展中国家便可以把发达国家的先进技术转化为自己的生产能力;而在人力资本水平低的国家,这种转化则显得相当的困难。实际上不论是发达国家还是发展中国家,其经济增长水平由它们的技术水平和人力资本水平共同决定。发展中国家之所以拥有技术但不能转化为经济增长,与其说这些技术不适合发展中国家,还不如说是发展中国家低下的人力资本水平使得这些技术不适合。用发展中国家和发达国家人力资本的差异来解释发展中国家整体上技术引进吸收的失败可能是一条比较合理的思路。实际上发达国家与发展中国家之间的差异不仅仅只是表现在人均资本存量差异上,更表现在人均人力资本水平的差异上。

因为发达国家的研发机构在开发新技术的时候不可能为发展中国家量身定做,完全从发展中国家的国情考虑技术的开发,所以发达国家的技术一般来说并不适合发展中国家的国情;这样一来,发展中国家技术选择的余地比较小。因此,对于发展中国家而言更重要的是如何改善先进技术发挥作用的环境和条件。而其中的关键便是提高发展中国家的人力资本水平,使得其人力资本水平与其引进的发达国家的先进技术相匹配,进而提高自己对于新技术的吸收能力,这一点尤为重要。发展中国家缺乏资本和技术都可以通过引进的办法来解决,但是发展中国家却不可能通过大批地引进技术工人的手段来提高自己的人力资本水平。

本章的模型实际上是在罗默(Romer,1990)水平创新模型基础上的扩展。罗默的模型主要讨论的是发达国家的技术创新问题,而本章所关注的焦点是发展中国家对发达国家新技术的吸收能力对发展中国家经济增长的影响。在发展中国家技术水平远远低于发达国家的时候,技术可以通过引进的办法获得,但是发展中国家对于这些新技术的吸收能力却受制于其人均人力资本水平。这样一来,发展中国家的人力资本积累在发展中国家的经济增长中就起着更大的作用。

| 第二节 |

模型的基本结构

沿袭斯宾塞（Spence，1976）、迪克希特和斯蒂格利茨（Dixit 和 Stiglitz，1977）、伊瑟尔（Eithier，1982）以及罗默（Romer，1990）的中间产品模型，经济中的总量生产函数采取扩展的柯布-道格拉斯的形式：

$$Y = \int_0^A X(i)^\alpha \mathrm{d}i\, H^{1-\alpha}$$

其中，$X(i)$：经济中第 i 种中间产品数量

H：投入到生产部门中的人力资本。

A：经济中的中间产品的种类数目。

在这里，我们利用罗默（Romer，1990）的水平技术创新框架，技术创新以中间产品种类不断扩大的形式表现出来。由于我们考虑的是典型的发展中国家的经济，所以对于发展中国家来说：（1）由于发展中国家的技术水平落后，无力从事任何技术创新，发展中国家的技术都是从发达国家引进的，所以 A 实际上代表发展中国家所能利用的适宜技术总量。显然，发展中国家所能生产的中间产品数量要远远小于发达国家所能生产的中间产品数量，即 $\bar{A} \geq A$；$\bar{A}$ 的扩大依赖于发达国家不断的创新，发展中国家在技术上能够生产的中间产品数量由发达国家的技术创新外生给定；但是 A 的扩大则依赖于发展中国家技术吸收能力的提高，技术吸收能力越高，则发展中国家可资利用的适宜技术也就越多。（2）发达国家的人力资本水平要远远高于发展中国家。但是这种差异并不表现在人力资本水平总量上，而是表现在人均人力资本水平上。而人均人力资本水平则

是影响发展中国家技术吸收能力的决定因素,即发展中国家适宜技术总量 A 由发展中国家的人均人力资本水平 h 决定。发展中国家初始的人均人力资本水平低下,决定了发展中国家所能生产的中间产品数量 A 非常少,因而人均收入也比较低。

为了讨论的方便,我们将生产函数写成集约形式(以后我们的讨论将都是基于对人均水平的讨论):

$$y = \int_0^A x(i)^\alpha \mathrm{d}i \, h^{1-\alpha} \tag{4-1}$$

其中: $x(i) = X(i)/L$; $h = H/L$; L 表示发展中国家的人口数量。

最终产品部门的企业需要选择中间产品和人力资本的投入使得自己的产出利润最大化:

$$\mathrm{Max}\ \pi_f = \int_0^A [x(i)^\alpha h^{1-\alpha} - p(i)x(i)] \, \mathrm{d}i - wh \tag{4-2}$$

其中, $p(i)$ 表示经济中第 i 种中间产品的市场价格; w 表示单位人力资本的工资。

相应的,我们可以得到最终产品生产企业的利润最大化条件:

$$p(i) = \alpha x(i)^{\alpha-1} h^{1-\alpha} \tag{4-3}$$

$$w = (1 - \alpha) \int_0^A x(i)^\alpha h^{-\alpha} \mathrm{d}i \tag{4-4}$$

市场对于中间产品的需求曲线由(4-3)式给出。

很明显,中间产品市场并不是一个完全竞争的市场(Romer,1990)。不同的中间产品由不同的垄断企业生产,中间产品生产企业垄断了相应中间产品的生产,由此获得垄断利润。在发达国家,中间产品生产的垄断利润成为发达国家企业不断创新的一个微观激励。在发展中国家,这种垄断力量是发展中国家企业通过购买外国的专利技术而获得的。

我们假定中间产品的生产需要的仅仅是资本投入。厂商有了适宜的技术之后,便可以将 η 个单位的资本转化为一个单位的中间产品(Romer,1990),其中的 η 实际上代表资本用于中间产品生产的效率。η 为一个正的常数,如果 η 值越大,则物质资本的生产率就越低;η 值越小,则物质资本的生产率也就越大。不过对于发展中国家来说,物质资本的生产率一般来说都不高,或者说 η 值比较大。

这样经济中资本总量为:

$$k = \eta \sum_{i=1}^{A} x(i) \tag{4-5}$$

中间产品生产企业在利率 r 给定的情况下追求利润最大化:

$$\text{Max } \pi_m = p(i)x(i) - r\eta x(i) \tag{4-6}$$

由于这是一个对称模型,所以我们利用罗默(Romer,1990)模型的假设作相应的简化①:

$$x(i) = x = k/A = k_i = \bar{k} \tag{4-7}$$

由此我们可以将中间产品厂商利润最大化问题化简为:

$$\text{Max } \pi_m = px - r\eta x \tag{4-8}$$

利润最大化的一阶条件为:

$$r = \frac{\alpha^2}{\eta} \left(\frac{h}{x} \right)^{1-\alpha} \tag{4-9}$$

我们考虑经济中的家庭是无限期生存的 Ramsey 家庭(Ramsey,1928)。代表性家庭在自己的生存期内最大化家庭的终生效用:

---

① 巴罗和萨拉·马丁(Barro 和 Sala-I-Martin,1995a)所介绍的模型中,中间产品的设计发明始终保持一个恒定的成本 η,一单位中间产品的生产正好耗费一单位的原材料投入;罗默(Romer,1990)的模型中,中间产品的设计发明需要相应的人力资本投入,中间产品的生产则需要资本投入,而资本则是由中间产品来衡量的。因此在罗默(Romer,1990)的模型中,中间产品本身对于该中间产品的生产有着直接的贡献。在这里,我们的模型沿用了罗默的这一假定。

$$\text{Max}\int_0^{+\infty} u(c)\, e^{-\rho t}\mathrm{d}t = \int_0^{+\infty} \frac{c^{1-\theta}-1}{1-\theta}\, e^{-\rho t}\mathrm{d}t$$

其中：$1/\theta$ 为消费者的跨期替代弹性，ρ 为消费者的主观贴现率。

家庭的收入一方面来源于将自己的人力资本用于最终产品生产所获得的工资报酬，一方面还来源于投资企业获得相应的利息报酬。因此家庭的预算约束为：

$$\int_0^{+\infty}\left[c - wh - r(t)k\right] e^{-rt}\mathrm{d}t = 0$$

虽然说在发展中国家，流动性约束是一个非常普遍的问题，但是为简单起见，本章在这里并没有考虑家庭所面临的流动性约束。通过动态优化的方法，我们得到消费的增长率方程：

$$g_c = \frac{\dot{c}}{c} = \frac{r-\rho}{\theta} \tag{4-10}$$

这实际上是 Ramsey 模型中的标准结果。

| 第三节 |

人力资本积累与经济均衡增长

我们已经说过，创新表现为中间产品种类不断扩大、新产品不断被发明。因此技术进步以中间产品种类 A 的不断扩大来表示。然而，发展中国家本身并不从事技术创新，发展中国家的技术都是从发达国家引进过来的。

然而，技术的引进并不是没有条件的。技术的适宜性是发展中国家在引进技术时必须要考虑的问题。即使发展中国家能够通过引进购买的方式拥有发达国家的先进技术，但是如果缺乏相应素质的劳动力将先进的技术用于生产,那么所引进的先进技术根本对发展中国家的经济增长没有任何影响。投入到生产中的工人是这些先进技术的实际使用者。在这里,引进的技术和发展中国家的劳动力素质(人力资本水平)有一个匹配的关系。只有具有相应素质的劳动力,发展中国家才能真正地吸收和掌握发达国家的先进技术,引进的技术才能推动发展中国家的经济增长。劳动力素质和引进技术之间是否匹配是决定引进技术适宜还是不适宜的关键因素。因此我们在这里假定:发展中国家所能生产的中间产品的种类数量(适宜技术总量)取决于发展中国家的人均人力资本水平;发展中国家人均人力资本水平越高,则发展中国家所能生产的中间产品种类数也就越多,即发展中国家的模仿能力也就越强。进一步地,我们假定发展中国家所能生产的中间产品数量满足如下的关系式:

$$A = A(h) \qquad A'(\cdot) > 0; A''(\cdot) < 0$$

不失一般性,我们假定发展中国家的中间产品数量由以下线性方程决定:

$$A = \lambda h \tag{4-11}$$

发展中国家的人力资本水平由发展中国家的人力资本投资决定。发展中国家的代表性消费者在获得每期的收入后,一方面将收入用于个人消费;另一方面做出各种投资决策:一是物质资本投资,二是各种人力资本投资。因此我们有方程:

$$y = c + I_k + I_h = c + s_k y + s_h y \tag{4-12}$$

其中:I_k 为家庭的物质资本投资,s_k 为物质资本储蓄率;因为人力资本水平的提高不可避免地要消耗相应的经济资源(例如各种教育支出、培训以及学习的费用),所以我们把提高人力资本水平所消耗的所有经济资源视为人力资本投资 I_h,把人力资本投资 I_h 所占的国民收入的比例 s_h 定义为人力资本储蓄率。

对于无限期的 Ramsey 家庭来说,最优的消费应该满足(4-10)式所规定的消费动态方程。而经济中的物质资本积累则应该满足如下方程:

$$\dot{k} = s_k y \qquad\qquad (4\text{-}13)$$

按中间产品部门平均的物质资本则为:

$$\dot{\bar{k}} = \left(\frac{\dot{k}}{A}\right) = s_k \left(\frac{y}{A}\right) - g_A \bar{k}$$

其中 g_A 为经济中的中间产品种类数的增长率,即技术进步率,我们在这里并没有考虑物质资本的折旧。很明显,这也是标准 Solow 模型中物质资本的积累方程。

随着发展中国家人力资本水平不断提高、技术水平不断提高、中间产品种类数量不断扩大,人力资本投资面临着收益递减的趋势。实际上在现代社会,劳动分工不断细化,技术创新不断加深,中间产品种类也不断扩大。在这种情况下,要使得人均人力资本每提高一个层次,经济不得不消耗更多的人力资本投资。考虑到这样的现实,经济中的人力资本积累方程则由如下方程给出:

$$\dot{h} = \mu I_h / A = \mu s_h y / A \qquad\qquad (4\text{-}14)$$

其中 μ 为正的参数,它代表着人力资本投资的效率。μ 值越大,则人力资本投资效率就越高;μ 值越小,则人力资本投资效率也就越低。对于广大的发展中国家来说,人力资本投资效率一般来说都不是很高,μ 值一般都比较小。

一方面消费者可以投资于股票、证券等各种金融资产或直接投资于物质资本,获得市场利率回报;另一方面,消费者可以选择自学或参加各种技能培训以学习某项新的技能,或者选择在学校里继续深造获得更高的学位等,而这些人力资本投资给消费者带来的边际收益是市场的均衡工资率。代表性消费者需要在两种投资之间做出选择。当两种投资所获得的边际收益相等时,代表性消费者才达到了收入最大化,整个经济人力资本的积累率与物质资本的积累率才处于均衡的水平。投资于物质资本所获得的边际收益为 r,投资于人力资本积累所获得的报酬率为 $w\mu/A$,当两种投资边际收益相等时我们有:

$$\frac{r}{w} = \frac{\mu}{A} \tag{4-15}$$

(4-15)式表明一国利率—工资比取决于一国的技术水平,相对于市场利率来说,工资率与技术水平同比增长;即随着一国技术水平不断提高,工资率也应该相应地不断提高,这与我们所观测到的增长事实相吻合。当今所有的发达国家的增长经验表明:在长期的增长中利率水平虽然说波动不定,但是并没有明显的上升或下降的趋势;但是发达国家的工资水平却在不断上升,并且这种上升目前还看不到停止的迹象。发展中国家在长期持续的增长过程中,也会出现这样一种情况。事实上,中国在过去几十年的增长中工资率也明显地提高了。

经济仍然可以得到一个均衡的增长路径。在经济的均衡增长路径上,技术进步率 g_A 与人均人力资本增长率 g_h 相等。同时由于中间产品的生产采用的是线性技术,利用罗默(Romer,1990)模型的假设,我们能得到按中间产品部门平均的人均物质资本的增长率 g_k(或中间产品的增长率 g_x)也和人均人力资本增长率 g_h 相等,即 $g_x = g_h$。由该条件我们可以得到:

$$\frac{h}{x} = \frac{\dot{h}}{\dot{x}} = \frac{\dot{h}}{\dot{k}/A\eta} = \mu\eta\Psi \tag{4-16}$$

其中 $\Psi = s_h/s_k$,它是人力资本储蓄率与物质资本储蓄率的比值。

我们由利率的定义式(4-9)得到:

$$r = \alpha^2 \eta^{-\alpha} \mu^{1-\alpha} \Psi^{1-\alpha} \tag{4-17}$$

从(4-17)式我们可以发现市场利率与 Ψ 呈正相关关系。换句话说，如果经济将更多的资源用于人力资本的积累，则经济中的利率也就越高，因为人力资本的积累提高了资本的边际产出。在发展中国家，人力资本积累具有多重效应：首先它在生产部门使得物质资本的生产率提高；其次，发展中国家的人力资本投资具有技术扩张的效应，它使得发展中国家所能模仿生产的发达国家的中间产品种类增加，发展中国家的技术水平不断提高，人均收入不断增长。人力资本的积累抵消了单纯的物质资本积累所带来的资本的边际产出下降、增长收敛的趋势，经济增长的收益递增也蕴含在其中。

由于人均最终产出由方程(4-1)决定，很明显人均最终产出增长率 g_y 为 $2g_h$。在均衡增长路径上，人均消费的增长率和人均产出的增长率也应该保持一致，因此 g_c 也应该等于 $2g_h$。利用消费动态方程(4-10)，我们可以得到经济处于平衡增长路径时的均衡利率为：

$$r = 2 g_h \theta + \rho \tag{4-18}$$

利用利率的两个表达式(4-17)式与(4-18)式，我们得到均衡时人均人力资本的增长率：

$$g_h = \frac{\alpha^2 \eta^{-\alpha} \mu^{1-\alpha} \Psi^{1-\alpha} - \rho}{2\theta} \tag{4-19}$$

因此人均收入的增长率和人均消费的增长率为：

$$g_y = g_c = \frac{\alpha^2 \eta^{-\alpha} \mu^{1-\alpha} \Psi^{1-\alpha} - \rho}{\theta} \tag{4-20}$$

根据(4-20)式，很容易得到：$\partial g_y / \partial \Psi > 0$，即经济增长速度和发展中国家人力资本储蓄率与物质资本储蓄率的比值 Ψ 呈正相关关系。在此不加证明给出命题1。

命题1：引进模仿发达国家技术的发展中国家的长期经济增长率取

决于发展中国家人力资本储蓄率与物质资本储蓄率的比值 Ψ；Ψ 越高，发展中国家经济增长的速度就越快。

从经济增长率的表达式来看：如果物质资本的储蓄率 s_k 趋近于零，Ψ 也会趋于无穷大，发展中国家的长期经济增长率也会趋于无穷大。但是这是不可能的。虽然为了简单起见，我们的模型并没有考虑到经济中所发生的物质资本折旧，但是折旧却是每年都会发生的，一旦考虑到折旧因素，经济中的物质资本储蓄率不可能为零，因为物质资本的折旧必须要弥补。因此发展中国家的经济增长率也不会出现超常规的无穷大的情况。此外，当发展中国家通过引进和模仿使得经济发展水平和技术水平与发达国家并驾齐驱之后，发展中国家也必须投入一部分人力资本进行技术创新。这个时候发展中国家的经济增长不再满足方程(4-20)。发展中国家和发达国家就进入了一个相互创新相互模仿的阶段。

我们关注的是人力资本储蓄率与物质资本储蓄率的比值 Ψ 对发展中国家的经济增长率到底有多大的影响？对(4-20)式进行简单的计算后我们得到经济增长率对 Ψ 的弹性为：

$$\varepsilon = \frac{(1-\alpha)r}{r-\rho} \qquad\qquad (4-21)$$

在一个均衡的经济中，市场利率和消费者的主观贴现率一般来说相差不大。换句话说，$(r-\rho)$ 一般来说比较小。此外，在平衡增长路径上，人均产出的增长率 g_y 与人均消费的增长率 g_c 相等。如果想得到一个正的经济增长率，那么根据 Ramsey 模型的消费动态方程式(4-10)，我们应该有 $r-\rho > 0$。这样弹性表达式(4-21)中 $(r-\rho)$ 是一个比较小的正数，因此经济增长率对 Ψ 的弹性是一个正数。在这种情况下，利率水平越高，经济增长率对人力资本储蓄率与物质资本储蓄率的比值 Ψ 可能越敏感。这也就是说：在一个资本匮乏、利率偏高的国家，对人力资本投资的倾斜可能会对该国的经济增长率产生相当大的正面刺激作用;反过来,这样的国家如果采取偏重物质资本积累的战略,则收效甚微甚至可能会对经济增长带来相当大的负面效果。越是在人均资本水平低的国家,利率越高,这种效果可能越强烈。由此本章不加证明给出如下推论。

推论 1:对于广大的发展中国家而言,特别是在发展中国家的人均物质资本水平低下发展初期,采取偏重于人力资本积累的发展战略比采取偏重于物质资本积累的战略更有效。

推论 1 回答了林毅夫(2002)对巴苏和韦伊(Basu 和 Weil,1998)模型的批评。在发展中国家发展的初期,物质资本匮乏、人均物质资本水平低下,但是在这种情况下采取片面的注重物质资本积累的战略并不能带来经济的起飞和发展,反倒会出现一种恶性循环:发展中国家物质资本水平低下、利率高昂,政府便努力采取物质资本积累的措施希望改变这一局面,这样导致人力资本储蓄率与物质资本储蓄率的比值 Ψ 下降。根据推论 1,Ψ 值的下降会带来增长的负效应,人均物质资本水平进一步下降、利率进一步上升,这又会导致政府新一轮提高物质资本储蓄率的行动,使得经济增长率进一步下降。这样发展中国家便进入了一个发展的怪圈:物质资本越少越要积累物质资本;但是越积累物质资本,经济增长率却越低,物质资本越少。其中的原因在于:单方面地重视物质资本的积累而不注重人力资本水平的提高一方面会使得大量的稀缺资本并不能充分发挥其生产力,另一方面也使得发展中国家对发达国家的新技术吸收能力下降,其所能生产的中间资本品的种类数量始终维持在一个低水平上,发展中国家不能实现经济的起飞和赶超也是很自然的事情。

虽然根据(4-20)式,我们得到了在平衡增长路径上经济增长率和 Ψ 之间的关系,但问题是:一个竞争的经济所能实现和达到的 Ψ 值到底是多少? 换句话说,竞争均衡下的 Ψ 值是多少? 其实我们很容易得到竞

争均衡的 Ψ 值。在一个竞争均衡的经济中,竞争均衡的 Ψ 值应该是效用最大化的代表性消费者追求个人投资(物质资本投资与人力资本投资)收益最大化的结果。只有当物质资本投资的边际收益和人力资本投资的边际收益相等的时候,代表性消费者的投资收益才达到了最大化。即竞争均衡下投资应该满足(4-15)式。同时利率与工资率的比例应该由他们实际的边际产出所决定,因此由利率和工资率的定义式(4-8)式和(4-4)式我们得到:

$$\frac{r}{w} = \frac{\alpha^2}{(1-\alpha)\eta A}\left(\frac{h}{x}\right) = \frac{\alpha^2 \mu \Psi}{(1-\alpha)A} \tag{4-22}$$

我们将(4-22)式与(4-15)式联立,便可以得到竞争均衡下的 Ψ 值为:

$$\Psi^e = (1-\alpha)/\alpha^2 \tag{4-23}$$

将竞争均衡下的 Ψ 值代入经济增长率的方程式(4-20),能够得到如下命题。

命题 2:竞争均衡条件下,发展中国家的经济增长率为一个固定的常数:

$$g_y^e = \frac{\alpha^{2\alpha}(1-\alpha)^{1-\alpha}\mu^{1-\alpha}\eta^{-\alpha}-\rho}{\theta} \tag{4-24}$$

为了更进一步地揭示出各参变量值对经济增长的影响,我们可以在这里做一个简单的数值分析。我们假定在发展中国家,物质资本的贡献率 $\alpha = 1/3$,用于中间产品生产的物质资本的生产效率为 $\eta = 5$,人力资本投资的效率为 $\mu = 0.2$,消费者的主观贴现率为 $\rho = 0.06$,消费者的相对风险回避系数为 $\theta = 1.3$①。在这样的经济中,人均产出的增长率与人力

---

① 在发展中国家物质资本生产率与人力资本投资效率都比较低,所以我们这里给出的 η 值比较高,而 μ 值比较低,不过两者效率水平是一样的。此外我们这里给出的消费者主观贴现率稍稍有一点高,则是因为消费者的主观贴现率要和发展中国家高昂的利率相一致。

资本储蓄率与物质资本储蓄率的比值 Ψ 的关系如图 4-1 所示,是一条上斜的曲线。我们可以计算得到竞争均衡条件下的人力资本储蓄率与物质资本储蓄率的比值 $\Psi=6$,竞争均衡的人均产出增长率为 1.03%,即经济处于曲线上的 E 点。此时经济增长率对 Ψ 的弹性值为 $\varepsilon=3.6671$。此时如果有某种外在力量使得人力资本储蓄率与物质资本储蓄率的比值 Ψ 提高到 $\Psi=8$,而此时的人均产出增长率会成倍增长,达到 2.22%,即经济会处于 F 点;如果 Ψ 值进一步提高到 $\Psi=10$,那么人均产出增长率又增加一个百分点,达到 3.32%,经济会沿着曲线上移到 G 点的位置。

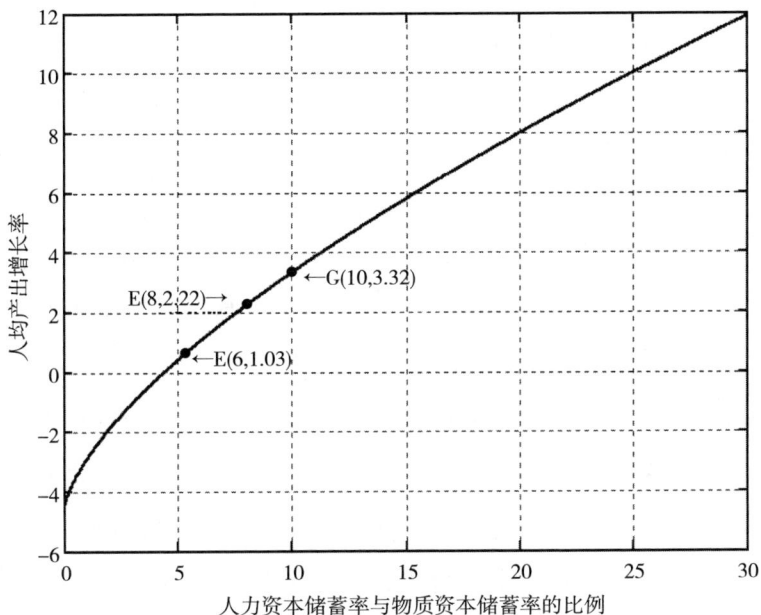

图 4-1　经济增长率与 Ψ 值的关系:一个例子

实际上,前面命题和推论的政策意义非常明显。在整个经济用于资本积累的资本量给定的条件下,单纯增加物质资本的积累并不会带来经济普遍的长期的增长。极端的情况是经济中用于人力资本积累的资本量为0,全部的积累都用于物质资本的积累(Ψ值为0),我们可以根据(4-20)式得到一个负的增长率。单纯的物质资本积累之所以不会带来发展中国家的经济增长,是因为这种物质资本积累最终会带来经济中投资的收益递减,物质资本积累的收益递减最后会使得经济增长收敛。物质资本积累收益递减的趋势使得发展中国家在人均收入低下、经济远远落后于发达国家经济时,其经济便停步不前,人均收入和经济发展水平始终处于一种较低的水平,无法缩小与发达国家悬殊的经济发展差距。即使是政府在物质资本积累和人力资本积累的问题上采取自由的市场政策,经济能够实现命题2所规定的竞争均衡的增长率,但是也有可能这一竞争均衡的增长率相当的低①。按照这种速度,发展中国家可能永远也赶不上发达国家,更遑论当今发展中国家政府普遍采取偏重提高物质资本积累的发展战略。在这种情况下,无论发展中国家如何提高自己经济的储蓄率,无论发展中国家如何从发达国家引进物质资本、引进最先进的技术,都无法摆脱贫穷落后的命运。所以对于广大的发展中国家政府来说,可能它们也并不是没有赶超的愿望,也并不是没有具体的措施和行动,而是它们的发展战略犯了南辕北辙的错误。

但是如果发展中国家在积累物质资本的同时注意自己国民人力资本水平的提高,逐步提高本国人力资本储蓄率;发展中国家就有可能打破物质资本越积累越少的发展怪圈,像过去几十年间的日本和亚洲"四小龙"那样,实现比发达国家更快的经济增长,经济上赶上甚至超过发达国家。其原因在于人力资本的积累一方面提高了资本的边际报酬,另一方面它使得发展中国家能够切实有效地模仿发达国家的先进技术,真正实现以

---

① 考虑上文所给出的例子,当一个经济的参数为 $\alpha = 1/3$、$\eta = 5$、$\mu = 0.2$、$\rho = 0.06$、$\theta = 1.3$ 时,竞争均衡下的经济增长率也仅仅只有 1.03%,按照这样的增长速度,发展中国家也很难赶上发达国家。

技术作为推动的经济增长。

发展中国家提高人力资本储蓄率一般来说可以采用两种方式：

第一，政府可以直接进行人力资本投资，例如政府直接兴办教育、对教育进行直接补贴，这样会直接提高一国的 Ψ 值。假设政府人力资本储蓄率为 $s_{hg}=\beta_1 s_h$，政府的物质资本储蓄率为 $s_{kg}=\beta_2 s_k$，它们分别是民间人力资本储蓄率和物质资本储蓄率的一定比例。这样，经济中的人力资本储蓄率对物质资本储蓄的比值为 $\Psi(1+\beta_1)/(1+\beta_2)$。如果政府有意识地采取偏重人力资本储蓄的发展战略使得 $(1+\beta_1)/(1+\beta_2)>1$，那么整个经济中的人力资本储蓄率对物质资本储蓄率的比值会显著地提高。根据命题1，发展中国家便可以实现经济更快的增长。如图4-2，在时刻 t_0，政府直接提高人力资本储蓄率与物质资本储蓄率的比值 Ψ，那么经济中的技术进步率 g_A、人均人力资本增长率 g_h 以及经济的长期增长率 g_y 也会相应的提高，Ψ 值的提高对经济增长具体的影响我们可以由弹性公式（4-21）得到。

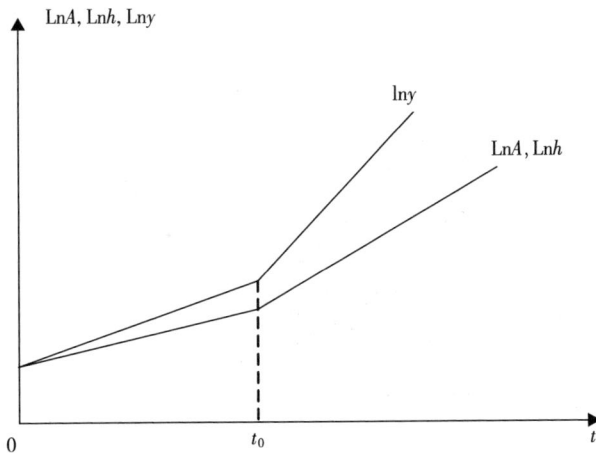

图4-2　Ψ值的提高对经济增长率的影响

　　第二,政府还可以采取补贴私人教育投资的办法来提高教育投资的收益率、降低教育投资的成本。这种补贴实际上是对国民教育储蓄的一种鼓励,它也能提高经济中的 Ψ 值。假设在初始时刻,人力资本投资与物质资本投资边际报酬相等,满足均衡条件(4-15)式。如图4-3,人力资本储蓄的边际报酬 $w\mu/A$ 是 Ψ 的减函数,而物质资本储蓄率的边际报酬 r 是 Ψ 的增函数;两条边际收益曲线在 E_1 点相交,此时两种投资的边际收益相等,均衡时的 Ψ 值为 Ψ_1。在 t_0 时刻,政府对人力资本投资进行补贴,补贴的比例为 τ。 由于政府的补贴,人力资本投资的边际收益曲线向上平移到 $(1+\tau)w\mu/A$;新的人力资本投资边际收益曲线与物质资本边际收益曲线 r 相交于 E_2 点,新的 Ψ 值为 Ψ_2。很明显,新的人力资本储蓄率与物质资本投资率的比值 Ψ_2 要大于初始的 Ψ 值 Ψ_1。Ψ 值由于政府对人力资本储蓄的补贴而上升,根据命题1,经济增长率也会相应上升(见图4-2)。同样,经济增长率具体的上升幅度我们可以由弹性公式(4-21)求得。

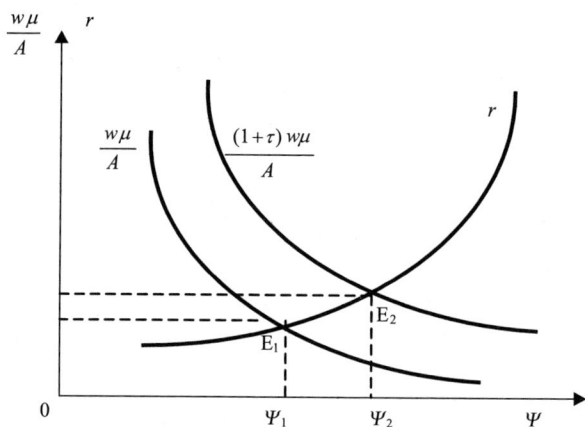

图4-3　政府补贴对 Ψ 值的影响

| 第四节 |

经验数据

我们收集了 1970—1999 年近 30 年间代表性发展中国家的相关数据,希望能够证实命题 1 所揭示的发展中国家经济增长率与人力资本储蓄率对物质资本储蓄率比值 Ψ 之间的关系。关于数据问题主要有几点需要说明:

第一,在现今我们能够获得的各种跨国统计数据中,并没有人力资本储蓄率(或人力资本投资率)这项指标;所以我们利用各国各个教育层次的入学率来做相应的近似替代。一般来说,发展中国家的入学率与该国的人力资本投资水平应该有某种正相关的关系:入学率越高,则反映该国的人力资本投资水平也就越高。但这种近似是相当不精确的,因为一国对于人力资本的投资并不仅仅局限于正规的学校教育,各种各样的非学校教育如各类职业技术培训也应该视作经济中的人力资本投资。显然入学率指标无法反映经济在各种非学校教育上的投资,而非学校教育实际上是人力资本投资中举足轻重的一个部分,对于人力资本水平的提高相当重要,并且非学校教育中的直接技能培训对经济增长的影响可能更为直接。

第二,人力资本的投资和积累是一个相当长期的过程,它对经济增长的影响同样也是长期和潜移默化的。当期的人力资本投资可能对当年的经济增长毫无影响,其作用可能在 5 年、10 年、20 年或者更长的时间之后才能体现出来。这种滞后无论是在发达国家还是在发展中国家都非常明显,但是具体的时滞变量却因时因地因人而异,很难为各国找到一个共同的时滞变量。此外,由于人力资本投资对于经济的作用是长期而间接的,它对经济增长的正面作用可能与经济所面对的各种外在冲击相比显得微乎其微,在计量模型中的显著性并不强。所以想要直接利用计量模型度量人力资本投资与经济增长的关系显得微妙而复杂。

第三,我们的数据虽然时间跨度有 30 年的时间,但是各项数据中特别是入学率指标并不完整,一部分年代的数据已经缺失不全。这样也给我们进行直接严格的计量检验带来了困难。

即便如此,我们所收集的数据仍然反映出发展中国家的经济增长率与人力资本投资率对物质资本投资率的比值有比较明显的正相关关系,这种正相关的关系在亚洲国家表现得特别明显。具体的结果请参见表4-1。

表 4-1　代表性发展中国家的经济增长率、物资资本投资率与各教育层次的入学率

	中国	中国	中国	韩国	韩国	韩国
年代	1970—1979	1980—1989	1990—1999	1970—1979	1980—1989	1990—1999
人均实际 GDP 增长率(%)	4.2500	8.2300	7.9028	6.6700	6.5845	6.4956
(小学+中学)毛入学率/物质资本投资率	3.9727	4.5407	4.3296	3.1253	3.0979	2.7798
总计毛入学率/物质资本投资率	3.0100	3.0759	2.8721	2.4859	2.4673	2.3237
	印度尼西亚	印度尼西亚	印度尼西亚	泰国	泰国	泰国
年代	1970—1979	1980—1989	1990—1999	1970—1979	1980—1989	1990—1999
人均实际 GDP 增长率(%)	5.3200	4.1600	2.7200	4.5600	4.9700	3.8800
(小学+中学)毛入学率/物质资本投资率	5.4057	5.0716	4.3870	1.9942	2.2317	1.9502
总计毛入学率/物质资本投资率	4.6112	3.8865	3.3242	1.6413	1.8690	1.5408

续表

	印度	印度	印度	埃及	埃及	埃及
年代	1970—1979	1980—1989	1990—1999	1970—1979	1980—1989	1990—1999
人均实际 GDP 增长率(%)	0.2600	3.9000	3.9100	1.3400	3.5400	2.6900
(小学+中学)毛入学率/物质资本投资率	4.3674	5.3458	5.5523	6.9165	7.3795	16.7445
总计毛入学率/物质资本投资率	3.4066	4.0787	4.3963	5.2779	5.9289	13.2230
	巴西	巴西	巴西	阿根廷	阿根廷	阿根廷
年代	1970—1979	1980—1989	1990—1999	1970—1979	1980—1989	1990—1999
人均实际 GDP 增长率(%)	5.7600	0.9600	0.4700	1.2200	-2.9400	3.7400
(小学+中学)毛入学率/物质资本投资率	2.5766	4.2783	5.7181	4.0468	5.6076	6.0359
总计毛入学率/物质资本投资率	1.9775	3.1977	4.2028	3.1929	4.6082	5.0267
	尼日利亚	尼日利亚	尼日利亚	博茨瓦纳	博茨瓦纳	博茨瓦纳
年代	1970—1979	1980—1989	1990—1999	1970—1979	1980—1989	1990—1999
人均实际 GDP 增长率(%)	2.2600	-1.3500	-1.7600	8.9800	4.8600	3.7600
(小学+中学)毛入学率/物质资本投资率	2.8317	12.1790	7.2754	2.1307	5.0552	5.4603
总计毛入学率/物质资本投资率	2.2474	9.3384	5.9514	1.6722	3.3345	4.2257

资料来源:1. 各国人均实际 GDP 增长率和物质资本投资率指标取自 The Penn World Table (PWT)6.1;Alan Heston,Robert Summers and Bettina Aten,Penn World Table Version 6.1,Center for International Comparisons at the University of Pennsylvania(CICUP),October 2002。

2. 入学率的各项指标((小学+中学)毛入学率、总计毛入学率)来自联合国教科文组织 World Education Indicator(相关数据可以在以下地址获得:http://www.uis.unesco.org/en/stats/centre.htm)。

3. (小学+中学)毛入学率/物质资本投资率以及总计毛入学率/投资率的指标是通过把相关的入学率与物质资本投资率相除得到。

对于我们所选取的几个主要的亚洲国家（中国、韩国、泰国、印度尼西亚和印度）来说，它们各自的人均 GDP 增长率与本国入学率和物质资本投资率的比值显示出比较明显的正相关关系（见图 4-4、图 4-5、图 4-6）。这反映出，人力资本投资在亚洲国家的经济起飞中扮演了相当重要的角色。如图 4-4 所示，反映的是中国入学率和物质资本投资率的比

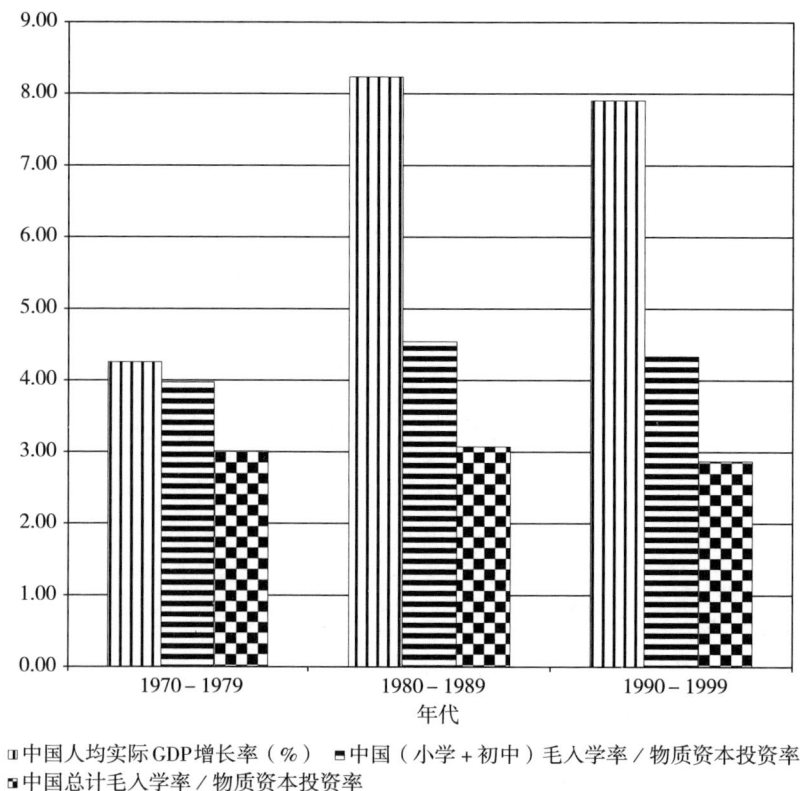

□中国人均实际GDP增长率（%）　▪中国（小学＋初中）毛入学率／物质资本投资率
▣中国总计毛入学率／物质资本投资率

图 4-4　中国的入学率和物质资本投资率的比值与经济增长率的关系

资料来源：根据表 4-1 的相关数据绘制。

值与中国经济增长率的关系。从图 4-4 中我们看得很清楚，中国经济在 20 世纪 80 年代增长率最高，而相应的（小学＋中学）毛入学率和物质资本投

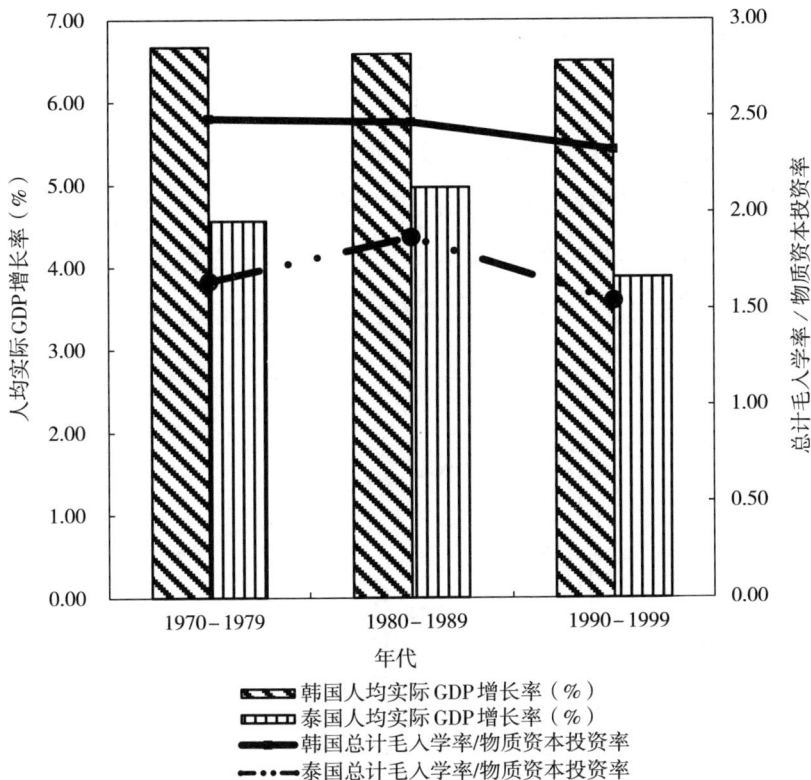

图 4-5 韩国与泰国入学率和物质资本投资率的比值与经济增长率的关系

资料来源:根据表4-1的相关数据绘制。

资率的比值以及总计毛入学率和物质资本投资率的比值在 20 世纪 80 年代

也达到了峰值。① 图 4-5 也清楚地表明:不论是在韩国还是在泰国,总计毛

入学率与物质资本投资率的比值也与经济增长率有着相当强的关系。总

———————————

① 虽然表面上来看,中国在我们所考察的三个时段中入学率与物质资本投资率的比例差别并不大,而经济增长率却差别很大。但是仔细观察图 4-4,我们发现中国经济增长率的巨大差别主要体现在 20 世纪 70 年代和 20 世纪 80 年代之间,而 20 世纪 80 年代和 20世纪 90 年代经济增长率差别不大。这可能和 20 世纪 70 年代到 20 世纪 80 年代所发生的剧烈的制度变迁有相当大的关系。

计毛入学率与物质资本投资率的比值提高,则经济增长率也提高;该比值下降,经济增长率也相应的下降。对于图4-6的印度而言,在我们所观察的三个时段中,(小学+中学)毛入学率和物质资本投资率的比值不断提高,印度的经济增长率也不断提高;而反观印度尼西亚,该比值不断下降,而人均GDP增长率也不断下降。根据我们的观察,亚洲的主要发展中国家,(小学+中学)毛入学率与物质资本投资率的比值与人均GDP增长率的关系较其他的入学率指标更强烈一些,这反映了基础教育对经济增长可能起着更大的作用。

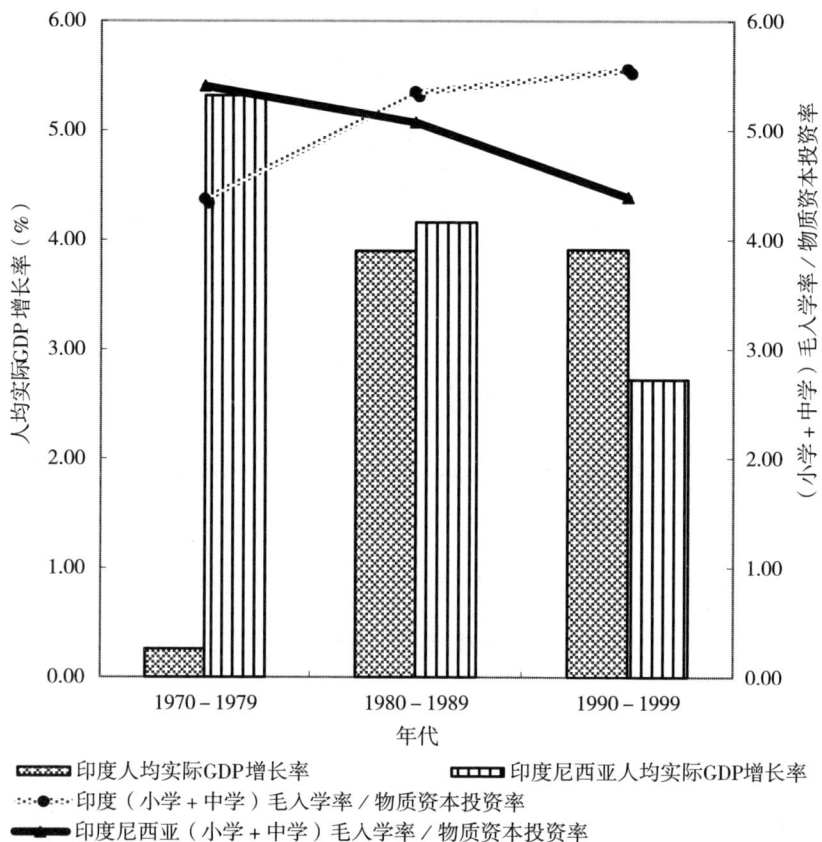

图4-6 印度与印度尼西亚入学率和物质资本投资率的比值与经济增长率的关系
资料来源:根据表4-1的相关数据绘制。

但是对于拉丁美洲国家以及非洲国家来说,这种关系却比较模糊。其中的原因可能在于,非洲国家长期战乱,而拉丁美洲国家则深陷外债危机不能自拔,这些外在的冲击要远远大于人力资本投资对于经济增长的间接影响;而亚洲国家最近几十年来总体上政局比较稳定,没有大的战乱,也没有像拉美国家那样长期为债务问题所困扰,人力资本投资可以在稳定的政治经济环境中充分发挥自己的作用。

| 第五节 |

结论和政策含义

在这里,我们部分的回应了林毅夫(2002)对于巴苏和韦伊(Basu 和Weil,1998)模型的批评。广大的发展中国家之所以没有能通过提高物质资本的积累而获得经济普遍而长期的增长,原因在于这些发展中国家在提高物质资本存量的同时并没有注重提高它们的人力资本水平。东亚经济的成功很大程度上在于它们在提高物质资本积累的同时,对人力资本积累的重视。日本和亚洲"四小龙"的崛起实际上归功于它们对于教育、对劳动力技能培训的重视。人力资本水平的提高一方面使得经济中既有的资本存量能够发挥更大的作用,另一方面又使得这些经济对发达国家先进技术的模仿能力和吸收能力大大增强。所谓"适宜技术"(appropriate technology)实际上因国而异。同一项技术,对于人力资本水平低的非洲国家来说可能不适宜;而对于人力资本水平较高的东亚国家来说,该技术就可能是适宜的:因为人力资本水平越高,经济对于技术的模仿能力、改造和吸收能力越强。所以说,适宜技术是一个建立在发展中国家人力资本水平上的概念。

本章的模型也部分解释了世界经济发展过程中出现的"条件收敛"现象。作为一个群体，发达国家内部之所以出现经济增长的收敛，原因在于发达国家彼此之间人力资本水平差异比较小，发达国家彼此可以通过引进模仿的方式掌握和吸收最前沿的技术，使得发达国家彼此之间人均收入水平差异不大。但是对于发展中国家来说，由于其人力资本水平低下，他们没有能力模仿和吸收发达国家的先进技术，因而其人均收入无法向发达国家的人均收入水平收敛。其结果是绝大多数发展中国家经济增长水平彼此收敛在一起，而发展中国家整体和发达国家整体之间人均收入水平却不断扩大。

值得注意的是，我们这里所说的人力资本水平指的是经济中人均人力资本水平。它衡量的是经济中总体的、一般的人力资本水平，或者说它衡量的是经济中一个普通劳动者的人力资本水平，也是实际投入生产过程之中的劳动者的人力资本水平。一个发展中国家可以拥有一小批世界一流的研究人员，有能力开发出世界尖端的技术，但是这并不代表发展中国家整体上人力资本水平就高。在很多发展中国家，经济上的落后总是伴随着一个奇怪的现象：一小批出类拔萃的科研人员和占人口多数的文盲、半文盲并存。很多发展中国家自己有能力开发出很多先进的技术，发展中国家也能从发达国家引进先进的技术；但是它们实际从事生产的劳动者却没有能力应用这些技术。相对于发展中国家的科技精英来说，发展中国家的经济增长实际上更依赖于普通劳动力素质和技能的普遍提高。我们的经验数据实际上也体现了这一点：较之高等教育，发展中国家的基础教育可能在发展中国家的经济增长中起的作用更大。在这方面，发展中国家的政府有许多工作可以做。

由于在本章的模型中，Ψ是发展中国家的政府可以通过政策影响的变量，所以发展中国家在促进经济增长方面比发达国家的政府有更多的用武之地。发展中国家政府在注重物质资本积累的同时,一方面要增加教育投资;另一方面在教育投资扩张的同时应该调整自己的教育发展战略,向基础教育和职业技术教育倾斜,改变高等教育盲目扩张的趋向,鼓励劳动力由于技能水平不同而导致的工资差别等。这些都可以改变家庭物质资本投资和人力资本投资的成本和收益,提高人力资本储蓄率相对于物质资本储蓄率的比值,从而提高发展中国家所能引进的适宜技术总量,实现经济更快的增长。

第 五 章

FDI、人力资本积累与经济增长[①]

上一章研究了扩散技术和发展中国家经济长期增长问题,认为发展中国家的引进技术必须要与发展中国家的人力资本水平相匹配。但是,第三章忽略了技术扩散的机制:发达国家的先进技术到底是通过什么样的途径传播到发展中国家? 一般来说,先进技术的扩散有两种主要途径:一是通过外国直接投资(Foreign Direct Investment,FDI)的方式进行主动的技术扩散;二是发展中国家也能够通过有意识的技术模仿掌握来自发达国家的先进技术。而对这两种技术扩散途径的分析构成了本章和下一章的主要内容。

本章在一个两国内生增长模型中研究了北方国家 FDI 产业选择与南方国家经济增长和技术进步问题。本章的分析表明北方国家 FDI 产业的选择依赖于南方国家的技术能力和竞争能力,南方国家技术能力和竞争能力越强,北方国家则倾向于将更多更先进的产业转移到南方国家;FDI能否给南方国家带来技术进步和经济增长依赖于南方国家的人力资本积

---

① 本章核心部分以《FDI、人力资本积累与经济增长》为题发表于《经济研究》2006 年第 4 期。

累,只有辅之以较快速度的人力资本积累,FDI才能给南方国家带来技术进步和经济增长。因此,普及和改善教育、提高国民的人力资本水平应该成为南方国家提高自身技术能力、吸引FDI、促进技术进步和经济增长的核心政策。

本章的结构安排如下:第一节引言部分,总结前人的研究成果;第二节我们考察了封闭经济条件下的内生增长问题,其中人力资本积累是经济增长的源泉;第三节我们考察了存在自由贸易的情况下经济增长和技术进步问题;第四节引入FDI,着重考虑存在FDI的情况下南方国家的经济增长和技术进步问题;第五节我们利用中国的数据实证检验了人力资本积累与FDI的相互配合对中国经济增长的重要作用;最后一节是总结,并进一步指出本章的政策含义。

| 第一节 |

引　言

新增长理论认为技术进步是经济长期增长的源泉之一。由于在开放经济条件下,技术和知识在国际间的转移相当普遍;因此世界各国的创新行为、技术进步以及长期增长便不可避免地联系到了一起。对于发展中国家来说,发达国家向发展中国家的技术扩散是发展中国家技术进步的源泉之一。特别是在发展中国家经济发展的初期,由于发展中国家技术水平落后、人才匮乏,技术引进和技术模仿对于南方国家的技术进步来说可能是最重要的源泉。在技术和知识从北方国家向南方国家的转移过程中,FDI普遍被视为一个相当重要的渠道。

但是发展中国家引进和吸收发达国家的先进技术存在着种种障碍,

如何降低技术引进和吸收的成本则是发展中国家经济发展的核心问题之一（Parente 和 Prescott，1994、1999）。而跨国公司进行的 FDI 则被认为能够有效地降低发展中国家引进和吸收先进技术的成本，促进先进技术在发展中国家的扩散（Findlay，1978；Koizumi 和 Kopecky，1980），所以 FDI 受到发展中国家和经济学家们的普遍欢迎也就不足为奇了。

然而，FDI 通过什么样的机制和渠道促进发展中国家的经济增长和技术进步，经济学家们试图从各个方面回答这个问题。赫希曼在讨论国家经济发展策略时引入了联系效应的概念。他提出在跨国生产过程中，发展中国家应该通过加强和合理利用与发达国家之间的前后向联系来促进经济发展。罗德里格斯-克莱尔（Rodriguez-Clare，1996）重新发挥了赫希曼（Hirschman，1958）所提出的联系效应的概念。在他的模型中，最终产品的生产需要多样化的中间投入品，跨国公司的加入提高了对中间投入品的需求，使得作为东道国的发展中国家所生产的中间投入品的种类数不断增加，这是所谓后向联系；而发展中国家能够生产种类更多的中间投入品意味着发展中国家能够生产更复杂的最终产品，这是所谓前向联系。我们可以看出，只要联系效应足够强，FDI 实际上有利于发展中国家的技术进步和经济发展。

马库森和维纳布尔斯（Markusen 和 Venables，1999）在罗德里格斯-克莱尔的基础上进一步发挥了联系效应的概念，直接指出 FDI 是发展中国家产业发展的催化剂。他们构建了一个 FDI 促进发展中国家产业发展的动态模型，详细描绘出在最初 FDI 的推动下，发展中国家产业成功实现工业化、与跨国公司展开竞争的过程。在他们的模型中，FDI 发生在最终产品部门，最初的 FDI 通过后向联系刺激了当地后向联系企业的发展。而这些企业的发展通过前向联系又能够为当地前向联系企业提供更多更好的中间投入品，促进了发展中国家最终产品部门的发展。同时由于能够生产更多更好的中间投入品,发展中国家会吸引更多的 FDI,新的一轮后向联系和前向联系也就开始了。在这样一个循环过程中,发展中国家在 FDI 的刺激下,本国后向联系部门和前向联系部门不断得到发展,最终实现工业化,与跨国公司展开竞争,将跨国公司赶出本国市场。

布罗斯多姆和王(Blomström 和 Wang,1992)考察了 FDI 中的技术转移问题。他们把 FDI 中的技术转移视作是跨国公司和发展中国家当地企业之间动态博弈的结果。跨国公司技术先进,拥有技术上的优势,但是跨国公司将技术转移到坐落在发展中国家的分支机构却不是无成本的,会带来技术转移成本,而发展中国家企业学习模仿跨国公司企业的先进技术也有学习成本。这样一来,跨国公司努力保持自己在技术方面的领先优势,而当地企业则通过技术模仿和学习努力缩小与跨国公司之间的技术水平差异:这是一个动态博弈过程,Nash 均衡的结果则决定了跨国公司技术转移的速度和当地企业技术学习的强度。

福斯富里、莫塔和龙德(Fosfuri、Motta 和 Ronde,2001)则分析了另一种 FDI 中的技术转移途径,并把技术转移和东道国的人力资本直接联系起来。在他们的模型中,跨国公司在将新技术引入东道国时需要训练该国的员工以使其适应新的技术,而这些得到新技术的员工在未来可能会在自己本国的企业工作,从而将国外的先进技术引入到本国企业之中。而如果跨国公司不愿意将人才流失到本土企业,则需给这些员工以更高的工资激励,这也可以从另一途径促进东道国的经济增长。

格拉斯和萨基(Glass 和 Saggi,1998)指出,FDI 所带来的先进技术的转移不是绝对的,它取决于南北方之间技术水平的差距:如果南方国家与北方国家的技术水平相差不大,则北方国家的 FDI 会给南方国家带来先进的技术;如果南方国家与北方国家的技术水平相差太大,则北方国家的

FDI 只会给南方国家带来落后和过时的技术。江小涓（2002）以汽车、移动通信设备和洗涤用品这三个产业为例研究了外商投资企业的竞争行为。她认为 FDI 有利促进了中国竞争型市场结构的形成，同时由于跨国公司之间以及国内竞争者竞争的加剧，跨国公司加快了先进技术转移的速度。

近年来，很多经济学家对 FDI 的技术转移效应和经济增长效应进行了实证检验。遗憾的是，经济学家们并没有得出一个非常明确的结论。德·格雷戈里奥（De Gregorio，1992）通过对 12 个拉美国家 1950—1985 年的面板数据进行分析后发现，FDI 与经济增长有显著的正相关关系。巴拉苏巴尼亚姆（Balasubramanyam，1996）等人的计量结果表明 FDI 对于发展中国家经济增长的效应依赖发展中国家的发展战略：相对于实行进口替代政策的国家而言，在实行出口鼓励的国家，FDI 对于经济增长的效应要强一些；在实行出口鼓励的国家，FDI 比国内投资更能够促进发展中国家经济增长。而艾特肯和哈里森（Aitken 和 Harrison，1999）则利用 4000 家委内瑞拉企业的微观面板数据分析了 FDI 的技术转移和溢出效应。FDI 正向的溢出效应仅仅只是在小企业上表现得比较明显；而对于大企业，FDI 并没有带来生产率的明显提高；更有趣的是，委内瑞拉本国企业的生产率随着 FDI 的增加而不断降低，即 FDI 的溢出效应是负的。作者解释了这种 FDI 负向的溢出效应的原因，FDI 造成的竞争压力压缩了国内企业的市场份额，使国内企业无法享受到规模经济的好处。综合起来，FDI 对委内瑞拉企业生产率的提高只有非常微弱的正向效应。但是，布罗斯多姆和肖霍姆（Blomström 和 Sjoholm，1999）用印度尼西亚企业的微观数据却发现外资企业的劳动生产率要明显高于国内企业，而国内企业能够享受到 FDI 溢出效应所带来的好处。同时他们也发现外国资本在企业中参与的比例并不影响企业的劳动生产率，这一结论实际上与艾特肯和哈里森(Aitken和Harrison,1999)的结论相一致,即FDI对东道国企业劳动生产率的提高影响非常微弱。斯玛尔泽恩斯卡·雅沃西克(Smarzynska Javorcik,2004)对立陶宛的实证研究结果则表明当东道国企业是合资企业时,FDI投资能够通过提高上游企业的技术水平从而带来技术转移;而东道国企业为外资所独有时则不存在这种技术转移。在发达国家,FDI投资通常是能够提高本国技术水平的。哈斯克尔(Haskel,2007)等人使用英国的数据研究显示,在1973年到1992年间,行业内外资所占比例与该行业的全要素生产率之间存在着显著的正向联系。凯勒(Keller,2009)对美国的研究也显示技术溢出对生产率的提高起到了非常明显的作用,特别是对于高科技行业内的中小企业。而发展中国家的实证研究结论则各有不同。此外,阿尔法罗(Alfaro,2004)等人的计量结果也表明FDI对经济增长的作用是模糊的,FDI并不是促进经济增长的充分条件,甚至也不是必要条件。

魏后凯(2002)通过分析中国的数据发现中国东西部之间GDP增长率的差异大约有90%是由FDI引起的。有趣的是,武剑(2002)的研究结果却表明国内投资的区域差距,特别是在投资(FDI和国内投资)效率上的显著差别是造成中国区域经济差距长期存在的主要因素,FDI数量在区域间分布的差距并不能有效地解释中国经济增长的地区差距。程惠芳(2002)的计量结果表明FDI流量的增长对高收入的发达国家经济增长的作用比对低收入的发展中国家的作用更加明显。而江锦凡(2004)的计量结果一方面证实FDI对中国经济增长的作用非常显著,另一方面他试图通过Granger因果检验考察FDI在中国经济增长中的作用机制。遗憾的是,由于缺乏对FDI促进中国经济增长具体作用机制的探讨,江锦凡(2004)单纯的Granger因果检验并不能揭示FDI与中国经济增长背后的逻辑关系。卢荻(2003)在对FDI和中国经济发展模式的研究中发现,

FDI 有利于改进资源配置效率而不利于提高生产率;有利于在短期促进经济发展但却不具有持续性。与国外的实证研究相似,国内学者的实证研究表明,FDI 对经济增长的作用是多重的、多向的。

计量结果的不一致表明 FDI 对技术进步和经济增长的作用并不是绝对的,FDI 并不一定会给发展中国家带来先进的技术,并不一定会促进发展中国家的经济增长。FDI 促进发展中国家技术进步和经济增长需要有一定的条件,但这些条件是什么,仍然需要进一步探讨。凯勒(Keller)在 1996 年的研究中指出 FDI 所导致的先进技术转移依赖于发展中国家的吸收能力,而他在 2002 年的研究中则指出这一技术转移同样还依赖于国家之间的地理距离。当新技术的引进伴随着发展中国家人力资本和技术吸收能力不断提高的时候,才有可能促进发展中国家经济的持续增长(邹薇、代谦,2003)。博伦斯泰因(Borensztein,1998)等人和 Xu(2000)明确指出,FDI 能否促进发展中国家的经济增长依赖于发展中国家的人力资本水平,即只有当发展中国家的人力资本达到一个最低的临界水平的时候,FDI 才会促进发展中国家的经济增长。这一结论从侧面也被程惠芳(2002)的计量结果所证实,因为收入的高低和人力资本水平的高低是一致的。沈坤荣和耿强(2001)对中国数据的分析表明 FDI 促进了中国的经济增长,而人力资本的积累在中间起着关键作用。

如果我们追溯历史,我们会发现如今的发展中国家在第二次世界大战前多为发达国家的殖民地;而殖民地时代,西方列强竞相向殖民地实行资本输出,在殖民地开矿筑路、开办工厂,FDI 也曾达到过相当的规模。遗憾的是,殖民地时代的 FDI 并没有带来殖民地国家的经济增长和技术进步,而殖民地国家的资源和财富却被掠夺殆尽。很明显,殖民时代的 FDI 没有能够促进殖民地的经济发展,而殖民时代的这些经历或许是发展中国家在早期对发达国家的 FDI 心存警惕的主要原因。① 在当今很多非洲和拉丁美洲国家,经济结构单一,多以原料输出为主,而这些行业多半控制在跨国公司手中,跨国公司的 FDI 也没有能够给这些国家带来先进的技术和经济增长。从人力资本积累的角度来分析 FDI 对东道国经济增长的作用或许是一个可行的途径。

此外和这个问题相联系,跨国公司在发展中国家进行 FDI 到底投资于什么样的产业也是一个需要仔细研究的问题。很明显,不同的产业有着不同的技术含量,不同的产业对当地经济的影响也有显著的不同。跨国公司投资在发展中国家进行森林砍伐和投资建立液晶面板厂对当地经济发展的影响有着天壤之别。发展中国家都希望跨国公司投资于技术含量高、对当地经济发展促进作用大的产业。然而,到底是什么因素决定跨国公司 FDI 产业的选择,对于这个问题,主流的文献对此语焉不详。

本章考察的问题有二:一是 FDI 在什么条件下能够对发展中国家的技术进步和经济增长产生正向的作用;二是发达国家如何决定在发展中国家的 FDI 产业选择。如果发展中国家要想通过吸引 FDI 来促进本国的技术进步和经济增长,发展中国家必须有相应的人力资本水平和技术吸收能力。如果缺乏相应的人力资本的积累,FDI 将无法给发展中国家带来技术进步和经济增长。人力资本水平和技术吸收能力是 FDI 能否促进东道国技术进步和经济增长的关键。此外,对发达国家来说,虽然在发展

---

① 印度在这个方面是一个典型,印度从 17 世纪起就逐步沦为英国的殖民地,到 19 世纪上半叶,印度全境完全被英国殖民者所征服。英国对印度的大规模资本输出逐步将印度改造为英国最重要的原料产地,而 300 多年的殖民统治却没有能够改变印度贫穷落后的面貌。促使人们对 FDI 作用的看法发生转变的原因在于 20 世纪 60—80 年代,大多数发展中国家推行的进口替代的封闭发展战略并没有使这些国家摆脱贫穷落后的状况,反倒是那些早早敞开大门欢迎外国资本、根据自己的比较优势参与国际分工的少数几个东亚国家迅速实现了工业化,成为了新兴工业化国家(NICs)。

中国家能够利用劳动力成本低廉的优势,但是发达国家也并不是把所有的产业都投资到发展中国家,这中间有一个产业选择的问题。实际上,发达国家把什么样的产业投资到发展中国家仍然取决于发展中国家的技术能力和竞争能力。发达国家并不愿意在发展中国家投资技术先进的产业,也不愿意将先进的技术转移到发展中国家。如果可能,跨国公司更愿意将落后淘汰的技术转移到发展中国家,获得比在国内市场和国际市场更高的垄断利润;如果可能,跨国公司更愿意将那些严重破坏生态环境、生产充满危险的产业或生产过程转移到发展中国家。① 如果发展中国家的技术水平比较低,发达国家在发展中国家的 FDI 则集中在少数几个技术水平低下的产业。这些产业技术含量低、溢出效应小,对发展中国家技术进步和经济增长的作用也小。如果发展中国家技术水平比较高,发达国家为了保持自己技术上的领先优势,便不得不向发展中国家转移比较先进的技术,投资于技术含量更高的部门。这样发达国家对发展中国家FDI 的产业更多,转移的技术更先进,配合以相应的人力资本积累,FDI对发展中国家技术进步和经济增长起的作用也就更大;而随着发展中国家技术能力的提高,跨国公司不得不投资于技术含量更高的产业,转移更先进的技术。这样一来,辅之以人力资本积累的 FDI 才能与发展中国家的技术进步和经济增长产生良性的互动,FDI 才能推动发展中国家的技术进步和经济增长。而在其中,人力资本的不断积累则是 FDI 能够促进发展中国家技术进步和经济增长的关键。

---

① 例如在中国投资的德国大众在中国市场的行为就很能说明问题。1983 年 4 月,第一辆桑塔纳在上海组装成功;1985 年,德国大众汽车公司和上海汽车总公司合资成立了上海大众汽车有限公司。然而,从 1983—1999 年长达 16 年的时间里,上海大众的主导产品是第一代的桑塔纳,而该车型于 20 世纪 80 年代中期就被德国大众在全球市场上淘汰掉了(江小涓,2002)。

| 第二节 |

封闭经济条件下的内生增长

一、南方国家

沿袭罗默(Romer,1990)的中间产品模型,经济中的总量生产函数采取扩展的柯布-道格拉斯的形式:

$$y = \tilde{n}^{\gamma} \int_{0}^{n} x(i)^{\varepsilon} \mathrm{d}i \tag{5-1}$$

其中 $\tilde{n}$ 代表南方国家所能生产的中间产品数量,也代表南方国家的技术水平;$\gamma>0$ 代表技术进步所产生的外部性,$\varepsilon>\gamma>0$; n 代表南方国家生产最终产品投入的中间产品数量[①]。在这里简便起见,我们假定最终产品的生产仅仅只是需要中间投入品。

最终产品生产部门需要选择中间产品的投入使得自己的产出利润最大化:

$$\max y - \int_{0}^{n} x(i)p(i)\mathrm{d}i$$

其中,我们假定最终产品的价格为单位 1,$p(i)$ 为第 i 种中间产品的价格。由一阶条件我们得到中间产品的反需求函数:

$$p(i) = \tilde{n}^{\gamma}\varepsilon x(i)^{\varepsilon-1} \tag{5-2}$$

我们假定每一种中间投入品的生产由一个垄断厂商所垄断,中间产

---

① $\tilde{n}$ 并不一定等于 n,因为在开放经济情况下,南方国家技术停滞,但是南方可以从北方进口自己所不能生产的中间投入品,即 $\tilde{n} < n$。但是在封闭经济条件下,我们有 $\tilde{n} = n$。

品的市场规模仅仅只能容许一个垄断厂商存在;此外技术水平低、研发容易的产品总是会被先研发出来,中间产品 i 的指标越高,则产品的技术难度就越大。人力资本是中间产品生产所需要的唯一要素,1 个单位第 i 种中间产品需要投入 $(1 + \delta_i)$ 个单位的人力资本。这样生产第 i 种中间产品的成本函数为: $c(x(i)) = w(1 + \delta_i) x(i)$,其中 ω 为南方国家人力资本的工资水平。而边际成本为

$$mc(i) = w(1 + \delta_i) \tag{5-3}$$

很明显,随着 i 的提高,南方中间产品厂商生产需要投入的人力资本越来越多,边际成本逐步增加。对南方厂商而言,不同产业的技术难度是不一样的。i 越大,产业越先进,则产业技术难度越大,南方厂商生产的边际成本越高。

中间产品生产厂商 i 在给定市场反需求函数(5-2)的情况下追求自己的利润最大化,定价策略为边际成本加成定价的策略

$$p(i) = mc(i)/\varepsilon = w(1 + \delta_i)/\varepsilon \tag{5-4}$$

此时,中间产品生产厂商 i 的利润为

$$\pi(i) = [p(i) - mc(i)] x(i) = (1 - \varepsilon) \varepsilon^{\frac{1+\varepsilon}{1-\varepsilon}} w^{-\frac{\varepsilon}{1-\varepsilon}} n^{\frac{\gamma}{1-\varepsilon}} (1 + \delta_i)^{-\frac{\varepsilon}{1-\varepsilon}} \tag{5-5}$$

从方程(5-5)我们可以看出,各中间产品生产厂商所获得的利润并不相同,产品的技术难度越小,厂商生产的边际成本也就越小,而厂商获得的利润也就越大;随着产品技术难度的提高,生产的边际成本也不断提高,而厂商的利润逐步减少。由于我们假定市场容量只允许一个垄断厂商存在,生产高技术产品的厂商也无法进入低技术产品市场。[①]

---

① 我们在这里可以理解为中间产品的生产除了可变成本之外,还存在着不变的固定成本。而正是由于固定成本的存在,使得每种中间产品市场不可能容纳第二家厂商,第二家厂商的进入会给行业中的企业带来负的利润。当然我们这里简便起见,并没有在模型中加入固定成本。

人力资本的积累一方面需要人力资本本身的投入，另一方面需要物资资本的投入。人力资本积累方程式采取标准的柯布-道格拉斯生产函数形式 $\dot{h}=BI_h^\varepsilon h_h^{1-\varepsilon}$，其中 I_h 为积累人力资本所需的物资资本投入，而 h_h 则为积累人力资本所需的人力资本投入，$B>0$ 为正的参数。而人力资本的最优决策意味着

$$\max w\dot{h} - rI_h - wh_h$$

由人力资本积累的一阶条件我们得到

$$r/w = B^{1/\varepsilon}\varepsilon(1-\varepsilon)^{1/\varepsilon-1} \tag{5-6}$$

其中 r 为市场均衡利率。同时我们还能得到人力资本的增长率为 $g_h = \dot{h}/h = \mu_h(1-\varepsilon)^{-1}$，其中 $\mu_h = h_h/h$，为投入到人力资本积累的人力资本投入的比例。

经济的总产出一方面被用来消费，另一方面用来积累人力资本，此外新产品的研发也需要资本投入。因此我们有

$$y = \dot{n} + c + I_h \text{ 当 } \tilde{n} < i^* \tag{5-7}$$

其中，$\dot{n}$ 为新产品种类增加的数量，代表南方国家技术水平的提高；c 代表消费。根据方程(5-7)，我们知道新发明的价格 $p_n = 1$。中间产品生产企业资本市场均衡条件为：$\pi(i)/p_n(i) = r$，由于新发明的价格为单位 1，因此我们能够得到：

$$\pi(i) = r \tag{5-8}$$

其中利润 $\pi(i)$ 由方程(5-5)决定，而市场利率由方程(5-6)决定为

$$r = B^{1/\varepsilon}\varepsilon(1-\varepsilon)^{1/\varepsilon-1}w \tag{5-9}$$

根据方程(5-5)，我们知道随着产业技术难度的不断提高，南方国家中间产品生产企业的垄断利润逐步减少。这意味着在南方国家，开发新产品的垄断利润逐步减少，经济对于企业创新的激励也越来越小。在这

种情况下,南方国家生产中间产品的数量必定存在着一个上限 i^*,而这个上限由利润 $\pi(i)$ 和利率 r 的交点决定,如图 5-1 所示。

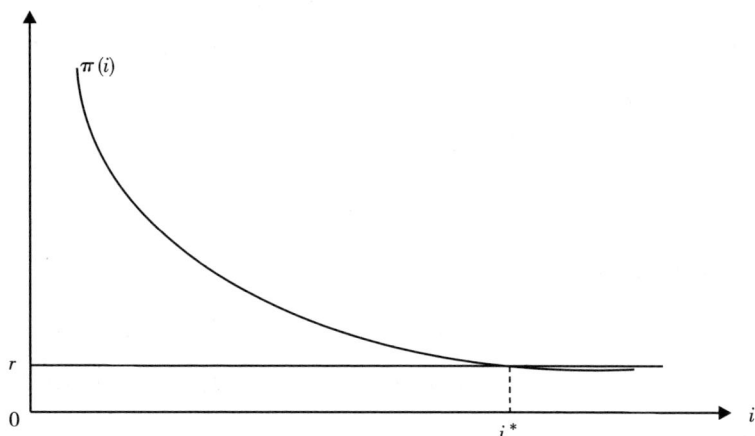

图 5-1 南方国家的利率与利润率

这样,当南方国家自己能够生产的中间产品数量小于上限 i^* 即 $\tilde{n} < i^*$ 的时候,南方国家总产出分别用于消费、研发和人力资本积累,总产出的分配由方程(5-7)决定。当南方国家自己能够生产的中间产品数量达到 i^* 所规定的极限之后,南方国家研发新的产品所获得的利润还不足以弥补研发投资的机会成本,在这种情况下,南方国家的技术进步会陷于停滞。此时南方国家经济中的总产出仅仅只是用于消费和人力资本投资,即

$$y = c + I_h \ \text{当} \ \tilde{n} < i^* \ \textcircled{1} \tag{5-10}$$

----

① 注意,南方国家不可能出现 $\tilde{n} > i^*$ 的情况。因为厂商如果研发第 i 种中间产品($i > i^*$),厂商的研发所获得的垄断利润还没有办法弥补研发投入的机会成本,考虑到这一点,厂商根本不会进行新产品的开发。

中间产品的生产需要人力资本的投入，因此我们有 $\int_0^n (1 + \delta i)x(i)\,\mathrm{d}i = \mu_x h$，其中 μ_x 为投入到中间产品生产的人力资本比例。

即使南方国家技术进步趋于停滞，但是由于人力资本的积累，中间产品会和人力资本同比例增长，南方国家仍然能够实现经济的长期增长。在长期，南方国家产出的均衡增长率为：$g_y^a = \varepsilon g h = \varepsilon \mu h'(1 - \varepsilon)$。

我们考虑经济中的家庭是无限期生存的 Ramsey 家庭，代表性家庭在自己的生存期内最大化家庭的终生效用：

$$\max \int_0^t e^{-\rho t} u(c)\,\mathrm{d}t = \int_0^t e^{-\rho t} \frac{c^{1-\theta} - 1}{1 - \theta}\,\mathrm{d}t \tag{5-11}$$

其中：$1/\theta$ 为消费者的跨期替代弹性，ρ 为消费者的主观贴现率。我们知道，家庭最优消费路径为 $g_c = \dot{c}/c = (r - \rho)/\theta$。显然，经济的均衡增长要求

$$g_y^a = g_c = \varepsilon g_h \tag{5-12}$$

二、北方国家

为了不引起混淆，北方国家的相关变量我们一律用大写字母表示。

北方国家总量生产函数为 $Y = \widetilde{N}^\gamma \int_0^N X(i)^\varepsilon \mathrm{d}i$。

其中，$\widetilde{N}$ 代表北方国家的技术水平，即北方国家能够自主生产的中间产品的数量；N 代表中间投入品的种类数量。最终产品生产厂商在给定中间产品价格 $P(i)$ 的情况下选择中间投入品使自己的利润最大化，由此我们得到中间产品的反需求函数[1]

---

[1] 此处我们仍然假定在北方国家最终产品的价格为单位 1。

$$P(i) = N'\varepsilon X(i)^{\varepsilon-1} \tag{5-13}$$

我们仍然假定一种中间产品的生产由一个厂商垄断,一种中间产品的市场规模也只能容纳一个垄断厂商。和南方国家不同的是,在北方国家,一单位的人力资本能够生产一单位的中间产品,生产第 i 种中间投入品厂商的成本函数①为

$$C(X(i)) = WX(i) \tag{5-14}$$

边际成本为

$$MC(i) = W \tag{5-15}$$

其中,W 为北方国家人力资本的工资率。这样一来,中间产品的生产厂商在给定市场反需求函数(5-13)和成本函数(5-14)的情况下追求自己的利润最大化。由此,我们能够得到中间产品厂商的定价

$$P = P(i) = MC(i)/\varepsilon = W/\varepsilon \tag{5-16}$$

以及中间产品生产厂商的垄断利润

$$\Pi = \Pi(i) = (P(i) - MC(i))X(i) = W(1 - \varepsilon)\varepsilon^{-1}X \tag{5-17}$$

其中,X 为每种中间产品的产量,因为对于北方国家而言,这个模型是对称的,每种中间产品的产量也是一样的。

北方国家人力资本的积累仍然需要人力资本投入和物资资本投入,人力资本积累方程式为 $\dot{H} = B I_H^\varepsilon H_H^{1-\varepsilon}$。其中,$I_H$ 为投入到人力资本积累的物质资本,H_H 为投入到人力资本积累的人力资本。人力资本积累的最优决策要求

$$\max W\dot{H} - R I_H - W H_H$$

其中,R 为北方国家的利率。由一阶条件我们能够得到 $R/W = B^{1/\varepsilon}\varepsilon(1 - \varepsilon)^{1/\varepsilon-1}$ 和人力资本的增长行为为 $g_H = \dot{H}/H = \mu_H/(1 - \varepsilon)$。

---

① 同样,我们在这里为了简便起见,也没有考虑固定成本。

北方国家能够实现经济的长期增长和持续不断的技术进步。北方国家最终产出一方面用于消费,另一方面用于人力资本投资,还有一部分用于新产品的研发。我们有 $Y = \dot{N} + C + I_H$。同样我们知道新技术的价格为 $P_N = 1$。根据资本市场均衡条件 $\Pi/P_N = R$,我们能够得到

$$R = \varepsilon^{-1}(1 - \varepsilon) WX = \varepsilon(1 - \varepsilon) N^{\gamma - \varepsilon} \mu_X H^\varepsilon \qquad (5-18)$$

其中,μ_X 为投入到中间产品生产的人力资本所占的份额。根据方程(5-17)及方程(5-18)我们知道投资于新产品的开发,北方国家的厂商不会出现像南方国家出现的技术进步停滞的情况,因为垄断新产品的生产所获得的垄断利润不会随着产品技术难度的提高而减少。

在均衡条件下,我们有 $\dot{R}/R = 0 = (\gamma - \varepsilon) g_N + \varepsilon g_H$。由此我们得到 $g_N = \dfrac{\varepsilon}{\varepsilon - \gamma} g_H$。由于我们前面假定 $\varepsilon > \gamma > 0$,我们知道北方国家能够实现持续的技术进步,这一点与南方国家很不一样。在这里我们可以看出,北方国家的经济增长一方面来自人力资本不懈的积累,另一方面来自技术不断进步、新产品不断发明;而由于 $\varepsilon > \gamma > 0$,技术进步存在着外部性,所以在人力资本积累速度一样的情况下,北方国家能够实现更快的经济增长。实际上,由于模型的对称性,我们有 $Y = \widetilde{N}^\gamma \int_0^N X(i)^\varepsilon \mathrm{d}i = N^{\gamma + 1 - \varepsilon} \mu_X^\varepsilon H^\varepsilon$,这样北方国家经济的长期增长为

$$g_Y = g_N = \frac{\varepsilon}{\varepsilon - \gamma} g_H \qquad (5-19)$$

我们对比方程(5-12)和方程(5-19),我们发现在北方国家人力资本积累对于经济增长的作用要比南方国家大得多,因为技术进步扩大了人力资本对经济增长的作用。

北方国家消费者的效用函数采取和南方国家消费者一样的形式,类似于方程(5-11)。消费者最优消费路径为 $g_C = \dot{C}/C = (R - \rho)/\theta$,同时

均衡增长要求 $g_Y = g_C = g_N = \dfrac{\varepsilon}{\varepsilon - \gamma} g_H$。

| 第三节 |

自由贸易与经济增长

此时,我们假定南北方国家从封闭走向开放,彼此进行自由贸易,但是此时我们还没有考虑北方国家对南方国家实行 FDI 的情况。此外我们假定只有中间投入品是贸易品,而最终产品是非贸易品。

我们知道南方国家生产中间产品的边际成本由方程(5-3)决定,南方国家厂商的定价行为由方程(5-4)决定;北方国家中间产品生产的边际成本由方程(5-15)决定,而北方国家厂商的定价行为由方程(5-16)刻画。在开放经济条件下,南北国家在国际市场上进行 Betrend 竞争。南北方中间产品生产的边际成本和定价行为见图 5-2。

由于南方国家工资水平低于北方国家的工资水平,因此 $mc(i)$ 的截距低于 MC;同时我们此处假定 $w/\varepsilon < W$[①],即 $p(i)$ 的截距仍然低于 MC。我们发现南北方的边际成本曲线相交于 A 点,$p(i)$ 与 MC 相交于 C 点,而 P 与 $mc(i)$ 相交于 B 点。注意,A、B、C 点决定了短期中南北方产业分工和厂商的定价行为。

当 $i \in [0, \underline{n})$ 时,由于南方厂商最优定价 $p(i)$ 要低于北方国家生产的边际成本,因此北方国家将无法和南方国家竞争,北方国家将退出这些

① 该假定只不过保证在南北自由贸易的情况下,南方国家仍然有产业能够实行成本加成定价。当 $w/\varepsilon \geqslant W$ 时,南北方的竞争将会使得南方国家没有产业能够实现成本加成定价,这种情况和我们考虑的 $w/\varepsilon < W$ 并没有本质的不同。

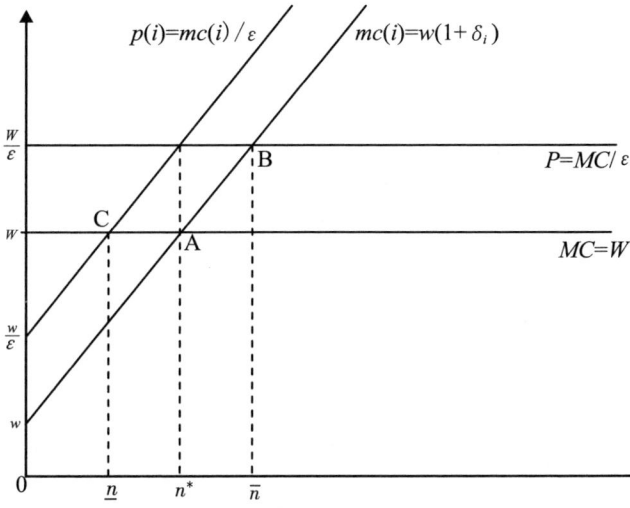

图5-2 南北方国家的产业分工

产业,成为这些产品的进口国;产品的生产将集中在南方国家,南方国家也成为这些产品的出口国。通过简单的计算,我们能够很容易地得到 $\underline{n} = (\varepsilon W/w - 1)/\delta$。此时,南方国家对中间产品的反需求函数由方程(5-2)决定,而中间产品的定价由方程(5-4)决定。由此我们得到南方国家中间产品的需求为 $x_1(i) = [\widetilde{n}^\gamma \varepsilon^2 w^{-1}(1 + \delta_i)^{-1}]^{1/(1-\varepsilon)}$。同理我们得到北方国家对于中间产品 i 的需求为 $X_1(i) = [\widetilde{N}^\gamma \varepsilon^2 w^{-1}(1 + \delta_i)^{-1}]^{Y(1-\varepsilon)}$。这样我们能够得到南北方对中间产品 i 的需求比例为 $x_1(i)/X_1(i) = (\widetilde{n}/\widetilde{N})^{\gamma/(1-\varepsilon)}$。

当 $i \in [\underline{n}, n^*)$ 时,由于南方厂商的最优定价 $p(i)$ 要高于北方国家生产的边际成本,南北方的竞争采取极限定价的行为,南方厂商将按照北方国家生产的边际成本来定价 $p(i) = W$,通过极限定价的方式,南方厂商将北方厂商赶出市场。此时南方出口,北方进口。通过简单的计算,我们

能够得到 $n^* = (W/w - 1)/\delta$。同理,我们能够得到南方国家的对中间产品 i 的需求为 $x_2(i) = [\widetilde{n}^\gamma \varepsilon W^{-1}]^{1/(1-\varepsilon)}$,北方国家的需求为 $X_2(i) = [\widetilde{N}^\gamma \varepsilon W^{-1}]^{Y(1-\varepsilon)}$,两者需求比例为 $x_2(i)/X_2(i) = (\widetilde{n}/\widetilde{N})^{\gamma/(1-\varepsilon)}$。

当 $i \in [n^*, \overline{n})$ 时,北方国家的最优定价要高于南方国家的边际成本,北方国家的极限定价行为会按照南方国家的边际成本来定价,即 $P = mc(i) = w(1 + \delta_i)$。对于这些产业,北方国家出口,南方国家进口。同理,我们能够得到 $\overline{n} = (W/(w\varepsilon) - 1)/\delta$。此外,南方国家对中间产品 i 的需求为 $x_3(i) = [\widetilde{n}^\gamma \varepsilon w^{-1}(1 + \delta_i)^{-1}]^{1/(1-\varepsilon)}$,相应的北方国家的需求为 $X_3(i) = [\widetilde{N}^\gamma \varepsilon w^{-1}(1 + \delta_i)^{-1}]^{1/(1-\varepsilon)}$,南北方国家的需求比例仍然为 $x_3(i)/X_3(i) = (\widetilde{n}/\widetilde{N})^{\gamma/(1-\varepsilon)}$。

当 $i \in [\underline{n}, N]$ 时,由于南方国家生产的边际成本 $mc(i)$ 比北方国家成本加成定价 P 还要高,因此南方国家将退出这些产业,从北方国家进口这些产品,这些产业完全被北方国家所垄断。同理,我们可以得到南方对这些产品的需求 $x_4(i) = [\widetilde{n}^\gamma \varepsilon^2 W^{-1}]^{1/(1-\varepsilon)}$,而北方国家的需求为 $X_4(i) = [\widetilde{N}^\gamma \varepsilon^2 W^{-1}]^{1/(1-\varepsilon)}$,南北方国家需求比例为 $x_4(i)/X_4(i) = (\widetilde{n}/\widetilde{N})^{\gamma/(1-\varepsilon)}$。

由此我们得到

命题1:自由贸易情况下,南北国家的贸易分工由南北方国家生产的边际成本决定,即由南北方国家工资水平和南方国家的相对技术能力 δ 决定。(1)南方国家集中于低技术水平的产业 $i < n^*$ 生产,而北方国家垄断了高技术产业 $i \geq n^*$ 的生产;(2)南方国家的工资水平越低,则南方国家生产的产业也就越多;南方国家的技术能力越高(δ 越小),南方国

家从事出口的产业也越多。

当南北贸易决定的产业 $n^* < i^*$ 时,南方国家在达到其经济所规定的技术进步上限之前技术进步就停滞下来了,因为此时北方国家的竞争使得对于进入产业 $i \geq n^*$ 的南方企业无法获得垄断利润以弥补产品研发的成本。由此我们得到

推论 1:当 $n^* < i^*$ 时,由于南北产业竞争,南方国家在达到技术上限之前技术进步的步伐就陷于停滞。

由于对于产业 $i \in [n^*, \bar{n})$,由于北方国家面临着南方国家的竞争,北方国家按照南方国家的边际成本定价,低于其成本加成定价,所以其定价行为并不是最优的。在不存在 FDI 的情况下,北方国家宁愿退出这些产业,从事新产品的开发而垄断新产品的生产,这也产业的生产也会转移到南方国家。由此我们得到

推论 2:对于产业 $i \in [n^*, \bar{n})$,由于定价行为无法实现最优,在不存在 FDI 的情况下,长期竞争均衡的结果使得北方国家退出这些产业的生产,这些产业的生产将转移到南方国家。

即使自由贸易有可能使南方国家的技术进步早早陷于停滞,但是由于南方国家能够进口更多、更先进的中间产品,南方国家仍然能够从北方国家的技术进步中获得好处(Eaton 和 Kortum,1995),从而获得比在封闭经济条件下更快的经济增长。我们知道,南方国家最终产品的生产函数由方程(5-1)决定,在自由贸易情况下,南方国家的技术进步虽然趋于停滞,即 $g_n = 0$。但是南方国家由于从北方国家进口中间产品,所以南方国家生产最终产品所投入的中间投入品的种类会随着北方国家新产品不断的开发而增加,而从北方国家获得的更多、更新的中间投入品则会促进南方国家的最终产品生产。

命题 2:在自由贸易条件下,南方国家能够通过进口更多、更新的中

间投入品的形式从北方国家的技术进步中受益,自由贸易条件下南方国家的经济增长为 $g_y^o = \dfrac{\varepsilon - \varepsilon^2}{\varepsilon - \gamma} g_H + \varepsilon g_h$。

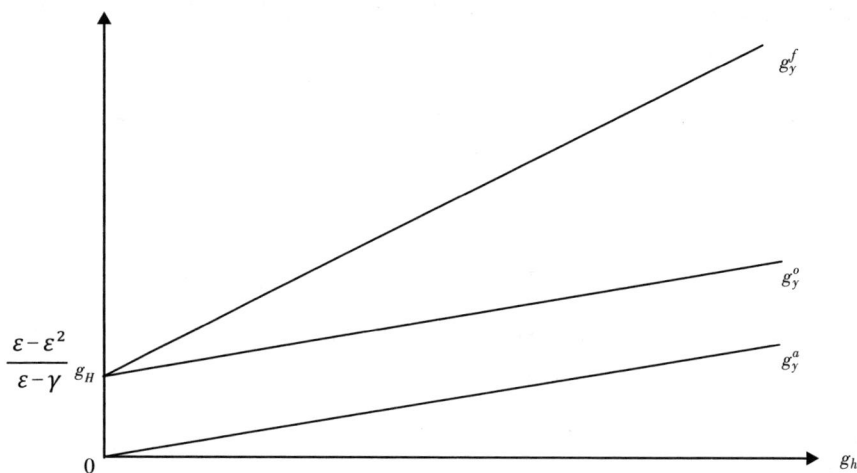

图 5-3 不同情况下南方国家的增长率

很明显,开放经济条件下南方国家能够实现更快的经济增长,并且北方国家的人力资本积累速度越快、技术进步速度越快,南方国家收益也越多。如图 5-3 所示,我们绘出在封闭经济条件下和在自由贸易条件下南方国家经济增长与南方国家人力资本积累之间的关系,显然 g_y^o 在 g_y^a 的上方,南方国家能够从南北贸易中获得好处。

| 第四节 |

FDI 与经济增长

此时我们假定南北方之间可以自由进行 FDI。南方国家的工资成本比北方国家要低,北方国家有激励将有些产业转移到南方国家,利用南方国家工资成本低廉的优势从事生产。北方国家实际上有两种选择:它可以选择通过出口的方式占领国际市场;它也可以选择对南方国家进行FDI,将产业转移到南方国家(Ethier 和 Markusen,1996;Helpman、Melitz 和 Yeaple,2004)。但是我们在现实中可以看到的是,北方国家实际上仅仅是把一部分产业转移到南方国家。跨国公司为什么不利用南方国家工资成本低廉的优势而把所有的产业都转移到南方国家?到底是什么因素决定北方国家 FDI 的产业选择?

北方国家 FDI 的产业选择仍然由南方国家的技术能力和竞争能力决定,北方国家不可能也不愿意将最新最好的技术转移到南方国家,北方国家只可能根据南方国家的技术水平选择那些技术上稍稍领先的产业获得技术上的领先优势而获得垄断利润。南北方国家的竞争使得对于 $[n^*,\bar{n})$ 之间的产业,北方国家无法按照成本加成的定价法则实行最优定价;为了将潜在的南方竞争者赶出市场,北方国家将根据南方国家生产的边际成本实行极限定价,而我们知道这种定价对于北方国家来说并不是最优的。如果没有 FDI,北方国家将逐步退出这些产业;在允许 FDI 的情况下,北方国家将有激励将这些产业转移到南方国家。

如图 5-4 所示,P 和 MC 为北方国家的成本加成定价和边际成本,$p(i)$ 和 $mc(i)$ 为南方国家的成本加成定价和边际成本。南北方国家边际成本曲线相交于 A 点,A 点对应的产业为 $n^* = (W/w - 1)/\delta$;南方国家的边际成本曲线和北方国家成本加成曲线相交于 B 点,B 点对应的产业为 $\bar{n} = (W/(w\varepsilon) - 1)/\delta$。

由于对于产业 $i \in [n^*,\bar{n})$,北方国家的定价行为并不是最优的,北方国家考虑进行 FDI,将生产转移到南方国家。$P' = MC'\varepsilon^{-1}$ 和 $MC' = \eta w$ 为北方国家进行 FDI 后的成本加成定价和边际成本,其中我们假定 $\eta > 1$。

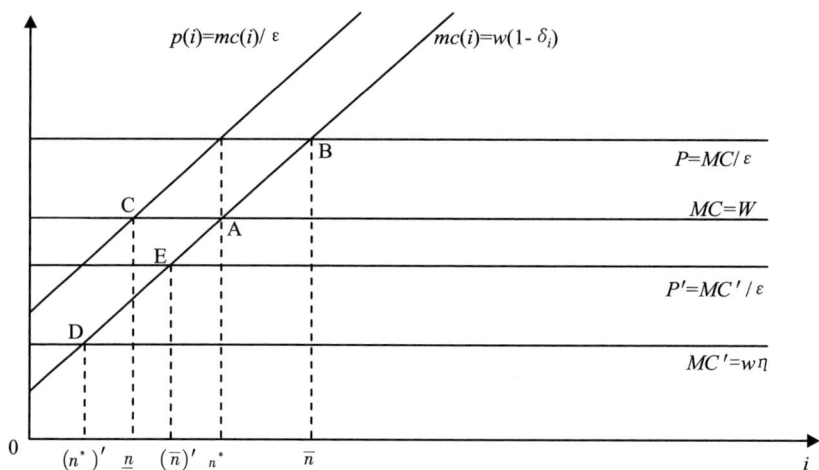

图 5-4 FDI 产业的选择

由于南方的工资成本比北方国家要低，P' 在 P 的下方，而 MC' 在 MC 的下方。如图 5-4 所示，北方国家新的边际成本和南方国家的边际成本相交于 D 点，对应的产业为 $(n^*)'$；北方国家 FDI 后成本加成定价和南方国家边际成本曲线相交于 E 点，对应的产业为 $(\bar{n})'$。

观察图 5-4，我们发现北方国家只会把 $[(\bar{n})',\bar{n}]$ 之间的产业通过 FDI 的方式转移到南方国家。对于这些产业，北方国家能够利用南方国家工资成本低廉的优势，实现成本加成定价的最优定价策略。而对于 $[(n^*)',(\bar{n})']$ 之间的产业，由于即使进行 FDI 利用南方国家生产成本低廉的优势，北方国家仍然不能够实现最优的定价策略，因此北方国家不会进行 FDI。对于 $[(\bar{n})',N]$ 之间的产业，北方国家定价策略可以实现最优，在北方生产利润已经很高了，北方国家也没有激励将生产转移到南方国家。①

————————

① 虽然边际成本加成的比例在北方生产和在南方生产是一样的，但是由于在北方生产边际成本比较高，因此在北方生产成本加成的绝对量要大一些，即在北方生产单位产品所获得的利润水平要高于在南方生产。在这种情况下，北方国家并没有激励将那些在北方生产利润已经很高的产业转移到南方。

因此北方国家愿意进行 FDI 的产业为 $[(\bar{n})', \bar{n})$ ，我们知道 $(\bar{n})' = (\eta/\varepsilon - 1)\delta^{-1}$，而 $\bar{n} = (W/(w\varepsilon) - 1)\delta^{-1}$。北方国家进行 FDI 的产业总量为

$$FDI = \bar{n} - (\bar{n})' = (W/w - \eta)\varepsilon^{-1}\delta^{-1} = (W/w - \eta)\varepsilon^{-1}\Delta \quad (5-20)$$

其中，$\Delta = \delta^{-1}$，代表南方国家的技术能力，Δ 越大，南方国家技术能力越高，生产中间产品的成本越低。从方程（5-20）我们可以看出，南方国家技术能力越高（Δ 越大），则北方国家进行 FDI 的产业也就越多；同时，北方国家进行 FDI 转移的产业技术上也就越先进。

由此我们得到

命题 3：北方国家 FDI 产业的选择依赖于南方国家的技术能力 Δ，南方国家技术能力越高（Δ 越大），则北方国家进行 FDI 的产业就越多，北方国家转移到南方国家生产的产业也就越先进。

显然，南方国家想要通过吸引北方国家的 FDI 得到先进的技术，关键问题在于南方国家必须想办法提高自身的技术能力。只有南方国家形成威胁北方国家垄断利润的竞争压力之后，北方国家才有可能将更多、更先进的产业转移到南方国家；如果南方国家根本没有能力对跨国公司的垄断利润构成威胁，跨国公司将不愿意更多的对南方国家进行 FDI，转移到南方国家的技术只会是那些过时和落后的技术。

观察图 5-4，我们还可以发现，当 $\eta w < W\varepsilon$ 时，$(\bar{n})' < n^*$。这意味着当 FDI 成本低廉（对于北方国家的成本 W 而言，ηw 比较小）或中间产品的需求弹性比较大（即 ε 比较大）的时候，FDI 会导致南方国家民族产业的萎缩。这在发展中国家是比较普遍的现象：由于跨国公司的竞争，发展中国家的民族产业受到很大的冲击，很多情况下发展中国家的企业不得不退出市场，很多民族产业完全被跨国公司所垄断。由此我们得到

命题 4：当 $\eta w < W\varepsilon$ 时，北方国家的 FDI 会冲击南方国家的民族产

业,造成南方国家民族产业的萎缩。

但是从长期来看,北方国家的 FDI 对南方国家而言是实现经济增长和技术进步的一个契机。北方国家的 FDI 具有某种程度的溢出效应,FDI 即使转移的是那些落后过时的技术,但是这些技术和产业对于南方国家的技术水平而言有的并不算落后,南方国家仍然能够通过北方国家的 FDI 接触到先进一些的技术和跨国公司一些先进的生产管理制度,而这些东西是在没有引进跨国公司的 FDI 时南方国家不可能得到的。此外,即使 FDI 带来了相对于南方国家来说比较先进的技术和生产管理制度,但是南方国家从这些相对先进的技术和生产管理制度获得好处并不是没有条件的。它需要南方国家有意识地提高劳动力的人力资本水平,需要南方国家有意识的模仿、学习 FDI 带来的这些新技术和先进的生产管理制度。因此我们设定:

$$\Delta = (FDI)^{\alpha} h^{1-\alpha} \tag{5-21}$$

根据方程(5-21),我们知道如果没有 FDI 的引入或 FDI 的增长趋近于零,南方国家将没有条件接触到更先进的技术和生产管理经验,南方国家技术能力的提高将陷于停滞;但是,南方国家通过 FDI 引入的技术和新的产业如果没有人力资本的积累相配合,也不能够促进南方国家技术能力的提高,这样 FDI 对南方国家的经济增长的促进作用是微乎其微。我们由方程(5-21)可以很容易地得到

$$g = g_h,当 FDI>0 时 \tag{5-22}$$

此外,我们根据 FDI 之后南方国家自主生产的临界产业表达式 $(\bar{n})' = (\eta/\varepsilon - 1)\delta^{-1}$ 能够知道南方国家的技术进步实际上取决于南方国家技术能力的变化,即 $g_n = g_{\Delta}$。因此,当南方国家的技术水平低于北方国家、存在 FDI 的情况下,南方国家经济的增长率为

$$g_y^f = \gamma g_{n_1} + g_n + \varepsilon(g_h - g_n) = (\gamma + \varepsilon) g_h + \frac{\varepsilon - \varepsilon^2}{\varepsilon - \gamma} g_H$$

如图 5-3 所示，g_y^f 为存在 FDI 的情况下，南方国家的经济增长率。对应于相同的人力资本积累率，存在 FDI 情况下的经济增长率要高于不存在 FDI 情况下的经济增长率；并且我们观察图 5-3 还可以发现，人力资本积累速度越高，两者之间差别也就越大，即 $g_y^f - g_y^o = \varepsilon g_h$；此外，存在 FDI 的情况下，南方国家的技术进步率为 $g_n = g_\Delta = g_h$，这一点和不存在 FDI 的情况下有很大的不同。由此我们有

命题 5：存在 FDI 的情况下，(1) 南方国家的技术进步率取决于南方国家的人力资本积累的速度；(2) 南方国家的经济增长速度取决于南北方国家的人力资本积累速度；(3) 南方国家人力资本积累速度越快，则 FDI 对南方国家经济增长的促进作用也越大。

命题 5 表明：没有 FDI，南方国家无法接触到北方国家相对先进的技术，南方国家想要自己开发新的产品，却面临北方国家的竞争，无法获得垄断利润以弥补自己的研发成本，这样技术进步会趋于停滞，FDI 是南方国家实现技术进步和经济快速增长的一个契机。而只有当 FDI 与比较快的人力资本积累速度结合在一起的时候，FDI 才能真正促进南方国家的经济增长，没有人力资本积累配合的 FDI 对南方国家经济增长的作用微乎其微。

表 5-1　不同情况下经济增长率、技术进步率的比较

		北方国家	南方国家	增长率差异 （北方—南方）
封闭经济	技术进步率	$g_N = \dfrac{\varepsilon}{\varepsilon - \gamma} g_H$	$g_n = 0$	$\dfrac{\varepsilon}{\varepsilon - \gamma} g_H$
	经济增长率	$g_Y = \dfrac{\varepsilon}{\varepsilon - \gamma} g_H$	$g_y^a = \varepsilon g_h$	$\dfrac{\varepsilon}{\varepsilon - \gamma} g_H - \varepsilon g_h$

		北方国家	南方国家	增长率差异（北方—南方）
自由贸易	技术进步率	$g_N = \dfrac{\varepsilon}{\varepsilon - \gamma} g_H$	$g_n = 0$	$\dfrac{\varepsilon}{\varepsilon - \gamma} g_H$
	经济增长率	$g_Y = \dfrac{\varepsilon}{\varepsilon - \gamma} g_H$	$g_y^o = \dfrac{\varepsilon - \varepsilon^2}{\varepsilon - \gamma} g_H - \varepsilon g_h$	$\dfrac{\varepsilon^2}{1 - \varepsilon} g_H - \varepsilon g_h$
FDI	技术进步率	$g_N = \dfrac{\varepsilon}{\varepsilon - \gamma} g_H$	$g_n = g_h$	$\dfrac{\varepsilon}{\varepsilon - \gamma} g_H - g_h$
	经济增长率	$g_Y = \dfrac{\varepsilon}{\varepsilon - \gamma} g_H$	$g_y^f = (\gamma + \varepsilon) g_h + \dfrac{\varepsilon - \varepsilon^2}{\varepsilon - \gamma} g_H$	$\dfrac{\varepsilon^2}{1 - \varepsilon} g_H - (\varepsilon + \gamma)$

我们可以比较一下在封闭经济、自由贸易和 FDI 情况下南北方技术进步和经济增长的差异,这种差异如表 5-1 所示。很明显,在存在 FDI 的情况下,南方国家技术进步的速度和经济增长的速度与北方国家之间的差距是最小的。但是 FDI 并不能保证南方国家能够赶超北方国家,只有当南方国家的人力资本积累速度足够快的时候,南方国家经济增长和技术进步的步伐才有可能超过北方国家,才能实现经济的赶超。通过简单的计算,我们知道如果存在 FDI,只有当 $\mu_h > \varepsilon(\varepsilon - \gamma)^{-1} \mu_H$（即 $\mu_h > \varepsilon^2(1 - \varepsilon)^{-1}(\varepsilon + \gamma)^{-1} \mu_H$）的情况下,南方国家才能逐步缩小与北方国家技术水平(经济增长水平)之间的差距。这需要南方国家以更快的速度积累人力资本,在人力资本的积累上投入更多的人力资本。

| 第五节 |

FDI 与经济增长:来自中国的数据

我们收集了中国 1979—2002 年 GDP 增长率、FDI 的数据和中国相关年份小学、中学和大学毕业生数量和招生数量,希望能够反映出 FDI、人力资本积累和 GDP 增长率之间的关系。

FDI 数据我们使用的是《中国统计年鉴》中实际 FDI 的金额。关于中国的人力资本,虽然我们无法得到中国劳动力教育程度的构成,但是我们可以通过简单的计算获得每年新增劳动力中拥有各级教育水平的劳动力的数量。具体来说,对于一个普通的小学毕业生或中学毕业生来说,他们不是通过升学的方式进入到更高级的学校中进一步学习,就是以小学毕业生或中学毕业生的身份进入劳动力市场(本研究不考虑这两种情况以外的情况)。这样一来,每年各级学校的毕业生进入到劳动力市场中的人数为每年各级学校的毕业生人数减去上一级学校的招生人数。通过这种方式,我们能够得到中国劳动力中每年新增的各类人力资本数量。由于中国小学升入中学的入学率一般来说都比较高,这意味着新增劳动力中仅仅具有小学文化程度的劳动力相对于中国的劳动力规模来说比较小。此外,1979—2002 年 23 年间,有 12 年中学招生人数要超过小学的毕业人数①,这意味着在很多情况下按照统计资料所计算的新增劳动力中仅仅具有小学文化程度的劳动力为负值,这给我们的计量工作带来了困难。考虑到这些因素,在我们的计量中没有考虑新增劳动力中仅仅具有小学文化程度的劳动力对 FDI 和经济增长的影响。对于新增劳动力中大学毕业生的人数,我们利用的是当年大学毕业生的人数。因为在中国,一方面,研究生教育一直以来规模较小,研究生教育的扩张则是 2000 年之后的事情;另一方面,大学毕业之后出国深造毕竟是少数,所以我们没有考虑大

---

① 1979—2002 年,中国小学升入中学年均升学率在 80% 以上,在 20 世纪 90 年代后半期超过了 90%;从 1992 年开始,中学的招生人数开始稳定超过小学的毕业人数,20 世纪 90 年代后半期以来,这种差额超过了每年 500 万人,当然由于初中毕业生升入到高中(或职业高中)导致中学招生人数和中学毕业人数的高估也是造成这种情况的一个原因。

学毕业生毕业之后出国深造、继续升学等途径对大学毕业生造成的分流。

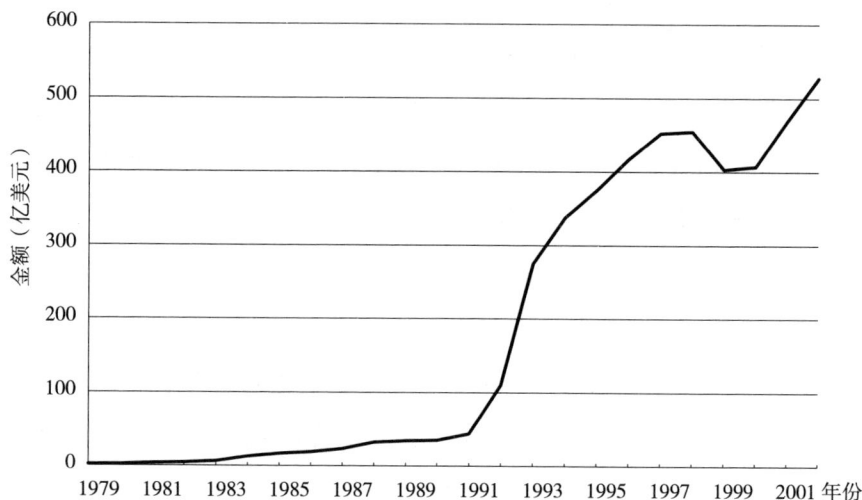

图 5-5　中国实际 FDI 金额（1979—2002 年）

　　我们知道,1979 年以来中国的经济结构和经济体制发生了巨大的变化。具体对于 FDI 来说,如果我们观察图 5-5,我们可以发现 1992 以来的 FDI 金额激增,20 世纪 90 年代体现了和 20 世纪 80 年代完全不同的特征。[①] 1992 年春,邓小平南方谈话后中国掀起了新一轮的改革开放热潮,中国开始逐步建立社会主义市场经济体制。1992 年是中国经济结构发展和经济体制变化的临界点,1992 年前后的经济结构和经济体制有了很大的不同。因此我们的计量检验也选择 1992 年作为分界点,分别计算各回归的邹至庄统计量。邹至庄统计量的计算结果表明,1992 年前后,中国经济的确发生了非常明显的结构性变化。[②]

---

　　① 1992 年之前,中国实际 FDI 的金额最高不过 43.66 亿美元(1991 年),但是到了 1992 年,实际 FDI 的金额激增到 110.07 亿美元。10 年之后,中国实际 FDI 的金额达到了 527.43 亿美元(2002 年)。

　　② 具体的计量结果详见表 5-2。

我们回归的基本方程式为:

$$GDP\,I_t = b_0 + b_1 \cdot \mathrm{Log}(FD\,I_t) + b_2 \cdot \mathrm{Log}(Sec\,L_t) + b_3 \cdot \mathrm{Log}(Hgh\,L_t) + \varepsilon_t$$

$$(5-23)$$

其中 $GDPI$ 为 GDP 指数,FDI 为实际 FDI 的金额(亿美元),$SecL$ 为每年新增劳动力中中学毕业生的人数,$HghL$ 为每年新增劳动力中大学毕业生的人数,ε 为误差项。时间序列模型中误差项普遍被认为存在着自相关的问题,因此我们假定误差项 ε 至多遵循 ARMA(2,1)的形式:

$$\varepsilon_t = \rho_1\,\varepsilon_{t-1} + \rho_2\,\varepsilon_{t-2} - \theta_1\,v_{t-1} + v_t \qquad (5-24)$$

其中 v_t 被假定为服从独立正态分布。

此外,对于回归4.0—4.2,我们的回归方程式为

$$GDP\,I_t = b_0 + b_1 \cdot \mathrm{Log}(FD\,I_t) + b_2 \cdot \mathrm{Log}(Sec\,L_t + Hgh\,L_t) + + \varepsilon_t$$

$$(5-25)$$

其中误差项 ε 仍然服从方程(5-24)的结构。

对于误差项不含移动平均的自回归过程,我们使用的是 Cochrane-Orcutt 迭代最大似然法,对于误差项包含移动平均的自回归过程,我们使用的是 Berndt-Hall-Hall-Hausman 迭代最大似然法。检验误差项有无自相关,我们利用的是 Breusch-Godfrey LM 检验,在表格 5-2 中我们给出了一阶 Breusch-Godfrey LM 检验的 P 值和 DW 统计量①。可以看出根据 Breusch-Godfrey LM 检验,各回归误差项都不存在一阶自相关②。

从回归 1.0—4.2 我们可以看出:

(1)中国经济自改革开放以来发生了非常剧烈的结构性变化,所有

---

① 由于 DW 统计量的结果有很多落在 DW 的下界和上界之间,因此用 DW 统计量来判断回归误差的自相关会失效。在这里我们还使用了 Breusch-Godfrey LM 检验来判断误差项是否存在自相关。

② 回归结果请参见表 5-2。

表5-2 回归结果

因变量：GDP指数（可比价格）

自变量	1.0	1.1	1.2	2.0	2.1	2.2	3.0	3.1	3.2	4.0	4.1	4.2
Log(FDI)	13.569** (4.6749)	70.864** (8.4676)	255.19* (73.323)	72.443** (11.225)	67.016** (4.2220)	59.342 (34.914)	66.235** (12.394)	57.375** (7.0572)	31.206 (30.852)	69.391** (11.474)	66.282** (4.0201)	54.286 (33.152)
Log(SecL)				487.44** (95.722)	87.922** (25.863)	742.89* (89.480)	346.28** (62.493)	107.86** (26.832)	554.20** (112.02)			
Log(HghL)							97.438* (28.248)	22.380 (13.646)	233.94* (106.45)			
Log(SecL+HghL)										496.79** (95.535)	90.417** (25.617)	753.65** (84.945)
常数项	2762.2** (1046.6)	17.800 (25.261)	-911.26* (429.73)	-3492.4* (669.95)	-606.68* (193.68)	-5322.8* (557.62)	-2821.8* (520.83)	-806.77** (216.73)	-4769.6** (514.14)	-3566.6* (670.29)	-625.53** (191.89)	-5406.7** (531.12)
F	23737	368.83	16.725	286.61	139.89	77.749	240.61	109.91	81.799	295.46	145.94	88.224
R²-adjusted	0.99916	0.97539	0.53876	0.96600	0.95859	0.94461	0.97030	0.96457	0.96420	0.96695	0.96025	0.95094
回归期间	1979—2002	1979—1991	1992—2002	1979—2002	1979—1991	1992—2002	1979—2002	1979—1991	1992—2002	1979—2002	1979—1991	1992—2002
ρ_1	1.9704** (0.0023354)	1.0610** (0.17399)		0.41791** (0.12517)						0.42002** (0.12424)		
ρ_2	-0.97164** (0.0023743)	-0.45104** (0.17615)										
θ			-0.83625* (0.37207)				-0.98933** (0.14615)					
邹至庄统计量		6810.7			169120			99643			193390	
DW统计量	1.9417	1.9263	2.4897	1.3175	1.3409	0.98718	1.8465	1.2820	1.0181	1.2589	1.3631	0.96486
一阶(BP)LM检验的P值	0.31895	0.40901	0.32075	0.13101	0.47220	0.14040	0.17633	0.40657	0.068702	0.10886	0.51640	0.12768

说明：1. 估计值下面括号中的数值为标准差。

2. * 代表在10%的置信水平下通过 t 检验。

3. ** 代表在5%的置信水平下通过 t 检验。

资料来源：《中国统计年鉴》相关各年。

的回归以 1992 年作为分界点进行的邹至庄统计量都非常显著,这也表明我们选择 1992 年作为分界点进行结构性变化检验在计量上是合理的。

(2)观察回归 1.0—1.2,我们可以发现单单控制了 FDI 的金额,我们的模型便能够很好地解释中国 1979 年以来的经济增长,这一点和我们的直觉是一致的:FDI 对于中国的经济增长起了巨大的推动作用。这一结果和阿尔法罗(Alfaro,2004)等人的回归结果有很大的不同。在他们的计量中(Alfaro 等,2004),FDI 对经济增长的作用是模糊的,FDI 并不是促进经济增长的充分条件,甚至也不是必要条件。

(3)在回归 2.0—4.2 中逐步加入新增劳动力中中学毕业生人数和大学毕业生人数之后,我们发现我们的模型仍然能够很好地解释中国 1979 年以来的经济增长。同时观察回归 2.0—4.2 中各解释变量的系数,我们可以发现新增劳动力中各类毕业生人数前面的系数要远远大于 FDI 前面的系数。这表明:相对于 FDI 对中国经济增长的影响,人力资本积累对经济增长的影响更大。这一结论从侧面支持了本章命题 5:FDI 对南方国家经济的影响归根结底取决于南方国家人力资本积累的速度。

(4)我们以 1992 年为界,将观察期间(1979—2002 年)分成了两段。对比 1979—1991 年的相关回归和 1992—2002 年的相关回归,我们可以发现不论是哪一个回归,相对于 1979—1991 年的回归结果,1992 年之后,FDI 前面的系数不论是从绝对量还是从相对量上来说都减小了;而新增劳动力中各类毕业生前面的系数则不论是从绝对量还是从相对量上来说都大大提高了。这意味着,随着中国经济的发展,人力资本在中国经济发展中的地位越来越重要,FDI 所带来的资本积累对中国经济增长的推动作用则越来越小,它更多的是依赖于人力资本的积累来发挥作用。这又可以作为命题 5 的一个佐证。

比较回归 3.0—3.2 中大学毕业生和中学毕业生之前的回归系数,我

们发现：相对于新增劳动力中大学毕业生而言，新增劳动力中中学毕业生
对经济增长的影响更大一些，这反映了中国的经济增长仍然是以中低端
人才为主，中国经济仍然是以低技术水平的劳动密集型产业为主，经济结
构和产业结构仍然比较低下；同时，1992 年之后，新增劳动力中大学毕业
生对经济增长的作用显著加强，高端人才对于经济增长的作用明显加强，
这或许从侧面反映中国的经济结构仍然在不断的改善。

　　本章命题 3 认为 FDI 本身和人力资本积累水平密切相关。如果这一
假说成立，这意味着我们的回归有可能存在多重共线。因此，我们计算了
各回归的相关系数矩阵和解释变量的条件数（见表 5-3）。并不算很小
的条件数意味着这种相关性或多或少是存在的，而相关系数矩阵具体计
算的结果表明 FDI 和新增劳动力中大学毕业生人数有较强的相关性（回
归 3.0 中相关系数高达 0.88，回归 3.1 中为 0.876，回归 3.2 中为 0.72）。
因此我们进一步将 FDI 与新增劳动力中各类学校的毕业生人数作了回归
（见表 5-4），回归的基本方程式为

$$\mathrm{Log}(FDI_t) = c_0 + c_1 \cdot \mathrm{Log}(SecL) + c_2 \cdot \mathrm{Log}(HghL) + \varepsilon_t \quad (5\text{-}26)$$

其中误差项 ε 至多遵循 ARMA(1,1) 的形式：

$$\varepsilon_t = \rho \varepsilon_{t-1} - \theta_1 v_{t-1} + v_t$$

表 5-3　各回归中的条件数与相关系数矩阵

回归序号	变量名称					
2.0		解释变量的条件数 = 124.89				
	GDPI	1.0000				
	Log(FDI)	0.91869	1.0000			
	Log(SecL)	0.82432	0.60336	1.0000		

续表

回归序号	变量名称					
2.1	解释变量的条件数=116.93					
	GDPI	1.0000				
	Log(FDI)	0.96208	1.0000			
	Log(SecL)	−0.30985	−0.50163	1.0000		
2.2	解释变量的条件数=137.56					
	GDPI	1.0000				
	Log(FDI)	0.72989	1.0000			
	Log(SecL)	0.96909	0.64843	1.0000		
3.0	解释变量的条件数=132.42					
	GDPI	1.0000				
	Log(FDI)	0.91907	1.0000			
	Log(SecL)	0.59335	0.32770	1.0000		
	Log(HghL)	0.79611	0.88118	0.092262	1.0000	
3.1	解释变量的条件数=158.61					
	GDPI	1.0000				
	Log(FDI)	0.96208	1.0000			
	Log(SecL)	−0.30985	−0.50163	1.0000		
	Log(HghL)	0.83722	0.87575	−0.62851	1.0000	
3.2	解释变量的条件数=232.88					
	GDPI	1.0000				
	Log(FDI)	0.72989	1.0000			
	Log(SecL)	0.96909	0.64843	1.0000		
	Log(HghL)	0.93375	0.72006	0.87182	1.0000	
4.0	解释变量的条件数=127.48					
	GDPI	1.0000				
	Log(FDI)	0.91869	1.0000			
	Log(SHL)	0.85071	0.64259			1.0000

续表

回归序号	变量名称					
4.1		解释变量的条件数 = 118.44				
	GDPI	1.0000				
	Log(*FDI*)	0.96208	1.0000			
	Log(*SHL*)	−0.25764	−0.45574			1.0000
4.2		解释变量的条件数 = 139.48				
	GDPI	1.0000				
	Log(*FDI*)	0.72989	1.0000			
	Log(*SHL*)	0.97326	0.65622			1.0000
		GDPI	Log(*FDI*)	Log(*SecL*)	Log(*HghL*)	Log(*SHL*)

我们的回归结果发现新增劳动力中大学毕业生人数对 FDI 的影响非常明显,回归系数达到了 1.86(回归 7.0)。这意味着新增劳动力中大学毕业生每增长 1%,FDI 增长 1.86%。换而言之,FDI 更多的是依赖于中国劳动力中较高层次的劳动力,各种成本低、素质高的技能劳动力(skilled labor)的存在才是真正吸引国际资本最主要的原因。

表5-4　人力资本积累对 FDI 的影响

因变量:Log(*FDI*)				
自变量	5.0	6.0	7.0	8.0
Log(*SecL*)	0.60173 (0.29593)	−1.4865 (0.78496)		
Log(*HghL*)		−0.59742 (0.26540)	1.8638 (0.32867)	
Log(*SecL+HghL*)				0.57326 (0.29955)
常数项	2.8180 (3.9442)	13.344 (8.1709)	−3.3197 (1.3200)	3.1013 (3.9049)
F	2183.0	1981.0	77.820	2189.0

续表

因变量：Log(*FDI*)				
R²-adjusted	0.98996	0.99410	0.83058	0.98997
回归期间	1979—2002	1979—2002	1979—2002	1979—2002
ρ	0.92609 (0.040897)	1.0612 (0.042519)		0.92901 (0.041930)
θ	−0.80721 (0.14624)	−1.9657 (0.50147)	−0.64855 (0.19374)	−0.78876 (0.13003)
DW 统计量	1.8623	1.5583	1.4230	1.8059
一阶（BP）LM 检验的 P 值	0.41917	0.0055569	0.064799	0.39177

| 第六节 |

结　论

本章实际上要回答两个相关的问题：一是发达国家在进行 FDI 时的产业选择问题；二是考察 FDI 与发展中国家技术进步和经济增长的内在关系。本章的分析表明：

第一，发达国家 FDI 中的产业选择依赖于发展中国家的技术能力或竞争能力。如果发展中国家无法提升自己的技术能力或竞争能力，那发达国家的 FDI 转移的将是落后、淘汰的产业和技术。只有当跨国公司切切实实地面临发展中国家的竞争威胁时，发达国家才有可能将更先进的技术和更新的产业通过 FDI 的形式转移到发展中国家。

第二，FDI 并不一定会带来发展中国家的经济增长和技术进步，它只是发展中国家接触先进技术实现经济增长和技术进步的一个契机。FDI

必须要有比较快的人力资本积累相配合,离开了人力资本积累配合的FDI对发展中国家经济增长和技术进步的影响微乎其微。这或许是殖民地时代,殖民地并没有从宗主国的FDI中获得经济增长和技术进步动力的一个原因。

在本章的两国模型中,人力资本积累是经济增长的源泉。虽然在自由贸易情况下,发展中国家能够从发达国家进口更多、更先进的中间投入品以获得最终产出的增长;但是由于发达国家的竞争,发展中国家将无法进入更新、更先进的产业,发展中国家的技术进步将较早陷于停滞。FDI虽然能够使发展中国家接触到更先进的技术和产业,但是发展中国家的民族产业将不可避免地受到跨国公司的冲击。如果发展中国家不能辅之以较快速度的人力资本积累,FDI对发展中国家民族产业的冲击将是永久的,民族产业的萎缩将不可避免。

因此对发展中国家而言,注重人力资本积累、提高自身的技术能力和竞争能力是发展中国家吸引FDI,促进本国技术进步和经济增长的重中之重。殖民地时代宗主国的资本输出并没有给殖民地带来技术进步和经济增长,原因在于殖民地政府不愿意也不可能关注殖民地人力资本的积累,宗主国的FDI也仅仅以掠夺资源和工业原料为主要目的。如此一来,宗主国掠夺性的FDI不可能促进殖民地国家技术进步和经济增长也是一件很自然的事情。只有当发展中国家有比较高的人力资本后,发展中国家才有能力不断地从发达国家的FDI中学习、模仿先进的技术为自身所用;只有当发展中国家有比较强的竞争能力之后,发展中国家的竞争压力才会使得跨国公司转移更先进的技术和更高级的产业,FDI才能真正促进发展中国家的经济增长和技术进步。因此,普及和改善教育、努力提高本国普通劳动力的人力资本水平应该成为发展中国家吸引外资和促进本国经济增长和技术进步的核心位置。

第 六 章

技术模仿和产品周期①

本章讨论了发展中国家有意识的技术模仿问题以及伴随着技术模仿可能出现的产品周期问题。本章是对格罗斯曼和赫尔普曼(Grossman 和 Helpman,1991d)产品周期模型的一个扩展。在他们的模型中,南北方这种创新—模仿—再创新的产品周期存在于所有的产业部门中,南北贸易结构也由这种产品周期所决定。但是不同产业的内在技术水平是有差异的,并且这种技术水平的差异导致了南北方在不同的产业中创新、模仿和制造行为的差异。如果引入不同产业技术水平的差异,我们发现南北方这种创新—模仿—再创新的产品周期仅仅只是发生在技术水平居中的产业中,格罗斯曼和赫尔普曼所考虑的产品周期实际上是本章的一个特例。并且随着时间的推移,由于边干边学效应的存在,南北方产品周期和南北方贸易结构也会随着时间的演进而变化。在长期中,边干边学效应会逐步耗尽,南北方国家创新模仿效率系数实际上依赖于南北方国家的人力资本水平。这样一来,发展中国家的技术模仿、南北贸易结构以及产品周

---

① 本章的核心部分以《产品周期与南北贸易》为题发表于《世界经济》2004 年第 10 期。

期在根本上取决于各国的人力资本。这样,人力资本积累再一次摆在了发展中国家发展战略的核心位置。

本章一共分为八个部分:文献回顾以及本章的基本论点在第一节给出,第二节给出了一个两国模型的基本框架,第三节描述了南北国家贸易结构以及所出现的产品周期现象,第四节刻画了这个两国模型的长期均衡,第五节揭示了人力资本和南北贸易结构之间的关系,第六节简单地进行了外生劳动力变化和政府政策变化的比较静态分析,以电视机产业为例的案例分析放在第七节,第八节总结本章。

| 第一节 |

引 言

20 世纪 80 年代以来所发展的新贸易理论开始关注收益递增、产品的多样化、垄断竞争、模仿与创新、分工与专业化等因素对于国际贸易的影响,希望能够解释 H-O 理论所不能解释的产业内贸易、产品周期等现象。并且在一个开放的国际经济环境中,知识和技术由北方扩散到南方也是一件非常自然的事情。考虑到国际贸易中的技术扩散因素(Coe 和 Helpman,1995;Coe、Helpman 和 Hoffmaister,1997;Keller,2001、2002;等等),南北贸易会不会出现一些有趣的现象?

另外,引入到国际贸易理论中的这些因素却正好是基于内生技术变迁的新增长理论的核心内容(Romer,1986、1990;Lucas,1988;Aghion 和 Howitt,1992;Grossman 和 Helpman,1991b)。此外,在开放经济条件下发展中国家如何利用国际贸易所带来的技术扩散实现对发达国家的经济赶超也是增长理论家们感兴趣的问题之一(例如,Grossman 和 Helpman,

1989;Rivera-Batiz 和 Romer,1991a;Frankel 和 Romer,1999）。所以,南北贸易问题受到国际贸易理论家和增长理论家两方面的关注就不足为奇了。

如果要在内生技术变迁的框架下讨论南北贸易问题就不得不涉及产品周期（product cycle；Vernon,1966）问题。任何一种创新性产品,开始的时候是在发明这种产品的北方国家生产,当这种产品的生产技术逐步变为一种成熟的标准化技术时,这种产品的生产就逐步转移到要素成本低廉的发展中国家。当更新更好的产品发明后,该产品也就走到了它生命的最后阶段。

克鲁格曼（Krugman,1979）首先把产品周期的概念引入南北贸易模型。遗憾的是,由于当时还没有出现能够处理内生技术的新增长理论,因此克鲁格曼（Krugman,1979）考虑的是一种外生的技术。但是在克鲁格曼的模型中,不但北方国家的技术变迁是外生的,而且技术从北方向南方的扩散也是外生的。多拉尔（Dollar,1986）基于克鲁格曼的框架讨论了资本流动对南北贸易的影响;而同样基于外生技术,弗朗和赫尔普曼（Flam 和 Helpman,1987）将产品的垂直差异引入到南北贸易模型中来。一直到西格斯托姆等（Segerstrom、Anant 和 Dinopoulos,1990）之后,经济学家们才真正开始在内生技术变迁的基础上讨论产品周期和南北贸易问题。在西格斯托姆等人（1990）的模型中,产品创新是依次发生在现存的各个产品上,每一次新产品的发明淘汰掉一种旧产品。显然,西格斯托姆等人（1990）的文章所蕴含的创造性破坏的思想与阿吉翁和豪伊特（Aghion 和 Howitt,1992）是一致的。同时,一种新产品在专利期限到期之后会变成一种标准化的常规产品而在发展中国家生产,因而北方国家也由以前的该产品的出口国变为进口国。但是,现实中产品的创新并非像西格斯托姆等人（1990）的文章所描述的是一种产品接一种产品那样依次进行的,产品的创新是同时随机发生在各个产业;此外,由于他们假定专利的期限是外生给定的,这等于说技术从北方向南方的扩散是外生给定的,这样他们的文章也不能说明南方国家内生的技术变化问题。

针对西格斯托姆等人(1990)研究的缺陷,格罗斯曼和赫尔普曼(Grossman 和 Helpman,1991c)提出了一个内生产品周期的模型。他们认为,北方国家的先进技术向南方国家扩散的主要途径是南方国家有意的技术模仿。在他们的模型中,不但北方国家的技术创新是内生的,南方国家的技术模仿也被内生化了。不过,格罗斯曼和赫尔普曼(Grossman 和 Helpman,1991c)基于的是罗默(Romer,1990)水平创新(horizontal innovations)的框架,这就使得他们的模型更像一个北方创新—南方模仿的模型,缺少产品周期中新产品完全取代老产品这个阶段。针对这一问题,格罗斯曼和赫尔普曼(Grossman 和 Helpman,1991d)将产品质量阶梯(quality ladder;Grossman 和 Helpman,1991b)①引入到南北贸易中来。创新发生在北方国家,而技术从北方向南方的扩散表现为南方国家对于北方国家产品的模仿。北方国家开发出新的产品,然后被劳动力成本低廉的南方国家所模仿,南北方企业之间 Betrand 竞争使得北方企业不得不退出市场。但是北方国家可以通过研发下一代质量更好、生产率更高的产品重新夺回市场,将南方企业赶出市场。反过来,南方企业通过模仿北方国家新一代的产品同北方国家展开竞争,北方国家再一次研发更新一代的产品,南方国家再一次模仿。南北方的经济竞争表现为这种创新—模仿—再创新—再模仿的形式,产品的质量也在这种竞争中不断提高。

遗憾的是,基于产品周期的动态贸易模式在经验上并没有得出一个统一的结论。加农和罗斯(Gagnon 和 Rose,1995)研究了美国各产业的贸

① 斯托奇(Storkey,1991)也曾探讨过产品质量问题,只不过与格罗斯曼和赫尔普曼的产品质量阶梯概念不同的是,斯托奇的产品质量实际上取决于经济中的人力资本水平。

易平衡问题。他们发现:在 20 世纪 60 年代早期处于贸易盈余(赤字)状态的产业在 25 年后依然处于贸易盈余(赤字)的状态。他们的研究表明贸易模式的动态演变实际上微不足道,南北方这种基于产品周期动态的贸易结构实际上也并不显著。芬斯特拉和罗斯(Feenstra 和 Rose,2000)采用与加农和罗斯(Gagnon 和 Rose,1995)不同的研究方法却支持了弗农(Vernon)产品周期的假说。他们并没有研究整个产品周期,而是把注意力集中在对美国进口面板数据的分析上。他们的分析表明:对于很多产品,对美出口的各国总是呈现出一种序列,即总有一些特定的国家率先对美出口,然后其他的国家随后跟进。这些国家表现出来的对美出口的先后顺序实际上和该国的经济发展水平、技术水平、创新能力紧密相关。这一发现从侧面支持了产品周期假说:技术发达的国家承担了新产品的开发和创新,率先对外(包括美国)出口,而发展中国家随后通过模仿掌握了该产品的主要技术,也开始进入国际市场。贝塞德斯和普吕萨(Besedeš 和 Prusa,2003)通过研究贸易的持续时间也发现了与芬斯特拉和罗斯(Feenstra 和 Rose,2000)相类似的序列:虽然出口的产品千差万异,但是创新能力强的国家对美国出口的持续时间普遍比较长;而创新能力低的发展中国家对美出口的由于是技术比较成熟的产品,竞争相当激烈,很容易被挤出市场,对美出口的持续时间也比较短。

　　本章是对格罗斯曼和赫尔普曼(Grossman 和 Helpman,1991d)文章的一个扩展。由于格罗斯曼和赫尔普曼(Grossman 和 Helpman,1991d)并没有考虑各产业由于技术水平的不同给创新和模仿带来的差异,因此他们的文章并不能很好地描述南北贸易结构及其变化。在本章的模型当中,各种产品按照其技术水平由低到高进行排序。随着产业技术门槛的提高,创新和模仿的难度都开始逐步提高。我们发现,如果考虑到各产业技术水平的差异,产品周期仅仅只是存在于技术水平居中的产业之中。高技术产业的创新和生产完全被北方国家所垄断,低技术产品的设计和制造也由南方国家承担,发达国家完全退出了这些产业。因此在这些高技术和低技术的产业部门,创新—模仿的产品周期并不会发生。因此通过加入各产业技术水平和要求的差异,格罗斯曼和赫尔普曼(Grossman 和 Helpman,1991d)所考虑的产品周期实际上是本章模型所考虑的一个特例。产品周期只可能出现在技术水平中等的产业,高技术产业和低技术产业都不会出现产品周期。因此对于不同的产业而言,南北贸易结构是不一样的。

如果考虑到发展中国家的动态学习效应,发展中国家的创新能力和模仿能力会随着经验的增长而增长,那么我们也可以看到发展中国家不断向发达国家所垄断的产业渗透(Glass,1997),产品的创新和制造也出现了北方向南方转移的现象,这种转移使得南北贸易结构发生动态的变化。最初,有些产品原本是发达国家发明的,相对于缺乏经验的发展中国家来说,这些产品的技术门槛显得比较高,这些产品的创新和生产都发生在发达国家。但是由于边干边学效应的存在,发展中国家的模仿能力和创新能力也在不断提高。随着南方国家模仿能力和创新能力逐步提高,这些产品开始成为一种南方国家易于模仿不易创新的产品,南方国家可以通过模仿在南方大量生产,而创新主要由北方国家承担。这样在这种产品上也就出现了产品周期。随着南方国家经验的进一步丰富,该产品相对于南方国家丰富的技术经验而言开始成为一种技术门槛较低的产业,这样该产品的创新也开始在南方国家展开。这样,北方国家便开始完全退出这一产业。至此,该产业的创新和制造完全转移到了南方。

然而生产经验积累所带来的边干边学效应是有限的(Young,1991;1993),随着时间的推移,人们终将无法从生产经验的积累中获得生产效率的提高和改进,南北贸易结构将呈现出一种稳态。但是,南方国家可以通过人力资本的积累提高生产效率,提高自己的创新能力和模仿能力,扩张自主创新的产业和模仿制造的产业,从而使南北贸易结构发生有利于南方国家的变化。实际上,南方国家的创新能力和模仿能力依赖于南方国家的人力资本水平。确切地说,长期中南北贸易结构和南北分工模式是由南方国家的创新模仿能力和北方国家的创新能力共同决定的,而这些能力又依赖于各自国家的人力资本水平。因此,如果南方国家想要打破北方国家对先进产业的垄断、扩张自己的产业结构,就必须要比北方国家更迅速地积累人力资本。

| 第二节 |

模 型

我们所研究的世界经济由两个国家组成:一个发达国家,我们称之为北方;一个发展中国家,我们称之为南方。前者的技术水平远远领先于后者,北方国家在 R&D 方面生产率也远远高于南方国家;南方国家是落后国,它在 R&D 方面的效率不如北方国家,但是它的要素价格水平要低于北方国家。简单起见,我们假定劳动力是唯一的生产要素,一单位的劳动力可以生产一单位的商品。南方国家要素成本的低廉意味着南方国家的工资率水平要低于北方国家,即 $w^S < w^N$。

沿袭格罗斯曼和赫尔普曼(Grossman 和 Helpman,1991b、1991c)的研究,我们假定经济中的商品种类数是固定的。由于不同的商品对于技术水平的要求并不一样,我们把各商品按照技术水平由低到高进行排序,并且把商品种类的数量标准化为 1。这样一来,指标为 1 的商品技术含量最高;相反,指标为 0 的产业技术含量最低。每一种商品都有一个潜在的质量阶梯,创新表现为商品的质量沿着质量阶梯不断地提高。对于任意一种商品 $j \in [0,1]$ 而言,商品质量都可以沿着质量阶梯无限制地提高。每种商品质量提高的步长 $\lambda > 1$ 是外生给定的。我们令每种商品最初的质量水平 $q_0(j) = 1$。经过 m 次创新之后,该商品的最高质量水平为 $q_m(j) = \lambda^m$。

一、消费者行为

南北国家消费者的偏好是同质的,他们都追求最大化自己的终生贴现效用

$$U = \int_0^\infty e^{-\rho t} \log u(t)\, \mathrm{d}t \qquad (6-1)$$

其中 ρ 为南北方消费者共同的主观贴现率,$\log u(t)$ 为 t 时刻的即时效用。我们定义

$$\log u(t) = \int_0^1 \log \Big[\sum_m q_m(j)\, x_{mt}(j) \Big]\, \mathrm{d}j \qquad (6-2)$$

其中 $x_{mt}(j)$ 代表 t 时刻,质量水平为 m 的商品 j 的消费量。

代表性消费者终生效用最大化过程实际上有两个步骤:首先,在每一时刻 t 消费者在给定自己的支出水平 $E(t)$ 的情况下最大化自己的即时效用 $u(t)$;其次,消费者通过选择最优的支出路径使得自己的终生效用最大化。在给定价格水平 $p_{mt}(j)$ 和支出水平 $E(t) = \int_0^1 \Big[\sum_m p_{mt}(j)\, x_{mt}(j) \Big]\, \mathrm{d}j$ 的情况下,最大化即时效用 $\log u(t)$ 要求消费者在每种商品 j 上都支出相同的份额;而对于同一种商品,消费者只会选择质量调整价格(quality-adjusted price)p_{mt}/q_m 最低的质量阶梯来消费。在均衡中,质量阶梯最高的商品将是质量调整价格最低的商品。我们令在 t 时刻商品 j 最高的质量阶梯为 $q_t(j)$。这样在 t 时刻商品 j 的需求函数为

$$x_{mt}(j) = \begin{cases} E(t)/p_{mt}(j) & ,如果\ m = q_t(j) \\ 0 & ,如果\ m \neq q_t(j) \end{cases} \tag{6-3}$$

利用方程(6-3)将方程(6-1)简化得到间接效用函数

$$U = \int_0^\infty e^{-\rho t} \left\{ \log E(t) + \int_0^1 [\log q_t(j) - \log p_t(j)]\ \mathrm{d}j \right\} \mathrm{d}t \tag{6-4}$$

其中，$p_t(j)$ 为最高质量水平的商品 j 的价格。

我们假定消费者可以在资本市场按照市场利率自由的借贷，那么消费者实际上在最大化自己的间接效用函数时，面临着一个跨期的预算约束。该预算约束是一个标准的预算约束方程，即一生支出的现值应该不超过收入的现值加上初始财富的价值。求解这一优化问题①，我们能够得到最优的支出路径

$$\dot{E}/E = r - \rho \tag{6-5②}$$

二、市场结构

在均衡时，市场上实际上有四类追求利润最大化的企业。第一类是与其他北方国家企业相竞争的北方国家企业，这些企业是市场上的北方领导者，而它的竞争对手我们可以看成是北方追随者。这类企业能够生产最高质量水平的商品 j，它们的北方竞争者或追随者能够生产的产品 j 的质量正好要低一个质量阶梯。换而言之，这些北方领导者实际上把原先由其他北方企业所生产的商品 j 的产品质量成功地提高了一个质量阶

---

① 这一问题的解可以参见格罗斯曼和赫尔普曼的相关研究(Grossman 和 Helpman，1991a、1991b、1991c)。

② 我们这里的分析忽略掉了表示国家的指标。实际上方程(6-5)有两个：$\dot{E}^i/E^i = r^i - \rho$，$i$ 代表北方国家 N 或南方国家 S。在均衡时，$\dot{E}^N/E^N = \dot{E}^S/E^S = \dot{E}/E$，其中 $E = E^N + E^S$。两种分析并没有多大区别，因此在不引起混淆的情况下，我们略去了表示国家的指标。

梯。我们把这类企业的数量记为 n^{NN}。第二类是面临南方企业竞争的北方企业。这些企业仍然是市场上的领导者,它们能够生产最高质量水平的商品 j,而它们的南方竞争者能够生产质量水平低一个台阶的商品 j,即这些企业把原先南方企业所生产的商品 j 的产品质量成功地提高了一个质量阶梯。我们以 n^{NS} 来度量这些企业。我们可以看到和此类北方企业竞争的南方企业会采取模仿制造的方式展开竞争,与其竞争的南方企业我们可以称为南方模仿者。第三类是那些面临北方企业竞争的南方企业。这些南方企业通过模仿北方能够生产最高质量水平的商品 j,而它们的北方竞争者也能生产相同质量的商品 j。这些南方企业是成功的南方模仿者,我们以 n^{SN} 来度量这些企业。第四类企业是那些面临南方竞争者的南方企业。它们是市场上的南方创新者,它们能够生产质量水平最高的商品 j,但是它们的南方竞争者能够生产质量水平低一个台阶的商品 j。我们以 n^{SS} 来度量这些企业。我们在后面的分析中会发现,在均衡中的确只有这四类企业存在。由于在技术创新的垄断竞争模型中,企业间的 Betrend 竞争使得每种产品的生产都由一家企业垄断,因此在本章的模型中,我们有 $n^{NN} + n^{NS} + n^{SN} + n^{SS} = 1$。

我们来具体分析这四类企业的定价、生产和盈利。首先我们来看第一类企业 NN。当北方企业成功地将原先由其他北方企业垄断的商品 j 提高一个质量阶梯的时候,它为了将北方竞争者逐出市场,会采取极限定价(limiting pricing)的策略。由于该企业产品的质量是其竞争者的 λ 倍,因此根据极限定价的原则,它将对它的产品索价 λw^N。这样的定价正好使得它的北方竞争者商品的定价刚刚能够弥补其边际成本 w^N。通过这样的定价方式,该企业可以将它的竞争者逐出市场。根据商品需求方程(6-3),该企业的市场需求为 $E(t)/(\lambda w^N)$,同时该企业所获得的利润为 $\pi^{NN} = E(t)(\lambda w^N - w^N)/(\lambda w^N) = E - E/\lambda$。对于第二类企业 NS 而言,企业间的 Betrend 竞争使得该企业通过索价 λw^S 将它的南方竞争者逐出市场。同时根据商品需求方程（6-3），该企业的市场需求为 $E(t)/(\lambda w^S)$，企业的利润为 $\pi^{NS} = E(t)(\lambda w^S - w^N)/(\lambda w^N) = E(t) - E(t)/(\lambda w)$，其中 $\omega = w^S/w^N < 1$，$\omega = w^S/w^N < 1$[①]。同样，第三类企业 SN 通过对自己的产品定价 w^N 将北方竞争者逐出市场，该企业的市场需求为 $E(t)/w^N$，企业利润为 $\pi^{SN} = E(t)(w^N - w^S)/(\lambda w^S) = E(t) - E(t)/w$。第四类企业 SS 的产品定价为 λw^S，销售量为 $E(t)/\lambda w^S$，利润 $\pi^{SS} = E(t)(\lambda w^S - w^S)/(\lambda w^S) = E(t) - E(t)/\lambda$。

三、南北方企业的创新模仿行为

对于商品 j 来说，该商品的技术含量也为 j。在这里，我们定义创新（模仿）强度的概念。对于具体企业来说，创新（模仿）是需要劳动力投入的，对于同样的创新（模仿）效率，创新（模仿）强度越高，劳动力投入也就越多，因此我们可以用创新（模仿）强度度量在同样的创新（模仿）效率下劳动力投入的比例。同时，创新（模仿）强度越高，则企业创新（模仿）在某一个给定时间成功的概率也就越大。因此，我们还可以用创新（模仿）成功的概率来度量创新（模仿）强度，并且创新（模仿）强度不能大于1。我们将在后面看到，这样的设定相当方便。

具体来说，在创新强度为 1 的情况下，北方国家如果想要把商品 j 的质量提升一个台阶需要投入 $a_R^N(j,t)$ 个单位的劳动力；而在创新强度为 ι^N 的情况下，北方企业则需要投入 $a_R^N(j,t)\,\iota^N$ 个单位的劳动。其中 $a_R^N(j,t)$ 为北

----

① 如果 $\lambda w^S > w^N$，北方国家将不愿意研发那些可能被南方企业模仿的产业。在这种情况下，北方国家将完全集中力量从事高技术产业的研发和生产，产品周期在这种情况下也不可能发生。我们在这里不考虑这种情况。实际上，对 $\lambda w^S > w^N$ 和 $\lambda w^S < w^N$ 的讨论，在方法上是一致的，并没有什么本质的区别。

方国家从事创新的生产率系数：$\partial a_R^N(j,t)/\partial j > 0$ 表明，随着产品技术含量的提高，需要投入的劳动力越来越多，创新的难度越来越大，毕竟设计新款自行车的难度完全无法和开发新一代 CPU 芯片的难度相比较；$\partial a_R^N(j,t)/\partial t \leqslant 0$、$\lim_{t \to \infty} a_R^N(j,t) = \overline{a_R^N}(j)$ 表明，创新中存在着边干边学的效应，随着时间的推移，对于特定的商品 j，创新的效率随经验的增长而提高；同时这种边干边学是一种有界的边干边学（Young，1991、1993）。与 $a_R^N(j,t)$ 的设定相一致，我们假定 $\partial \overline{a_R^N}(j)/\partial j > 0$。同样，南方国家的企业如果在创新强度为 1 的情况下，想要把商品 j 的质量提高一个台阶需要投入 $a_R^S(j,t)$ 个单位的劳动力，其中 $\partial a_R^S(j,t)/\partial j > 0$、$\partial a_R^S(j,t)/\partial t \leqslant 0$、$\lim_{t \to \infty} a_R^S(j,t) = \overline{a_R^S}(j)$、$\partial \overline{a_R^S}(j)/\partial j > 0$。如果在技术模仿强度为 1 的情况下，南方国家的企业想要模仿北方国家的先进的产品，则需要投入 $a_m(j,t)$ 个单位的劳动力，其中 $\partial a_m(j,t)/\partial j > 0$、$\partial a_m(j,t)/\partial t \leqslant 0$、$\lim_{t \to \infty} a_m(j,t) = \overline{a_m}(j)$、$\partial \overline{a_m}(j)/\partial j > 0$。对于发展中国家而言，模仿总是要比自主研发容易，因此我们总是有 $a_R^S(j,t) > a_m(j,t)$，$\overline{a_R^S}(j) > \overline{a_m}(j)$；并且相对于发达国家来说，发展中国家总是面临研究方面的劣势，因此我们假定 $a_R^S(j,t) > a_m(j,t) > a_R^N(j,t)$、$\overline{a_R^S}(j) > \overline{a_m}(j) > \overline{a_R^N}(j)$。此外虽然边干边学效应在南方和北方都不同程度的存在，但是就北方国家而言，它们仅仅只能从自己的经验中学习；而南方国家不仅可以从自己的经验中学习，它们还可以从北方国家的经验中学习。因此我们假定，南方国家的边干边学效应要大于北方。根据这一假定，我们将北方国家的边干边学效应标准化为单位 1，南方国家的边干边学效应根据北方国家的效应作相应的调整。不失一般性地，调整后的南北方的 R&D 效率系数和南方的模仿效率为以下线性形式：

$$a_R^N(j,t) = \overline{a_R^N}(j) = j \tag{6-6}$$

$$a_m(j,t) = b_1(t)j \geqslant \overline{a}_m(j) = b_1^* j \qquad (6-7)$$

$$a_R^s(j,t) = b_1(t) b_2(t)j \geqslant \overline{a}_R^s(j) = b_1^* b_2^* j \qquad (6-8)$$

其中，$\partial b_i(t)/\partial t \leqslant 0,(i=1,2)$；$b_i(t),b_i^* > 1,(i=1,2)$①。

企业从事 R&D 或技术模仿活动需要投入成本,而企业创新或模仿成功之后所获得的垄断利润则正好用来弥补这些成本。由于 R&D 和模仿活动是自由进出的,因此企业的期望市场价值不应该大于它创新或模仿的期望成本。我们前面说明了,创新(模仿)强度的概念可以很方便地用来度量企业创新(模仿)成功的概率,因此对于那些将其他北方企业视为竞争对手的北方企业来说,在创新强度为 ι^N 的情况下,企业通过在时间 dt 内通过投入 $a_R^N(j) \iota^N$ 个单位的劳动力,可以以 $\iota^N dt$ 的概率获得成功,成为市场价值为 v^{NN} 的第一类企业。这样,该企业创新的成本为 $w^N a_R^N(j) \iota^N dt$,而企业获得的期望收益为 $v^{NN} \iota^N dt$。R&D 自由进出的市场条件使得 $v^{NN} \iota^N dt \leqslant w^N a_R^N(j) \iota^N dt$（当 $\iota^N > 0$ 时取等号）成立。利用条件式(6-6)并化简我们得到

$$v^{NN} \leqslant a_R^N(j) w^N = w^N j \text{（当 } \iota^N > 0 \text{ 时取等号）} \qquad (6-9)$$

同样,当创新强度为 ι^c 时,那些试图从南方企业手中夺回市场的北方企业在时间 dt 内通过投入 $a_R^N(j) \iota^c$ 个单位的劳动力,以 $\iota^c dt$ 的概率获得创新成功,实现期望收益 $v^{NS} \iota^c dt$。这样我们有方程

$$v^{NS} \leqslant w^N a_R^N(j) = w^N j \text{（当 } \iota^c > 0 \text{ 时取等号）} \qquad (6-10)$$

一个北方企业可以选择将其他北方企业垄断的商品质量提升,也可以选择将南方企业生产的商品质量提升。通过方程(6-9)和方程(6-10)我们发现,该企业对这两种选择是没有差异的。此外,作为一个在市场中处

———————

① 在这里我们假定,$w^N < b_1(t) w^S < b_1(t) b_2(t) w^S$、$w^N < b_1^* w^S < b_1^* b_2^* w^S$。因为即使考虑到南方国家低工资成本的优势,南方国家在研发领域仍然面临着比较劣势。

于垄断地位的北方领导者,它一般不愿意自己创新将自己的产品提高一个质量阶梯。因为北方领导者如果自己来改进自己的产品,该产品的定价将会是 $\lambda^2 w^N$,市场需求将会是 $E/\lambda^2 w^N$,北方领导者将获得 $E(\lambda^2 w^N - w^N)/(\lambda^2 w^N) = E - E/\lambda^2$ 的利润,那么北方领导者通过进一步的创新所获得的利润增量为 $(1 - 1/\lambda)E(t)/\lambda$。如果是北方追随者(他们努力使自己成为 NN 型的企业从而替代市场上原来的领导者)进行创新,那么追随者将获得 $E(t) - E(t)/\lambda$ 的利润。很明显,$(1 - 1/\lambda)E(t)/\lambda < E(t) - E(t)/\lambda$,追随者更加有激励去改进其北方领导者的产品。在竞争的 R&D 市场上,改进北方领导者产品的工作将完全由北方的追随者承担(Grossman 和 Helpman,1991b)[1]。

同样道理,对于那些试图模仿北方企业、努力使自己成为 SN 型企业的南方企业而言,我们有方程 $v^{SN}mdt \leqslant a_m(j,t) w^S mdt$(其中 m 为南方企业的模仿强度,当 $m > 0$ 时,取等号),化简可得

$$v^{SN} \leqslant a_m(j,t) w^S \ (\text{当 } m > 0 \text{ 时取等号}) \tag{6-11}$$

其中 m 为模仿强度。而对于那些改进南方企业产品使自己成为 SS 型企业的南方创新者而言,我们有方程

$$v^{SN} \leqslant a_R^S(j,t) w^S \ (\text{当 } \iota^S > 0 \text{ 时取等号}) \tag{6-12}$$

其中,ι^S 为南方国家的创新强度[2]。

---

① 在均衡中我们可以看到,北方企业中的追随者改进北方企业领导者的产品,使自己成为 NN 型的企业;而北方企业的领导者则改进南方企业的产品,而成为 NS 型企业。

② 很明显,我们并没有考虑以下两种情况:(1)南方国家直接改进北方领导者(即 NN 型企业)的产品。因为对于南方企业来说,模仿始终比创新容易,因此南方国家总是先模仿北方企业,然后再由南方企业中的跟随者创新。因此,南方国家中只存在 SN 和 SS 类型的企业。(2)北方企业直接改进南方创新者(即 SS 型企业)的产品。在均衡中我们可以看到,北方企业不愿意去改进南方创新者的产品,例如美国的企业不愿意从事电视机的研发和制造。北方企业只改进北方领导者和南方模仿者(即 SN 型企业)的产品。因此在北方国家也只存在 NN 和 NS 类型的企业。

四、资本市场均衡与要素市场均衡

对于 NN 类企业来说,投资者如果投资这类企业。在时刻 t,他能获得 π^{NN} 的利润率。由于在资本市场上 NN 类企业的价值会随着资本市场的波动而波动,投资者会面临幅度为 v^{NN} 的投资损益。与此同时,企业还面临着由于南北方追随者的创新、南方模仿者的模仿而丧失市场份额的风险。这种风险给投资者带来的期望损失为 $(\iota^S + m + \iota^N) \, v^{NN}$。这样投资者投资 NN 类企业的期望收益为 $\pi^{NN} + \dot{v}^{NN} - (\iota^S + m + \iota^N) \, v^{NN}$。资本市场的无套利条件要求投资者投资于 NN 类企业的收益应该等于与按照市场均衡利率投资于任何一种无风险资产所获得的收益 $r^N v^{NN}$。即我们有无套利条件

$$\pi^{NN} / v^{NN} + \dot{v}^{NN} / v^{NN} - (\iota^S + m + \iota^N) = r^N \tag{6-13}$$

同理,对于 NS 类、SN 类和 SS 类企业,资本市场无套利条件分别为

$$\pi^{NS} / v^{NS} + \dot{v}^{NS} / v^{NS} - (\iota^S + m + \iota^N) = r^N \tag{6-14}$$

$$\pi^{SN} / v^{SN} + \dot{v}^{SN} / v^{SN} - (\iota^S + \iota^c + \iota^N) = r^S \tag{6-15}$$

$$\pi^{SS} / v^{SS} + \dot{v}^{SS} / v^{SS} - (\iota^S + \iota^c + \iota^N) = r^S \tag{6-16}$$

此外,均衡还要求各国的要素市场出清。对于南方来说,劳动力市场均衡条件要求

$$n^{SS} / (\lambda \, w^S) + n^{SN} / w^N + \int_0^{n^s} a_R^S(j,t) \, \iota^S \mathrm{d}j + \int_{n^e}^1 a_m(j,t) \, m \mathrm{d}j = L^S \tag{6-17}$$

其中,$n^S = n^{SS} + n^{SN}$,L^S 为外生的南方国家劳动力供给数量。

北方国家的劳动力市场均衡要求

$$n^{NS} / (\lambda \, w^S) + n^{NN} / (\lambda \, w^N) + \int_0^{n^s} a_R^N(j) \, \iota^c \mathrm{d}j + \int_{n^s}^1 a_R^N(j) \, \iota^N \mathrm{d}j = L^N \tag{6-18}$$

其中，L^N 为外生的北方国家劳动力供给数量。

| 第三节 |

| 第三节 |

产品周期与南北创新结构

与格罗斯曼和赫尔普曼（Grossman 和 Helpman, 1991c）不同的是，本章考虑到了各个产品由于技术门槛的不同所带来的研发和模仿行为的差异。南方国家技术能力低下，但是在产品的制造方面却由于劳动力成本的低廉而享受到制造成本的比较优势；北方国家劳动力成本高昂，在产品制造方面面临劣势，但是却在 R&D 方面具有比较优势。南北方比较优势的不同对于南北创新结构和南北贸易结构具有决定意义。决定南北方创新行为和创新结构的不应该是单一的研究成本或制造成本，而应该是考虑到两者综合的总成本。由于对于任何一类企业来说，厂商面临的市场需求是给定的，定价行为是给定的，边际成本是给定的，利润水平以及厂商的市场价值都是固定的，厂商一旦选择了自己企业的类型，它实际上就选择了自己的产量、产品价格以及利润等。因此对于任意一个准备加入市场竞争的企业而言，厂商可以选择、能够选择的仅仅是创新模式，即厂商自己选择自己的企业类型。由于生产的边际成本和生产的数量都是固定的，因此厂商间的 Betrend 竞争总是倾向于将厂商的总成本压至最低水平，迫使厂商选择成本最低的类型。因此厂商的创新制造模式实际上取决于研发（模仿）和制造总成本的权衡比较。

对于准备进入产业 j 的南方企业而言，它面临着是自主创新还是模仿制造的选择。如果它选择自主创新，那它实际上是选择使自己成为 SS

类型的企业。而 SS 型企业的总成本为[1]

$$c^{SS}(j) = b_1\,b_2\,w^S j + 1/\lambda \tag{6-19}$$

如果该企业选择模仿制造,那它就成为了 SN 型企业,该类企业的总成本为

$$c^{SN}(j) = b_1\,w^S j + \omega \tag{6-20}$$

同时对于准备进入产业 j 的北方企业而言,如果它改进北方领导者的产品,使自己成为 NN 型的企业,则它的总成本为

$$c^{NN}(j) = a_R^N(j)\,w^N + 1/\lambda = w^N j + 1/\lambda \tag{6-21}$$

如果它改进南方模仿者的产品,那它的总成本为

$$c^{NS}(j) = a_R^N(j)\,w^N + 1/(\lambda w) = w^N j + 1/(\lambda w) \tag{6-22}$$

下面我们将具体分析南北方的创新结构与产业结构。如果南方企业准备进入产业 j,它将比较 $c^{SS}(j)$ 和 $c^{SN}(j)$ 的大小。如果前者小于后者,那么该企业将选择自主创新;如果前者大于后者,模仿制造将是南方企业最优的选择。我们由条件 $c^{SS}(j) \leqslant c^{SN}(j)$,得到

$$j \leqslant j_1 = (\omega - 1/\lambda)/[b_1(b2 - 1)/w^S] \tag{6-23}$$

换言之:对于技术门槛低于 j_1 的产业,南方企业将以自主创新的方式进入这些产业。在图 6-1 中,横轴一方面代表产业部门,另一方面也代表各产业的技术门槛;纵轴表示的是总成本。$c^{SS}(j)$ 和 $c^{SN}(j)$ 都被描绘出来,并且两者的交点 A 点对应的正好是产业 j_1。我们可以看到,在 A 点的左边,$c^{SS}(j)$ 在 $c^{SN}(j)$ 的下方,南方企业会选择自主创新。当 $j > j_1$,情况变得复杂起来。当 $j > j_1$ 时,南方企业倾向于模仿制造。当南方企业成功模仿北方企业的产品时,南方企业通过极限定价的方式使得北方企业

---

[1]　在这里,我们遵循格罗斯曼和赫尔普曼(Grossman 和 Helpman,1991a、1991b)的方法,将每期的支出单位化为 1,即 $E(t) = 1$;同时为了表述的方便我们在中间略去了表示时间的指标。

的总成本变为

$$c^N(j) = w^N j + 1 \qquad (6\text{-}24)$$

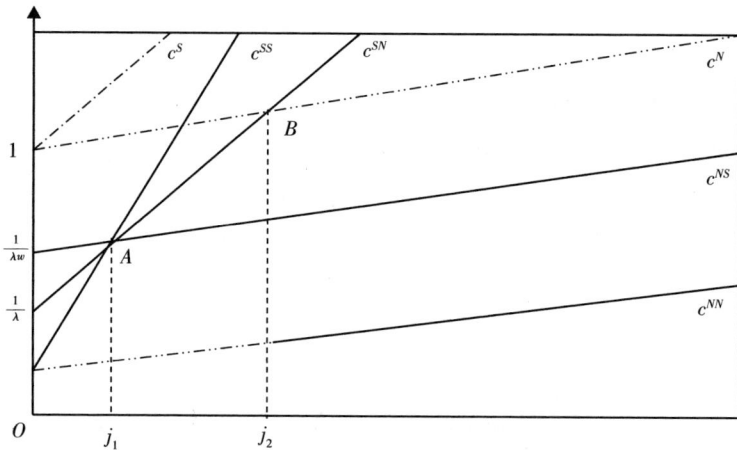

图6-1 技术门槛与产品周期变化

我们在图 6-1 中画出总成本曲线 $c^N(j)$。我们发现 $c^N(j)$ 和 $c^{SN}(j)$ 相交于 B 点,B 点所对应的产业和该产业的技术门槛都为 j_2。通过计算,我们很容易得到

$$j_2 = (1 - \omega)/(b_1 w^S - w^N) \qquad (6\text{-}25)$$

在 B 点的左侧,$c^N(j)$ 在 $c^{SN}(j)$ 的上方,这说明当产业的技术门槛低于 j_2 时,南方国家成功地模仿行为将使南方国家享受总成本的比较优势。在 B 点右侧,$c^N(j)$ 在 $c^{SN}(j)$ 的下方,说明当产业的技术门槛高于 j_2 时,南方模仿者即使是通过极限定价的方式也无法获得总成本方面的比较优势,也无法将北方领导者赶出市场。因此,当产业的技术门槛 $j \in [j_2,1]$ 时,由于南方模仿者不能获得总成本方面的比较优势,南方模仿者将不会通过模仿的方式进入这些产业。这些技术门槛比较高的产业的研发、生产完全由北方国家所垄断,此时北方企业的总成本曲线为 c^{NN}。

通过对 $[j_1, j_2]$ 区域的进一步分析，我们还能发现很多有趣的现象。当南方模仿者成功地模仿北方企业时，$c^N(j)$ 在 $c^{SN}(j)$ 的上方，南方模仿者占优，北方领导者由于产品无法同低成本的南方模仿者相竞争而退出这些行业。但是北方企业可以通过研发下一代更先进的产品从南方模仿者手中夺回市场。当北方企业研发成功时，北方企业就使自己成为了 NS 型的企业，它的总成本为 $c^{NS}(j)$。我们在图 6-1 中画出 $c^{NS}(j)$ 曲线。当北方企业成功地成为 NS 型的企业时，生产前一代产品的南方企业的总成本为

$$c^S(j) = b_1 w^S j + 1 \tag{6-26}$$

我们也在图 6-1 中作出 $c^S(j)$ 曲线。我们发现 $c^S(j)$ 位于 $c^{NS}(j)$ 的上方，即如果北方企业改进南方企业的产品，它将很容易将生产上一代产品的南方企业赶出市场。在这种情况下，$[j_1, j_2]$ 区域会出现产品周期的现象，南方模仿者通过成功的模仿将北方领导者赶出市场，而北方领导者通过开发下一代的产品重新夺回市场。在这个过程中南方企业的总成本经历了 $c^{SN}(j) - c^S(j) - c^{SN}(j)$ 的循环，其中在 $c^S(j)$ 的阶段南方企业将退出市场；相对应的，北方领导者的总成本将经历 $c^N(j) - c^{NS}(j) - c^N(j)$ 的循环，其中在 $c^{NS}(j)$ 的阶段北方企业将重新占领市场①。

我们将以上的分析总结成如下命题和推论②。

---

① 在一般情况下，$c^{NS}(j)$ 并不一定与 $c^{SS}(j)$ 和 $c^{SN}(j)$ 相交于 A 点。但是，通过计算我们发现 c^{NS} 与 $c^{SS}(j)$ 和 $c^{SN}(j)$ 的交点一定在 A 点的右侧。这样就使得 $[j_1, j_2]$ 区域右侧靠近 j_1 的狭小区间内，相对于 NS 型的企业来说，南方企业自主研发也具有总成本上的比较优势，因为 $c^{SS}(j)$ 在 $c^{NS}(j)$ 的下方。但是由于在这个区域，南方企业更倾向于模仿制造（$c^{SN}(j)$ 在 $c^{SS}(j)$ 的下方），因此即使南方企业在这个区域有自主研发的优势，南方企业也会放弃这些产业的研发，让北方企业填补这些研发的空白，而自己间接地通过模仿获得这些产业的技术。因此，产品周期也会出现在这些产业，即产品周期会出现在 $[j_1, j_2]$ 整个区域。

② 本章所有命题和推论的详细证明请见本章附录。

命题 1:南北创新结构和贸易结构仍然取决于它们的比较优势。那些技术水平比较低的产业,即 $j \in [0, j_1]$,将完全由南方国家承担研发和制造;而那些技术水平比较高的产业,即 $j \in [j_2, 1]$,将完全由北方国家所垄断;而那些技术水平处于两者之间的产业,即 $j \in [j_1, j_2]$,将会出现北方创新—南方模仿的产品周期现象。

推论 1:在命题 1 所揭示南北创新结构下,南方国家将专业化于低技术水平产业($j \in [0, j_1]$)并向北方国家出口这些低技术产品,北方国家将垄断高技术产业($j \in [j_2, 1]$)并向南方国家出口这些高技术产品。至于出现产品周期的中等技术水平产业($j \in [j_1, j_2]$),则会出现南北贸易结构的循环逆转:如果南方模仿成功,产品将由南方出口到北方;如果北方改进成功,产品将由北方出口到南方。

由于垄断高技术产品生产的北方企业和专业化与低技术产品生产的南方企业两者的利润水平相同, $\pi^{NN} = \pi^{SS} = E(t) - E(t)/\lambda$;但是相对而言北方企业的产量要少得多,因为 $E(t)/(\lambda w^N) < E(t)/(\lambda w^S)$ 。所以我们可以得到推论 2。

推论 2:垄断高技术产品生产的北方企业能够以较少的劳动获得南方国家以较多的劳动所获得的利润水平。

如果我们仔细观察 j_1 和 j_2 的表达式(6-23)式和(6-25)式,我们可以得到:

命题 2:如果南方企业的模仿创新能力越强(b_1 和 b_2 越小),南方国家能够自主创新的产业也就越多(j_1 就越大);如果南方企业模仿能力越强(b_1 越小),被北方企业所垄断的高技术产业也就越少(j_2 就越大)。在南北方工资比率不变的情况下(w 不变),随着南方国家的工资降低(w^S 变小),南方国家自主创新的产业会逐步扩张,而北方国家垄断的产业会逐步萎缩。

| 第四节 |

长期均衡

在长期均衡中,消费者的消费遵循最优的支出路径(6-5)式。由于我们将每期的支出单位化为1,即 $E(t)=1$。这样就使得在最优的支出路径上,利率与主观贴现率相等,即 $r=\rho$。如果资本在南北国家是自由流动的,那么南北方的利率水平应该相等,即

$$r^N = r^S = r = \rho \tag{6-27}$$

如果资本在南北方不是自由流动的,那么在长期均衡中有 $\dot{E}^N / E^N = \dot{E}^S / E^S = \dot{E}/E$ 成立。同时根据消费者最优支出路径,我们仍然可以得到方程(6-27)。

根据前面对南北方创新模仿结构的分析,我们发现在产业 $j \in [0, j_1]$ 中,只存在 SS 型的企业。北方企业不会涉足这些产业进行创新,南方模仿也不存在。这样对于产业 $j \in [0, j_1]$,ι^c 和 m 都为 0。在产业 $j \in [j_1, j_2]$ 中,存在着 SN 和 NS 型的企业。南方企业不会选择在这些产业进行创新,北方企业的产品改进也是针对南方模仿者的。这样,在这样的产业 ι^S 和 ι^N 都为 0。同样,在产业 $j \in [j_2, 1]$ 中仅仅存在着 NN 型的企业。在这些产业中南方企业无力模仿,更不会去创新。这样当 $j \in [j_2, 1]$ 时,ι^S 和 m 都为 0。此外在长期均衡中,资本市场上企业价值的损益应该等于 0,即 $\dot{v}^{NN} = \dot{v}^{NS} = \dot{v}^{SN} = \dot{v}^{SS} = 0$。我们利用以上这些条件将无套利条件(6-13)式—(6-16)式改写为

$$\pi^{NN} / v^{NN} = \rho + \iota^N,\ 当 j \in [j_2, 1] \tag{6-28}$$

$$\pi^{NS} / v^{NS} = \rho + m,\ 当 j \in [j_1, j_2] \tag{6-29}$$

$$\pi^{SN} / v^{SN} = \rho + \iota^{c}, \text{当} j \in [j_1, j_2] \tag{6-30}$$

$$\pi^{SS} / v^{SS} = \rho + \iota^{s}, \text{当} j \in [0, j_1] \tag{6-31}$$

代入企业利润和企业价值的表达式,我们得到创新模仿强度。我们发现它们都依赖于产业的技术水平 j,所以我们把创新强度和模仿强度写成产业 j 的函数。

$$\iota^{S}(j) = (1 - 1/\lambda)/(b_1 b_2 w^S j) - \rho, \text{当} j \in [0, j_1] \tag{6-32}$$

$$\iota^{c}(j) = (1 - \omega)/(b_1 w^S j) - \rho, \text{当} j \in [j_1, j_2] \tag{6-33}$$

$$m(j) = [1 - 1/(\lambda\omega)]/(w^N j) - \rho, \text{当} j \in [j_1, j_2] \tag{6-34}$$

$$\iota^{N}(j) = (1 - 1/\lambda)/(w^N j) - \rho, \text{当} j \in [j_2, 1] \tag{6-35}$$

很明显,(南北方国家)创新强度和(南方国家)模仿强度并不是一个恒定的值,这一点与格罗斯曼和赫尔普曼(Grossman 和 Helpman,1991a、1991b、1991c)的研究结果有很大的不同。不同的产业创新模仿强度是不一样的,技术水平越低的产业,其创新也就越容易,模仿也就越容易。这样也能解释为什么发展中国家对于发达国家的某些创新性设计模仿速度非常快,而对于像喷气式飞机、高端服务器、芯片设计和制造鲜有模仿。由此我们有,

命题 3:(1)南北国家的创新强度和南方国家的模仿强度随着产业的技术水平递减:技术难度越高的产业,创新模仿就越慢;技术难度越低的产业,创新模仿就越活跃。(2)创新强度和模仿强度还依赖于南北方的工资水平:南方的工资水平越低,南方的自主创新越频繁;北方的工资水平越低,北方的创新越活跃;当南北方的工资水平以相同的比例下降时,南方企业的模仿以及北方企业对南方企业产品的改造行为也就越活跃。

命题 3 的结论与巴罗和萨拉·马丁(Barro 和 Sala-I-Martin,1995a、1995b)的有点类似。巴罗和萨拉·马丁(Barro 和 Sala-I-Martin,1995a、1995b)曾提出了一个模仿成本的概念来说明南方国家模仿难度的差异,

但是正如邹薇和代谦(2003)所指出的那样,它们的模仿成本概念是一个外生化的概念。同时由于它们假定模仿成本是南北方技术缺口的减函数,这样的概念也不能说明南方的模仿过程。在本章中,不论南方的创新模仿还是北方的创新都是内生的,因此本章的结论更加一般化也更合理。此外,命题3还认为当南北方工资比率不变的情况下,南方的工资率和ι^c、北方的工资率和模仿强度m是反向关系。这是因为南方工资率的下降刺激了南方的模仿制造,由于在长期均衡中SN型和NS型企业应该保持恒定比例,所以北方改进南方产品夺回市场的行为也应该随之而更加活跃。同样的道理也适用于w^N和m之间的反向关系。

由于创新模仿强度随不同产业的变化而变化,因此我们定义创新强度和平均模仿强度的平均值

$$\bar{\iota}^S = 2(1 - 1/\lambda)/(b_1\, b_2\, w^S\, j_1) - \rho \tag{6-36}$$

$$\bar{\iota}^c = 2(1 - \omega)/[b_1\, w^S(j_1 + j_2)] - \rho \tag{6-37}$$

$$\bar{m} = 2[1 - 1/(\lambda\omega)]/[w^N(j_1 + j_2)] - \rho \tag{6-38}$$

$$\bar{\iota}^N = 2(1 - 1/\lambda)/[w^N(j_2 + 1)] - \rho \tag{6-39}$$

接下来,我们讨论在长期均衡时南北方的企业结构和数量。由于在长期均衡下,南北方的企业数量应该保持恒定,这要求被北方企业赶出市场的南方模仿者的数量应该等于被南方模仿者成功模仿的北方企业的数量。因此我们有条件

$$\bar{\iota}^c\, n^{SN} = \bar{m}\, n^{NS} \tag{6-40}$$

由条件(6-40)式我们可以得到产品周期内北方企业和南方企业的比例为

$$n^{NS}/n^{SN} = \bar{\iota}^c/\bar{m} \tag{6-41}$$

同时,南方自主创新企业和北方创新企业数量也应该保持一致,这意

味着在产品周期区域内的企业数量应该保持一致。因此我们有条件

$$n^{SN} + n^{NS} = j_2 - j_1 \qquad (6\text{-}42)$$

由条件(6-40)式和(6-42)式，我们可以得到长期均衡时产品周期内北方企业和南方企业的数量

$$n^{NS} = (j_2 - j_1)\, \bar{\iota}^c / (\bar{\iota}^c + \bar{m}) \qquad (6\text{-}43)$$

$$n^{SN} = (j_2 - j_1)\, \bar{m} / (\bar{\iota}^c + \bar{m}) \qquad (6\text{-}44)$$

利用平均创新强度和平均模仿强度以及不同类型企业数量的表达式，我们可以把南北方劳动力市场的均衡条件(6-17)、(6-18)分别改写为

$$\frac{j_1}{(\lambda\,\omega^S)} + \frac{(j_2 - j_1)\,\bar{m}}{(\bar{\iota}^c + \bar{m})\,\omega^N} + b_1\,b_2\,\bar{\iota}^S\,\frac{j_1^2}{2} + \frac{(j_2 - j_1)\,\bar{\iota}^c}{(\bar{l}^c + \bar{m})}\,b_1\,\bar{m}\,\frac{j_1 + j_2}{2} = L^S$$

$$(6\text{-}45)$$

$$\frac{(j_2 - j_1)\,\bar{\iota}^c}{(\bar{\iota}^c + \bar{m})}\,\frac{1}{\lambda\,\omega^S} + \frac{1 - j_2}{\lambda\,\omega^N} + \frac{(j_2 - j_1)\,\bar{m}}{(\bar{\iota}^c + \bar{m})}\,\bar{\iota}^c\,\frac{(j_2 - j_1)}{2} + \bar{\iota}^N\,\frac{(1 - j_2)^2}{2} = L^N$$

$$(6\text{-}46)$$

其中 $\bar{\iota}^S$、$\bar{\iota}^c$、$\bar{\iota}^N$ 和 $\bar{m}$ 分别由方程(6-36)—方程(6-39)决定，j_1 和 j_2 分别由方程(6-23)和方程(6-25)决定。

方程(6-45)和方程(6-46)刻画了长期均衡中南北方国家的工资率 $(w^S)^*$ 和 $(w^N)^*$。有了均衡时的工资率，我们就可以得到长期均衡中创新模仿的平均水平 $\bar{\iota}^S$、$\bar{\iota}^S$、$\bar{\iota}^N$ 和 $\bar{m}$，南北方的产业分工结构 j_1 和 j_2 以及均衡时南北方企业的数量 n^{SS}、n^{SN}、n^{NS} 和 n^{NN}。但经济并不是一下子就收敛到长期均衡的位置，而是有一个收敛过程。针对每一组发展中国家技术能力参数 $b_1(t)$ 和 $b_2(t)$，都存在均衡的工资率 w^S 和 w^N；同时由于边干边学效应的存在，发展中国家技术能力参数 $b_1(t)$ 和 $b_2(t)$ 本身也在

变化,不断地向最小值 b_1^* 和 b_2^* 收敛,这种收敛变化对长期稳态均衡有着决定性的影响。

我们利用方程(6-23)和方程(6-25)定义

$$j_1^* = (\omega - 1/\lambda)/[b_1^* \, w^S (b_2^* - 1)] \tag{6-47}$$

$$j_2^* = (1 - \omega)/(b_1^* \, w^S - w^N) \tag{6-48}$$

$$j_1(t) = (\omega - 1/\lambda)/\{b_1(t) \, w^S [b_2(t) - 1]\} \tag{6-49}$$

$$j_2(t) = (1 - \omega)/(b_1(t) \, w^S - w^N) \tag{6-50}$$

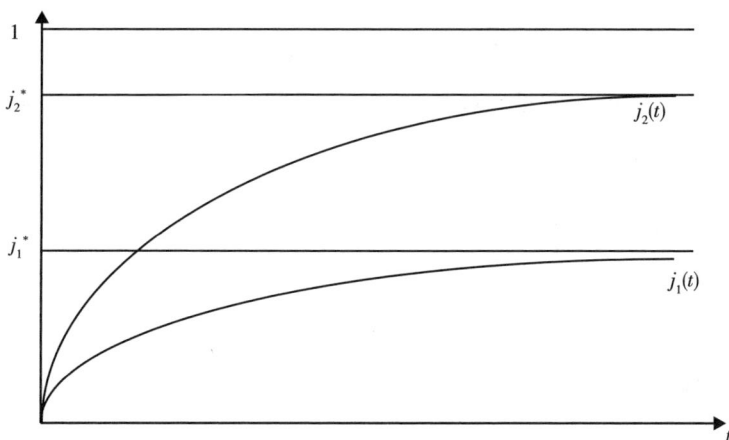

图 6-2　边干边学效应下的南北创新结构

由于边干边学效应的存在,随着时间的推移,由于 $b_1(t)$ 和 $b_2(t)$ 本身也在变化,不断逼近最小值 b_1^* 和 b_2^*,因此 $j_1(t)$ 和 $j_2(t)$ 也逐步向均衡点 j_1^* 和 j_2^* 收敛。如图 6-2 所示,我们发现随着南方国家经验的增长,南方国家能够自主创新的产品越来越多($j_1(t)$ 逐步提高);当边干边学的效应消耗殆尽之后,达到 j_1^* 所规定的上限之后便不再上升。同样,南方国家愿意并能够模仿的产品也会逐步收敛到($j_1^* - j_2^*$)所规定的上限。

| 第五节 |

人力资本积累与南北贸易结构

由于边干边学效应终究会耗尽，因此在长期中南北贸易结构将收敛于 j_1^* 和 j_2^* 决定的均衡点。根据方程（6-47）和方程（6-48），我们知道决定南北贸易结构的均衡点 j_1^* 和 j_2^* 实际上决定于南北方各自的创新模仿效率。由于我们将北方国家的创新效率系数单位化为单位 1，所以在我们的模型中南北贸易结构均衡点 j_1^* 和 j_2^* 取决于南方国家的创新模仿效率 b_1^* 和 b_2^*，但是应该指出的是，南方国家的创新和模仿效率 b_1^* 和 b_2^* 实际上是一种相对效率，是一种相对于北方国家创新效率的效率。我们认为南北方国家的创新和模仿效率依赖于各自国家的人力资本水平，由于我们模型中南方国家的创新和模仿效率 b_1^* 和 b_2^* 是一种相对效率，因此 b_1^* 和 b_2^* 依赖于南方国家相对于北方国家的人力资本水平，即：

$$b_1^* = b_1^*(v) \geqslant 1$$
$$b_2^* = b_2^*(v) \geqslant 1$$

$$(6-51)$$

其中 $v = h/H$，$\mathrm{d}b_i^*/\mathrm{d}v < 0 (i = 1,2)$，$h$ 为南方国家的人力资本水平，H 为北方国家的人力资本水平；v 为南方国家相对于北方国家的人力资本水平，南方国家人力资本相对水平越高，创新和模仿效率就越高，b_1^* 和 b_2^* 就越小；根据方程（6-47）、方程（6-48），j_1^* 和 j_2^* 也就越大，这意味着北方国家所能垄断的产业也就越少。这种关系我们可以用图6-3 描述。

从图 6-3 中我们可以看出,随着南方国家相对于北方国家人力资本水平的提高(从 v 上升到 v'),南方国家的创新效率和模仿效率得到了提高,随着南方国家创新、模仿效率的提高,南方国家自主创新的产业由原来的 j_1^* 扩张到了 $j_1^{*'}$,而南方国家能够模仿制造的产业也更加先进和高级(模仿制造的产业由原来的 $[j_1^*,j_2^*]$ 演变为 $[j_1^{*'},j_2^{*'}]$),从中我们可以看出北方国家所能够垄断的产业在此过程中不可避免的萎缩了。

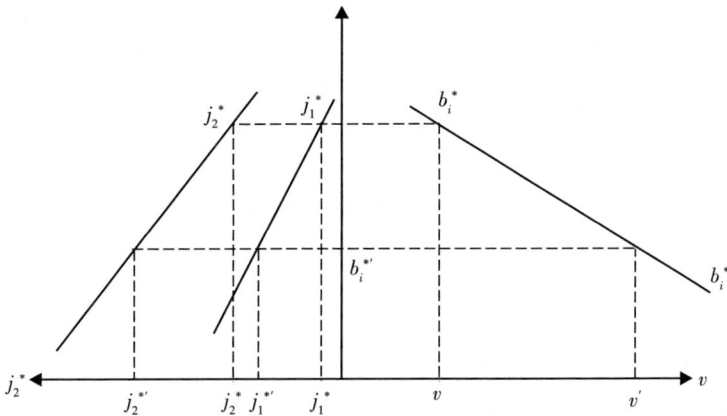

图 6-3　人力资本积累与创新模仿效率

南方国家相对于北方国家人力资本水平的提高意味着南方国家需要比北方国家以更快的速度积累人力资本。只有这样,南方国家才有可能在长期中改善自己的贸易地位,使南北贸易结构向有利于自己的方向发展。如果南方国家人力资本积累的速度赶不上北方国家人力资本积累的速度,南方国家相对于北方国家人力资本水平将会下降,南方国家的贸易地位将不可避免的恶化。

| 第六节 |

劳动力规模变化与政府政策

一、劳动力规模变化的比较静态分析

显然,南北方劳动力规模的变化会影响模型的长期均衡。首先我们假定由于某种外生的冲击,南方国家的劳动力数量增加,由原来的 L^S 增长到 $(L^S)'$。南方劳动力数量的增加使得南方国家劳动力工资下降,降低到 $(W^S)'$,南方国家工资率的下降将带来一系列复杂的效应:

(1)对南北产业结构的影响。南方国家劳动力成本的下降,使得南方国家自主创新和模仿制造的总成本下降,即 c^{SS} 和 c^{SN} 的斜率下降,这意味着 j_1 和 j_2 都增加了。换而言之,南方国家自主创新的产业扩张,而北方国家垄断的高技术产业萎缩。

(2)对北方国家的劳动力成本的间接影响。虽然北方国家的劳动力水平并没有变化,但是随着北方国家垄断产业的萎缩和南方国家自主创新产业的扩张,北方国家对劳动力的需求将会减少。劳动力需求的减少将会使得北方国家的工资率也会随之下降。这种下降会刺激北方国家垄断的高技术产业,抵消一部分由于南方国家工资率下降所带来的北方国家高技术产业的萎缩。

(3)对南北创新模仿行为的影响。根据本章命题3,南方国家劳动力成本变化会对南北方创新模仿行为产生影响。南方国家自主创新和模仿制造以及北方国家的创新和改进南方企业产品的创新行为都会更加活跃。

同样,如果外生的冲击使得北方劳动力数量增加,也会使得北方劳动力工资水平下降,从而给长期均衡带来一系列相似的效应。

二、政府政策

在这里我们仅仅只是考虑南方国家的政府政策对于南北贸易结构和创新结构的影响。我们假定南方国家的政府对于南方企业的技术模仿进行补贴,补贴的比例为 φ。这样使得南方企业的模仿成本为 $(1-\varphi)b_1^* j w^S$,同时南方企业的研发成本为 $(1-\varphi)b_1^* b_2^* j w^S$。这种补贴使得均衡时的 j_1^* 和 j_2^* 分别为 $j_1^{*'} = (\omega - 1/\lambda)/[(1-\varphi)b_1^* w^S(b_2^* - 1)]$,$j_2^{*'} = (1-\omega)/(b_1^*(1-\varphi)w^S - w^N)$。很显然,对技术模仿的补贴一方面使南方企业有能力模仿的产业扩张,一方面使南方能自主研发的产业增多。同时,由于 $j_2^{*'}/j_2^* > j_1^{*'}/j_1^*$,从政府直接刺激技术模仿的政策中获得最大好处的仍然是那些模仿制造企业。如图6-4所示,伴随着政府的政策,南方模仿制造产业的扩张幅度要大于其自主创新产业的扩张幅度。

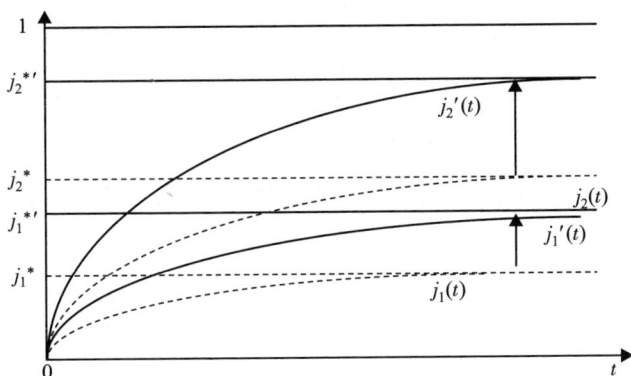

图6-4 政府的补贴政策 I

现在我们考虑政府专门针对自主研发进行补贴的情况。我们假定补

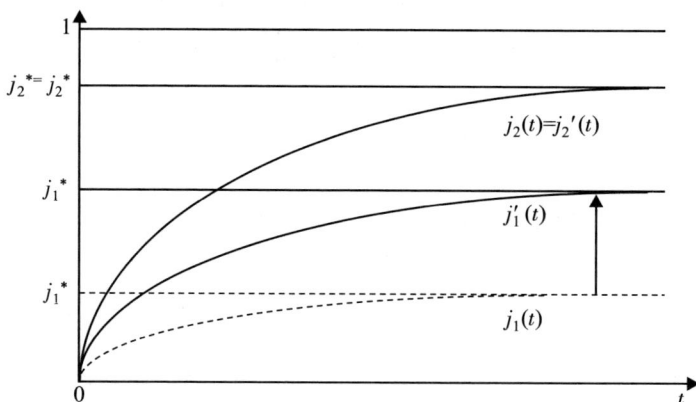

图 6-5 政府的补贴政策 II

贴的比例也为 φ，这样南方企业模仿的成本为 $b_1^* j w^S$，南方企业的研发成本仍然为 $b_1^* b_2^* (1-\varphi) j w^S$。这种补贴使均衡时 j_1^* 和 j_2^* 分别为 $j_1^{*'} = (\omega - 1/\lambda)/\{b_1^* w^S [b_2^* (1-\varphi) - 1]\}$、$j_2^{*'} = (1-\omega)/(b_1^* w^S - w^N)$。如图 6-5 所示，只针对自主研发的补贴有利于南方创新产业的扩张，但是对南方模仿制造产业的上限并没有什么影响。①

政府对创新和模仿制造行为进行补贴实际上是一种短期政策，在长期中，南方国家政府必须要采取措施积极促进人力资本的积累。根据图 6-3 我们知道，随着南方国家相对于北方国家人力资本水平的提高，南方国家将逐步向北方国家所垄断的产业渗透，南方国家的贸易地位将逐步得到改善。

_____

① 我们可以认为南方国家的研发活动能够从技术模仿中获得相应的经验，因此对南方企业模仿的鼓励能够间接地促进自主创新产业的扩张。由于模型假定的原因，在本章中对自主创新的鼓励并不能带来模仿制造产业的扩张。

| 第七节 |

产品周期、产业转移与人力资本积累：
对电视机行业的考察

我们一般意义上说的电视实际上包括电视接收机和电视台的电视广播设备两个部分,其中电视接收机就是我们平时所说的电视机。虽然早在 20 世纪初,各国科学家对于电视的发明作了充分的理论准备;但是一直到 20 世纪 30 年代,真正商业上实用的黑白电视接收机和相应的电视台才开始在英国、法国等发达国家出现。而彩色电视机的出现则是更晚一些的事情。早期的电视多以黑白为主,技术含量高,在发达国家也是一种奢侈消费品。第二次世界大战后,黑白电视机以及后来的彩色电视机在发达国家开始普及,并且随着技术的成熟,电视接收机的制造从 20 世纪 60 年代开始迅速转移到像日本这样的国家,而美国则将主要精力放在彩色电视标准的制定（1953 年）、磁带录像机的研制（1956 年）、电视转播技术的改进、电视技术的改进以及卫星电视技术（1983 年）的研究上,从 20 世纪 60 年代开始美国逐步变成电视机的进口大国。美国每一次相关技术的突破都带来了日本全方位的技术模仿和日本生产的电视机大量出口。日本从 1968 年就开始研制高清晰度电视接收机,但是迟至 1981 年日本的 Sony 公司才研制成功 MUSE 制式的高清晰度电视机,同时大屏幕电视也是于 1985 年在日本研制成功的。这些成功标志着日本在电视机的研制方面真正形成了自己独立的研发能力,电视机的研发和生产开始逐步转移到日本。随着时间的推移,电视机的制造技术进一步成熟,日本与后起的韩国、中国台湾这样的国家和地区之间迅速形成创新和模仿的关系。中国电视机产业起步较晚,一直到 1979 年,中国才开始从日本引进第一条彩电生产线及配套生产线,开始了彩电生产的中国制造。中国电视机产业一直到 20 世纪 90 年代上半期才形成比较成规模的出口能力,到 1998 年,中国电视机的产量占世界电视机产量近 1/3,开始形成自己的品牌和技术能力。

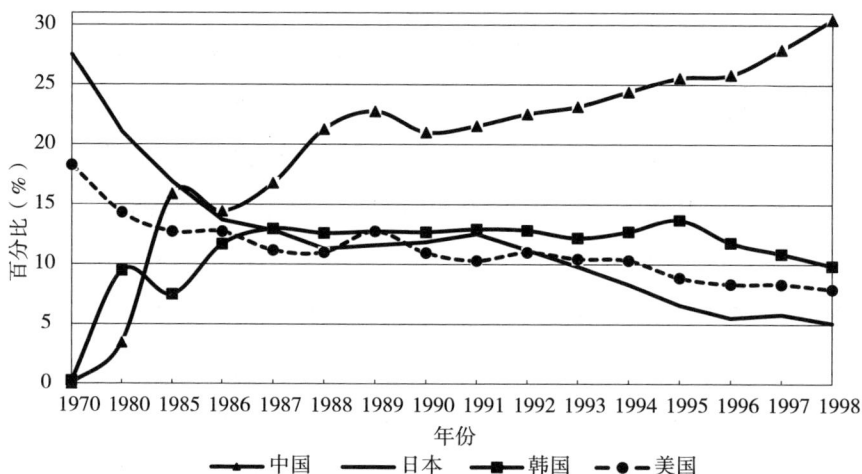

图 6-6　部分国家家用电视机产量占世界产量百分比

资料来源:根据《国际统计年鉴》(1993—2003 年)相关国家家用电视机产量与世界家用电视机产量数据计算得到。

我们收集了美国、日本、韩国和中国 1970—1998 年电视接收机产量的数据(见图 6-6)以及这四个国家 1961—2003 年电视接收机净出口数据(见图 6-7),希望能够反映出电视机产业在美、日、韩、中四国之间产业转移和变迁。在早年,电视机属于高技术产品,它的研发和制造集中在美国这样的发达国家。[1] 随着电视机生产技术的成熟,电视机技术被日本

---

[1]　由于统计资料的限制,中国电视机净出口的数据是 1982—2002 年,韩国的数据则是 1991—2003 年。此外,我们没有能够得到早年(20 世纪 60 年代以前)各国电视机生产和净出口的相关数据。

成功模仿,日本开始大量出口电视机,电视机的净出口量逐年递增,到1985年达到顶峰(见图6-7);而美国从1963年开始成为电视机的净进口国,每年电视机的净进口额逐年增加,美国早年对电视机技术的改进被日本迅速模仿,很快转化为日本对美国的出口能力。图6-6也很清楚地表明,自1970年以来,美国电视机产量占世界电视机产量的比重逐年下滑;而日本也开始从1970年占世界产量的27%,下降到1985年的16%,原因在于20世纪80年代之后有更多的国家和地区通过模仿掌握了电视机的生产技术,加入了国际市场的竞争。随着韩国、中国台湾和中国大陆的加入,它们也纷纷开始对外出口。中国于1986年、韩国于1987年电视机产量上分别超过了日本,1998年中国电视机产量占世界电视机产量的30%(见图6-6);而韩国于1994年电视机的出口额才稳定地接近和超过日本,中国的电视机出口额稳定地接近和超过日本则是2000年的事情(见图6-7)。

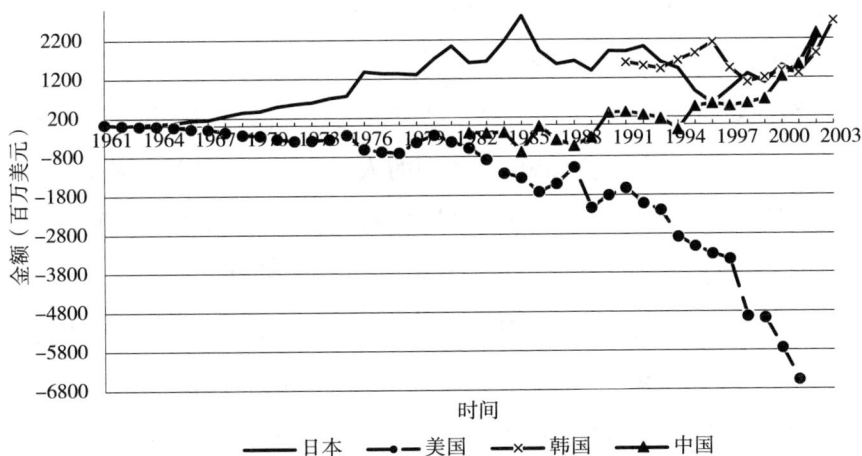

图6-7 各国电视机净出口

资料来源:1. 美国、日本和韩国电视机的净出口值根据 OECD 统计资料 ITCS International Trade by Commodity 中相关国家电视机进出口数据计算得到。其中,电视机在 SITC Re-version 2&3 中商品编号为 761。

2. 中国电视机净出口数据根据《中国对外经济贸易年鉴》(1984—2003 年)中的中国电视机进出口数据计算得到。

电视机产业在各国之间的转移一方面是由于随着时间的推移,电视机的生产技术已经成为一种成熟的标准化技术,发展中国家通过边干边学也能够逐步掌握电视机的生产制造技术;另一方面,电视机的生产和出口从呈现出美国—日本—韩国—中国的模式也是和这些国家人力资本水平的提高是分不开的。图6-8反映了美国、日本、韩国和中国25岁以上人口平均受教育年限,这个指标可以从侧面反映出各国的人力资本水平。从图6-8中我们可以看出来,日本、韩国和中国一直都在努力提高自己的人力资本水平。结合图6-5、图6-6和图6-8,我们可以发现:日本于20世纪60年代缩小了同美国人均人力资本水平的差异,同时电视机的生产和出口从20世纪60年代开始逐步转移到日本;20世纪80年代韩国成功地缩小了与美日人均人力资本水平的差距,同时电视机的生产和出口开始出现向韩国转移的趋势;20世纪90年代后期,中国持续不断地提高自己的人力资本水平,同时电视机的生产技术进一步成熟,电视机产业开始成为一种常规产业转移到中国。至于早年在电视技术上领先的美国自20世纪60年代起便开始成为电视机进口大国,2001年美国电视机净进口额达到了65亿美元,但是美国的人力资本水平不断提高,现在美国则开始放弃已成为成熟产业的电视机的研制和生产,将产业重心逐步转向IT、航天技术方面。同时我们从电视机产业呈现出美国—日本—韩国—中国的模式可以发现:电视机产业在各国之间转移所需要的人力资本水平越来越低:20世纪60年代转移到日本的时候,日本25岁以上人口人均受教育年限大概在7年左右;而到20世纪90年代后期电视机产业转移到中国的时候,中国25岁以上人口人均受教育年限却只有5.5年左右。这从侧面也反映出电视机产业已经成为了一种比较成熟的产业,其生产制造技术已经成为了一种比较成熟和标准化的技术,因此电视机的生产和制造对人力资本水平的要求呈现出逐步下降的趋势。

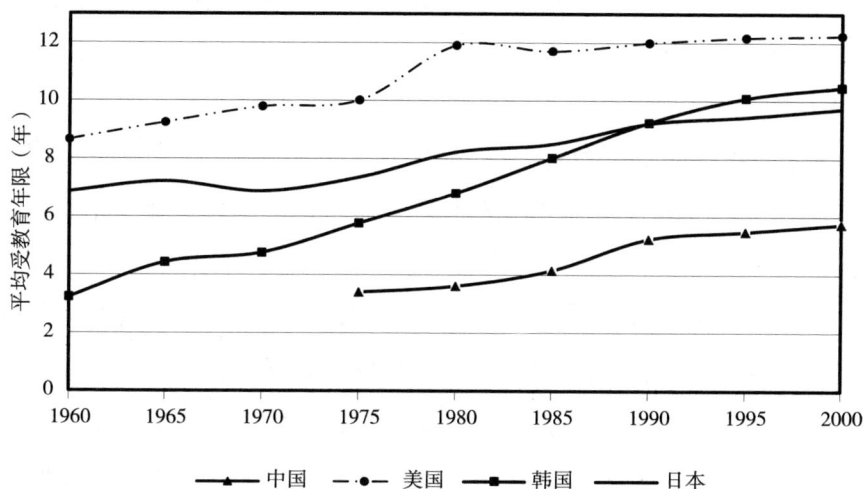

图 6-8 相关国家 25 岁以上人口平均受教育年限

资料来源：Barro 和 Lee(2000)。

| 第八节 |

结 论

本章是格罗斯曼和赫尔普曼(Grossman 和 Helpman,1991d)相关研究模型的一个扩展。通过在不同的产业上引入不同的技术门槛,我们对格罗斯曼和赫尔普曼相关研究模型做了一个一般化的扩展。我们发现,如果考虑到各个不同产业技术难度的差异,产品周期、南方模仿制造仅仅只是出现在技术难度居中的那些产业中。这些产业南方企业模仿起来比较容易,但是南方企业还没有技术能力进行自主创新,创新还是需要北方企业承担。由于格罗斯曼和赫尔普曼相关研究假定各个产业的技术难度都是一致的,并且南方企业模仿容易创新困难,因此它们考虑的实际上是本章中所说的技术难度居中的那些产业,它们考虑的产品周期也是在这些特定产业上出现的现象。但是一旦我们将技术难度引入各个产业,并将所考察的范围扩大。我们发现更高技术水平的产业不会有南方企业模仿、更不会出现南北方之间这种产品周期,因为这些产业技术门槛太高,南方企业的模仿难度很大,高昂的模仿成本抵消了南方在制造成本上的优势;而对于低技术水平的产业,也不会出现产品周期,因为技术门槛低,所以南方企业能够很好地掌握这些产业的技术,北方企业无法垄断这些产业的技术,北方企业也就不愿意去改进这些由南方企业生产的产品,因此产品周期也不会出现。通过引入产业的技术难度、扩大所考察的产业范围,我们能够解释现实经济中的南北产业结构和贸易结构。当今世界经济格局中,高技术产业的研发和生产主要由发达国家所垄断,发达国家出口这些高技术产品;而低技术产品(如劳动密集型产业或那些比较标准化的成熟产业)的创新和生产主要由发展中国家承担,发展中国家也通过出口这些产品换取发达国家的高技术产品;对于那些南方企业模仿容易创新困难的产业,主要的技术主要由北方国家垄断,而模仿制造则发生在南方国家。而现实经济中的这种南北产业结构和贸易结构在我们的模型中得到了很好的解释。

南北方国家的创新能力和模仿能力一方面依赖于各自所积累的生产经验,另一方面取决于各自的人力资本水平。当我们在模型中引入边干边学和人力资本时,我们更能解释由于产业的制造和研发从北方向南方转移而形成的南北产业结构和贸易结构的动态变迁。对于北方国家开发的某些新产品,南方国家经验不足、人力资本水平低下,南方国家技术能力有限,因此这些产品从研发到生产都由北方国家垄断,南方国家只能从北方国家进口。随着南方企业技术经验的提高和人力资本水平的提高,这些产品通过模仿制造的形式在南方企业生产。当南方企业通过边干边学、基于人力资本积累提高自己的技术水平而完全掌握了这些产业的技术时,这些产业的研发和生产就完全转移到了南方,北方国家也完全退出了这些产业。这样我们就能解释为什么英美等发达国家如今完全退出像照相机、彩色电视机这样原本在发达国家诞生的产业,同时而这些产业也完全转移到韩国、中国大陆、中国台湾这些后发展国家和地区。

附　录

一、命题 1 和推论 1 的证明

证明:由于我们前面假定 $\lambda w^S > w^N$,由此我们可以得到 $w > 1/\lambda$。因此根据方程(6-19)和(6-20),c^{SN} 的截距要大于 c^{SS}。当 $c^{SS} = c^{SN}$ 时,我们得到 $j_1 = (\omega - 1/\lambda)/[b_1(b_2 - 1) w^S]$。SN 型企业扣除总成本后的纯利润为 $1 - c^{SN}$,而 SS 型企业扣除总成本后的纯利润为 $1 - c^{SS}$;又由于,当 $j \in [0, j_1]$ 时,$c^{SS} \leqslant c^{SN}$、当 $j > j_1$ 时,$c^{SS} > c^{SN}$。因此,当 $j \in [0, j_1]$ 时,$1 - c^{SS} \geqslant 1 - c^{SN}$,南方企业会选择自主研发,使自己成为 SS 型的企业;当 $j > j_1$ 时,$1 - c^{SS} < 1 - c^{SN}$ 南方企业会选择模仿制造,使自己成为 SN 型的企业。

当 $j > j_1$ 时,南方 SN 型企业极限定价的行为使得北方企业的总成本为 $c^N(j) = w^N j + 1$。当 $c^{SN} = c^N$ 时,我们得到 $j_2 = (1 - \omega)/(b_1 w^S - w^N)$。当 $j_1 > j_2$ 时,$c^{SN} < c^N$,南方 SN 型企业可以通过极限定价的方式获得总成本上的优势,将北方企业赶出市场;当 $j \geqslant j_2$ 时,$c^{SN} \geqslant c^N$,南方 SN 型的企业即使是通过极限定价的方式也不能获得成本上的优势,无法与北方企业竞争。产业 $[j_2, 1]$ 将完全由北方国家所垄断。

这样当 $j \in [0, j_1]$ 时,市场中仅仅存在 SS 型的企业,即使由北方企业从事创新,由于 $c^{SS} < c^N$,南方企业的竞争将使得北方企业不会涉足这些产业。

当 $j \in [j_1, j_2]$,市场中存在 SN 型和 NS 型企业。如果南方模仿成功,南北方企业的成本分别为 c^{SS} 和 c^N;如果北方企业创新成功,南北方

企业的成本分别为 c^{NS} 和 c^{S}（c^{S} 由方程(6-26)决定）。该区域会出现产品周期循环的现象。

当 $j \in [j_2, 1]$ 时，由于 $c^{SN} \geqslant c^{N}$，南方企业不会从事模仿制造，这些产业将完全由北方企业垄断。此时，北方 NN 型企业的总成本为 c^{NN} 由方程(6-21)所决定。

二、推论 2 的证明

证明：由于 $\pi^{NN} = \pi^{SS} = 1 - 1/\lambda$，NN 型企业的产量为 $1/\lambda \, w^{N}$，SS 型企业的产量 $1/\lambda \, w^{N}$。由于 $w^{S} < w^{N}$，所以 NN 型企业的产量要小于 SS 型企业的产量，而它们的利润水平一样。即 NN 型企业能够以比较少的劳动投入获得 SS 型企业以较多劳动所获得的利润水平。

三、命题 2 的证明

证明：观察 j_1 和 j_2 的表达式(6-23)式和(6-25)式，我们可以得到：$\partial j_1 / \partial b_1 < 0$，$\partial j_1 / \partial b_2 < 0$，$\partial j_2 / \partial b_1 < 0$；当 ω 为常数时，$\partial j_1 / \partial w^{S} < 0$，$\partial j_2 / \partial w^{S} < 0$。

四、命题 3 的证明

证明：(1)观察表达式(6-32)式—(6-35)式，我们可以得到：$\partial \iota^{S}(j) / \partial j < 0$，$\partial \iota^{c}(j) / \partial j < 0$，$\partial m(j) / \partial j < 0$，$\partial \iota^{N}(j) / \partial j < 0$。

(2)同样我们仍然可以得到：$\partial \iota^{S}(j) / \partial w^{S} < 0$，$\partial \iota^{N}(j) / \partial w^{N} < 0$；当 ω 保持不变时，$\partial \iota^{c}(j) / \partial w^{S} < 0$，$\partial m(j) / \partial w^{N} < 0$。

第 七 章

人力资本、动态比较优势与
发展中国家产业结构升级[①]

　　上章已经从发展中国家创新模仿的角度涉及了南北产业结构和产业分工问题。在现实世界中,发展中国家集中在劳动密集型和低技术产业的生产。但是发展中国家始终在谋求本国产业结构的转型和升级,力图进入更先进、更高级的产业,不断缩小与发达国家的差距。从根本上来说,发展中国家和发达国家的产业分工以及发展中国家的产业结构是由各自的比较优势所决定的。但是南北国家的比较优势并不是一成不变的,是随时间变化而不断演变的。考察比较优势的动态演变是本章的核心。本章在迪克希特和若曼(Dixit 和 Norman,1980)、克鲁克曼(Krugman,1987)、格罗斯曼和赫尔普曼(Grossman 和 Helpman,1989、1991)相关研究的基础上构造了一个内生技术变迁的国际贸易模型来考察发展中国家和发达国家之间比较优势的动态演变。在这个模型中,人力资本仍然居于核心地位:人力资本一方面作为一种生产要素投入,另一方面人力资本的外部性能

　　①　本章核心部分以《人力资本、动态比较优势与发展中国家产业结构升级》为题发表于《世界经济》2006 年第 11 期。

够有效降低多样化产品的生产成本和企业的 R&D 成本。而人力资本这种外部性则是动态比较优势演变的核心。

本章的结构安排如下:文献回顾和本章的基本观点安排在第一节;在第二节,构造了一个以人力资本为基础的内生增长模型,在这个内生增长模型中,仍然存在企业逐利性的 R&D 行为;在第三节,以内生增长模型为基础,利用一体化均衡的方法讨论了两国均衡与南北产业分工模式;第四节描述了另一种基于比较优势的南北贸易分工,并具体讨论了这种分工模式的决定因素;第五节讨论了发展中国家的政策选择,其中人力资本政策仍然是长期中起决定作用的根本性政策;第六节是总结,并进一步指出本章的政策含义。

| 第一节 |

引　言

比较优势思想始终是国际贸易理论的核心内容。在李嘉图提出比较优势的思想之后,人们把亚当·斯密的绝对优势视作是比较优势的一个特例。在标准的李嘉图模型中,只有两个国家、两种产品,劳动是唯一的生产要素,比较优势源于各国劳动生产率的差异,而各国劳动生产率的差异实际上源于各国外生的技术水平的差异。H-O 理论(Hecksche,1919;Ohlin,1933)的基本思想仍然是比较优势思想。所不同的是,H-O 理论将李嘉图模型中的单一要素扩展到了多要素投入,要素禀赋成为各国比较优势的来源。① 同样

---

① 对于 H-O 理论,迪克希特和诺曼(Dixit 和 Norman,1980)在他们的著作中给出了一个非常精彩的总结,杨小凯和张永生(2001)在他们的文献综述中也完整地回顾了 H-O 理论的四大定理。

是基于比较优势的思想,多恩布什、费希尔和萨缪尔森(Dornbusch、Fischer 和 Samuelson,1977)以及威尔逊(Wilson,1980)将标准的两商品李嘉图模型扩展到了连续商品的情况①;而迪克希特和诺曼(Dixit 和 Norman,1980)发展出来的一体化均衡(integrated equilibrium)的分析方法使得 H—O 理论能够很方便地分析多商品的情况,一体化均衡方法的直观和简便使其成为了国际贸易理论中标准的分析方法。

虽然经济学家们已经在理论上从各个方面证明了比较优势理论的有效性(例如 Deardorff,1979、1980、2004),但是关于比较优势问题的讨论并没有结束。根据 H—O 理论,比较优势的背后是各国的要素禀赋和不同要素禀赋的比例。根据比较优势理论(Robinson,1956;Findlay,1970),各国要素禀赋的不同形成各国不同的比较优势,各国根据自己的比较优势参与国际分工,各国能够实现自己的福利最大化,整个世界也能够实现帕累托最优。发达国家由于资本丰裕,技术水平高,集中于资本密集型和技术密集型产品的生产;发展中国家资本匮乏、技术水平低,而劳动力等自然资源要素相对丰裕,因此发展中国家一般会集中于劳动密集型或初级产品的生产。然而世界各国经济发展的现实表明最近半个多世纪以来,发达国家和发展中国家经济发展的差距越来越大,发达国家凭借自己在资本、技术方面的优势完全垄断了高技术产业,在国际分工中占据了主导地位,在世界财富的分配中占据了相当的份额;而发展中国家始终局限于初级产品的生产,在非常低的层次上参与国际分工,在国际分工中处于被支配的地位,始终陷于贫困落后的境地而无法自拔。没有国家愿意始终集中于初级产品的生产,每个国家都希望能够通过采取种种措施提升自己的技术能力,改变自己的比较优势,从而进入比较

---

① 琼斯(Jones,1961)曾经考察过一个多国多产品的比较优势模型。

高级的产业,在国际经济竞争中占据优势地位。问题是:发达国家和发展中国家目前的比较优势是如何形成的;到底哪些因素决定比较优势的形成和演变;发展中国家又应该采取什么样的战略和政策提升自己的比较优势,在更高的层次上参与国际分工,以促进自己产业结构的升级和经济的发展?

这样一来,比较优势理论就需要在两个方面做出回答:(1)比较优势本身是如何演变的,比较优势的动态演变取决于什么因素;(2)各国(特别是发展中国家)能够采取什么样的政策和措施影响和决定自己的比较优势,使得自己的比较优势能够向着有利于自己经济发展的方向发展。遗憾的是,不论是李嘉图模型还是 H-O 理论,考虑的都是静态比较优势。然而任何时候的比较优势都是历史演进的结果:不论比较优势来自技术水平的差异还是来自各国要素禀赋的差异,随着时间的推移,各国技术水平会发生变化,各国的劳动力、物质资本、人力资本等要素都会发生变化;这样一来,各国的比较优势必然会发生变化。相应的计量分析也表明(例如 Balassa,1979;Berman、Bound 和 Machin,1998;Proudman 和 Redding,2000;Landesmann 和 Stehrer,2001;Redding,2002;Redding 和 Vera-Martin,2006;等等):随着时间的推移,各国的贸易模式、专业化分工模式以及背后的比较优势都发生着变化。显然静态的比较优势需要做出相应的扩展来分析比较优势本身的动态演变。

很早就有经济学家注意到了李嘉图模型和 H-O 理论所包含的静态比较优势思想的局限性。奥利奇和宇泽弘文(Oniki 和 Uzawa,1965)首先考虑了存在内生物资资本积累情况下的国际贸易模型,由于考虑了人口增长和内生的资本积累,各国比较优势以及贸易模式会发生动态变化。芬德利(Findlay,1970)在奥利奇和宇泽弘文(Oniki 和 Uzawa,1965)的基础上,通过引入非贸易的资本品来考察各国比较优势的动态变化。总体而言,早年对于静态比较优势的拓展集中在从要素禀赋的变化方面来分析比较优势的动态变化,在静态比较优势模型的基础上将物质资本积累问题内生化①;其基本思想和分析框架相对于静态比较优势理论并没有本质的突破;这种扩展更没有言及发展中国家如何构建自己的比较优势,以实现经济增长和赶超。

20世纪80年代以来发展起来的新贸易理论开始关注收益递增、产品的多样化、垄断竞争、分工与专业化、产业内贸易等因素对于国际贸易的影响,这种发展使得经济学家们能够在一个新的框架下探讨比较优势问题,能够真正地研究所谓动态比较优势问题。与此同时,新增长理论开始兴起,当新增长理论家们将分析从封闭经济扩展到开放经济时,他们发现自己分析的问题正好是新贸易理论所关注的核心问题。这样一来,新贸易理论和新增长理论在各自发展的过程中就出现了合流的趋势,新贸易理论中关于动态比较优势的讨论就不可避免地和收益递增、技术进步、人力资本积累以及内生增长联系在一起。

阿罗(Arrow,1971)将边干边学的思想引入到了对经济增长的研究中来。克鲁格曼(Krugman,1987)扩展了李嘉图模型中比较优势的思想,在其1987年发表的这篇经典文献中,克鲁格曼将边干边学引入到对国际贸易的研究中来通过引入边干边学,考察了比较优势的动态演变。在他的模型中,资源禀赋并不是决定比较优势的唯一要素,比较优势也不是一成不变的;边干边学所带来的外部规模经济是技术进步的唯一源泉;这样政府有选择地对某些产业实行暂时的保护能够使本国产业获得规模经济的好处,从而获得动态的比较优势。这意味着比较优势是可以通过政府适当的产业政策和贸易政策影响和培养的,适当的政府政策能够使比较

---

① 史密斯(Smith,1984)对早期以物质资本积累为主的动态贸易模型做了总结。

优势向着有利于本国的方向发展。卢卡斯(Lucas,1988)从人力资本的角度考虑了边干边学和比较优势的演变,边干边学效应的存在会强化各国在不同产品上的比较优势,最终会导致各国完全的专业化。同样是考虑边干边学效应,杨(Young,1991)考察了边干边学对国际贸易的动态影响。和克鲁格曼(Krugman,1987)不同的是,杨(Young,1991)认为在某一产业中存在的边干边学效应能够溢出到其他的产业,即使边干边学效应是有界的,存在外部性的边干边学也会使得新产品的引入成为可能。雷丁(Redding,1999)在克鲁格曼(Krugman,1987)的基础上考虑了动态比较优势演变所带来的福利效应。

格罗斯曼和赫尔普曼(Grossman 和 Helpman,1991)以及马库森(Markusen,1991)几乎同时指出了一种特殊情况:在这个特例中,各国的初始状态和历史的偶然对各国的长期增长和专业化模式起着决定性的作用,国际竞争有可能出现"一朝落后,处处被动"(once behind,always behind)的情况。希莱基斯、克鲁格曼和齐登(Brezis、Krugman 和 Tsiddon,1993)认为国际经济竞争中的领导地位不是一成不变的,他们构造了一个国际竞争的"蛙跳"模型,描绘了一种后进国家抓住机遇赶超先进国家的可能。在他们的模型中,由于新技术在引进的初期生产效率还不如发展成熟、经验丰富的旧技术,先进国家反倒容易错失新技术变革的良机,固守于成熟但是落后的旧技术上;而后进国家由于没有这样的历史包袱,反倒容易大胆采用新技术,随着新技术的不断成熟和生产经验的不断丰富,后进国家实现经济发展的"蛙跳",成为先进国家。德斯梅特(Desmet,2002)发现如果在布莱基斯等(Brezis 等,1993)"蛙跳"模型的基础上引入了资本流动①以及技术进步的外部性,两国的发展模式将表

---

① 布莱基斯和齐登(Brezis 和 Tisddon,1998)也考察了"蛙跳"过程中的资本流动问题。

现出多样化的特征,并不只是会出现"蛙跳"一种情况。

显然来自边干边学的规模经济并不是决定动态比较优势的唯一原因。从理论上说,随着时间的推移,边干边学效应迟早会消耗殆尽(Young,1991、1993),边干边学效应对比较优势的动态演变并没有长期和持久的影响。发展中国家内向型发展战略普遍失败的现实也表明边干边学也不是动态比较优势的决定因素①。实际上考虑边干边学效应的文献都有一个共同特点,即并没有考虑技术的内生变化。如果考虑到技术的内生变化,各国的比较优势以及贸易模式会不会出现有趣的现象?

新增长理论认为技术进步是企业有意识地进行 R&D 活动的结果,企业进行 R&D 活动的目的在于对创新所带来的垄断利润的追求(Romer,1990;Grossman 和 Helpman,1991;Aghion 和 Howitt,1992)。当新增长理论家们讨论开放经济条件下的创新和增长时(Rivera-Batiz 和 Romer,1991a、1991b),当国际贸易理论家们开始在国际贸易的框架下考察内生的技术创新时(Grossman 和 Helpman,1989、1990、1991;Coe 和 Helpman,1995),他们就不得不考虑比较优势的动态演变以及这种动态演变给贸易模式、各国的长期增长所带来的影响。格罗斯曼和赫尔普曼(Grossman 和 Helpman,1989、1991)成功地扩展了标准的两国、两要素、两商品模型,他们加入了企业的 R&D 行为,当企业 R&D 成功时,那么该国就能够在新产品上获得比较优势,从而垄断新产品的生产。因此各国在不同商品上的比较优势是完全不一样的,随着各国创新行为的变化也会发生动态的变化。沿用迪克希特和诺曼(Dixit 和 Norman,1980)发展出来的一体化

---

① 发展中国家 20 世纪 50 年代至 80 年代普遍实行的进口替代政策并没有使其比较优势向着有利于发展中国家的方向演变;政府的保护虽然使发展中国家的企业在一段时间内享受到了类似于边干边学的外部经济,但是发展中国家被保护的产业始终没有能够发展起来,技术水平依然落后,根本没有能够获得所谓国际竞争的比较优势。

均衡(integrated equilibrium)的分析方法,他们的模型能够很方便地分析贸易模式、专业化分工等问题。进一步地,格罗斯曼和赫尔普曼(Grossman 和 Helpman,1990)在两国国际贸易模型中讨论了内生技术进步条件下的长期增长问题。格罗斯曼和赫尔普曼的这些扩展工作使得传统的国际贸易框架能够和新贸易理论中的垄断竞争模型(Krugman 和 Helpman,1985)、内生增长理论框架完全融合。

各国的技术进步诚然是个体厂商追逐垄断利润的结果,但是毋庸置疑的是各国的创新行为受限于各国的技术能力,而技术能力又和各国人力资本水平密切相关。此外实验室里开发出来的先进技术应用于实际生产也需要有一个过程,一线生产的工人也需要时间去掌握和适应先进的技术。这些都对人力资本提出了相应的要求,先进的技术必须要有相应的人力资本与之匹配,这是适宜技术理论的核心思想(Basu 和 Weil,1998;Acemoglu,1998;Acemoglu 和 Zilibotti,2001;邹薇和代谦,2003、2004)。这样一来,如果要在内生技术的基础上讨论动态比较优势问题就不得不引入人力资本。

在舒尔茨(Schultz,1960、1961)提出人力资本的概念很长的时间内,国际贸易理论都没有能够注意到人力资本在决定比较优势和经济长期增长方面的重要作用。一直到 1983 年,芬德利和基尔佐夫斯基(Findlay 和 Kierzhowski)才在凯南(Kenen,1965)的基础上,正式将人力资本引入标准的两要素、两商品贸易模型。遗憾的是,在国际贸易模型中经济学家们很少考虑人力资本在决定各国比较优势、技术能力和生产效率方面的特殊作用,仅仅把人力资本看作是一种内生的积累要素(例如 Bond、Trask 和 Wang,2003)。人力资本水平的高低一方面决定各国的技术能力,先进技术和新产品的研发依赖于各国高素质的科研人员;另一方面决定先进技术在实际生产过程中的生产效率,因为先进技术毕竟需要相应素质的普通劳动者与之相匹配;此外人力资本具有很强的外部性,科技人员以及高素质的普通劳动者的相互交流和相互影响会对研发效率和生产效率产生潜移默化的影响(Lucas,1988)。因此有必要在包含内生技术变迁的国际贸易框架中引入具有外部性的人力资本,考察比较优势的动态变迁。

大多数发展中国家包括劳动力在内的自然资源丰富,但是资本匮乏、技术能力落后,在比较高级的产业存在比较劣势。丰富的自然资源对发展中国家来说既是发展的优势也是发展的劣势,一方面发展中国家能够低成本获得经济发展的各种资源,另一方面自然资源的丰裕容易使发展中国家陷入"荷兰病"的泥沼(Krugman,1987;Sachs 和 Warner,1995;Stijns,2001;Sala-I-Martin 和 Subramanian,200)。在这种情况下,发展中国家更应该通过相关政策有意识地提升自己的产业结构,不断向更高级的产业扩展,打破发达国家的垄断地位,逐步缩小和发达国家的差距。梅勒姆、莫恩和托维克(Mehlum、Moene 和 Torvik,2006)指出,国家制度和政策上的区别是决定资源丰富国家走向富饶还是贫困的关键。在短期,发展中国家可以通过适当的产业政策和贸易政策,有选择性地暂时扶持和保护自己处于发展初期的产业,使自己的幼稚产业享受规模经济以及边干边学等好处;在长期,发展中国家需要努力提高自己的人力资本水平,提高自己的技术能力和生产效率,从而确定和巩固自己在产业发展初期通过保护和扶持培养起来的比较优势。只有通过短期和长期相结合的政策组合,发展中国家才能够使比较优势向着有利于自己的方向转变,发展中国家产业结构才有可能不断地向高级产业扩张,从而实现自己产业结构的升级和转变。

本章在迪克希特和诺曼(Dixit 和 Norman,1980)、克鲁格曼(Krugman,1987)、格罗斯曼和赫尔普曼(Grossman 和 Helpman,1989、1991)相关研究的基础上构造了一个以人力资本为基础的内生技术变迁的国际贸易模型来考察发展中国家和发达国家之间比较优势的动态演变。在这个模型中,人力资本是在长期中影响比较优势与国际分工的决定因素,边干边学效应仅仅只能在短期暂时影响比较优势的变化。发展中国家只有不断地积累人力资本,提高自己的人力资本水平,才能够在长期中不断地向高级产业扩张,实现自己产业结构的转变和升级。在本章的模型中,保护性贸易政策只有可能在短期收到一时之效,只有辅之以相应的人力资本积累,发展中国家才能真正建立自己的比较优势,取得产业的发展与经济的长期增长。

| 第二节 |

封闭经济模型

我们研究的世界由两个国家组成:一个国家是发达国家,我们称之为北方,标记为 N;另一个国家是发展中国家,我们称之为南方,标记为 S。沿用格罗斯曼和赫尔普曼(Grossman 和 Helpman,1991)的设定,我们假定有两种生产要素:非技能劳动力(简称为劳动力)l 与技能劳动力(或人力资本)h,要素无法自由流动。假定经济中存在三种经济活动:生产传统产品 Z、生产有一定技术含量的多样化产品 X 和进行 R&D 活动。很明显这三种经济活动的要素需求比例是不一样的,生产传统产品需要比较多的劳动力,对人力资本的需求比例最小,而 R&D 活动所需要投入的人力资本比例最多。我们假定传统产业是完全竞争的产业,而有一定技术含量的多样化产品则是垄断竞争的市场结构,企业通过 R&D 获得了新产品的设计之后,便垄断了新产品的生产,而垄断新产品生产所获得的垄断利润则是企业从事 R&D 活动的报酬。

我们假定 n 为多样化产品的集合，n_N 为北方国家所生产的多样化产品，n_S 为南方国家所生产的多样化产品。由于整个市场只可能容纳一家垄断企业，南北方企业竞争的结果使得同一种多样化产品不可能同时在北方和南方生产，即 $n_N \cap n_S = \phi$。特别地，我们假定整个世界的多样化产品均匀地分布在实数轴 [0, n] 上，北方国家拥有 [0, n] 之间所有产品的技术，而南方国家所拥有的技术 [0, m] 为北方国家的子集。很明显 $m < n$，$n_S = [0, m]$。新产品的发明严格遵循实数轴 [0, n] 规定的顺序，容易而简单的产品会被先发明出来，复杂而技术含量高的产品会被后发明，因为复杂产品需要简单产品的铺垫和准备。

我们首先构造一个内生增长的封闭经济模型。在这个封闭经济模型中，人力资本积累是经济增长的源泉；但是和卢卡斯（Lucas，1988）不同的是，该模型仍然存在着新产品的发明和技术进步，新产品发明所获得垄断利润是企业从事 R&D 活动的报酬，这一点和罗默（Romer，1990）、格罗斯曼和赫尔普曼（Grossman&Helpman，1989、1991）等人相一致。因此，本章实际上综合了新增长理论中人力资本和技术进步两条主要思路。

一、消费者行为

我们假定南北方消费者的偏好是相同的，消费者通过消费传统产品和多样化产品获得自己的效用，在 t 时刻消费者需要最大化自己的贴现效用[①]：

$$U_t = \int_t^\infty e^{-\rho(\tau-t)} \left[s\log x(\tau) + (1-s)\log z(\tau) \right] \mathrm{d}\tau \tag{7-1}$$

其中，ρ 为消费者的主观贴现率，x 为消费者多样化产品的消费数量，z 为传统产品的消费数量，s 为消费者在多样化产品上的支出份额，

---

① 在不引起混淆的情况下，本章在这里省略掉了表示国家的下标 i。

$(1-s)$ 为消费者在传统产品上的支出份额。消费者对于多样化产品的消费遵循 CES 形式：

$$x(t) = \left[\int_{j \in n} x_j(t)^\sigma \mathrm{d}j \right]^{1/\sigma} \tag{7-2}$$

对于这样的 CES 函数形式，不同多样化商品之间的替代弹性为 $\varepsilon = 1/(1-\sigma) > 1$。$t$ 时刻消费者在给定自己预算收入贴现值的条件下最大化自己的效用函数(7-1)。对于这样一个效用最大化问题，我们很容易得到消费者的最优支出路径为①

$$\dot{E}/E = r - \rho \tag{7-3}$$

这是一个没有货币的经济，因此我们可以很方便地将每期的总支出单位化，令 $E(t) = 1$。这样在封闭经济条件下我们能够得到

$$r = \rho \tag{7-4}$$

二、生产与技术

我们假定完全竞争的传统产业生产函数为

$$z = b_z l_z^{1-\beta_z} h_z^{\beta_z} \tag{7-5}$$

则传统产品的单位成本为

$$c_z(w_l, w_h) = b_z^{-1} \left(\frac{w_l}{1-\beta_z} \right)^{1-\beta_z} \left(\frac{w_h}{\beta_z} \right)^{\beta_z} \tag{7-6}$$

其中 w_l 为经济中非技能劳动力的工资，w_h 为技能劳动力的工资。由于传统产业是完全竞争的，我们有：

$$P_Z = c_Z(w_l, w_h) \tag{7-7}$$

同时根据 Shepard 引理，我们能够得到传统产业单位产品的要素需求为

---

① 关于方程(7-3)的推导参见本章附录。

$$a_{z_l} = \frac{\partial c_z}{\partial w_l} = b_z^{-1} \left(\frac{w_l}{1 - \beta_z} \right)^{-\beta_s} \left(\frac{w_h}{\beta_z} \right)^{\beta_s}$$

$$a_{zh} = \frac{\partial c_z}{\partial w_h} = b_z^{-1} \left(\frac{w_l}{1 - \beta_v} \right)^{1-\beta_s} \left(\frac{w_h}{\beta_s} \right)^{\beta_s - 1} \tag{7-8}$$

而传统产品要素投入系数之比为

$$\frac{a_{zl}}{a_{zh}} = \frac{w_h(1 - \beta_z)}{w_l \beta_z} \tag{7-9}$$

这是一个度量产品要素密集性质的指标。

同样,我们假定第 j 种多样化产品的生产函数为柯布道格拉斯形式

$$x_j = b_j \, l_j^{1-\beta} \, h_j^{\beta} \tag{7-10}$$

其中 l_j、h_j 分别为生产第 j 种多样化产品所投入的非技能劳动和技能劳动;b_j 为生产效率系数,它一方面取决于生产经验的多寡(Krugman,1987;Young,1991;Brezis 等,1993),另一方面取决于人力资本水平的高低。不失一般性,我们假定

$$b_j = \varphi_j \, h_a(t)^{\alpha} \, k_j(t)^{1-\alpha} \tag{7-11}$$

其中:$k_j(t) = k_j \left(\int_0^t x_j(\tau) \, d\tau \right)$;$k_j > 0, k_j'' < 0$;当 $t \to \infty$ 时,$k_j \to \bar{k}$。这意味着生产经验的积累固然能够提高生产效率,但是这种边干边学的效应是递减的;随着时间的推移,边干边学效应会逐步消耗殆尽(Young,1991;1993)。

$h_a(t) = h(t)/l$,$h(t)$ 为 t 时刻经济中人力资本存量,l 为非技能劳动力数量,这样 $h_a(t)$ 实际上用来度量各国人力资本水平的相对大小。在这里我们并不关注人力资本绝对水平的高低,我们关注的是人力资本相对水平的高低,即一国技能劳动(人力资本)相对于该国非技能劳动的大小。[1]

---

① 就绝对数量而言,像中国、印度这样的发展中大国工程师、科研人员等技能劳动的数量并不少,甚至会超过很多比较小的发达国家,但是如果考虑到这些发展中大国庞大的人口基数以及数量巨大的文盲、半文盲,中国、印度的人力资本水平是相当低的。

此处的假定和卢卡斯(Lucas,1988)的设定有些类似,这意味着人力资本的积累存在着外部性,一方面人力资本本身可以作为生产要素投入到产品的生产和 R&D 活动中去,另一方面人力资本水平的提高能够对中间产品生产乃至于 R&D 活动(我们将在后面看到这一点)的效率产生正面的影响。

Φ_j 是正的参数,是刻画产品本身技术难度的参数。本章假定随着 j 的提高, Φ_j 将越来越小。这意味着随着 j 的提高,产品本身的技术难度越来越大,成本越来越高。

同样,通过成本最小化过程我们能够得到经济中生产第 j 种多样化产品的边际成本为

$$c_j(w_l,w_h) = b_j^{-1}\left(\frac{w_l}{1-\beta}\right)^{1-\beta}\left(\frac{w_h}{\beta}\right)^{\beta} \tag{7-12}$$

同样根据 Shepard 引理,我们能够得到生产一个单位的第 j 种多样化产品所需要的要素投入系数为

$$a_{jl} = \frac{\partial c_j}{\partial w_l} = b_j^{-1}\left(\frac{w_l}{1-\beta}\right)^{-\beta}\left(\frac{w_h}{\beta}\right)^{\beta}$$
$$a_{jh} = \frac{\partial c_j}{\partial w_h} = b_j^{-1}\left(\frac{w_l}{1-\beta}\right)^{1-\beta}\left(\frac{w_h}{\beta}\right)^{\beta-1} \tag{7-13}$$

要素投入系数之比为

$$\frac{a_{jl}}{a_{jh}} = \frac{w_h(1-\beta)}{w_l\beta} \tag{7-14}$$

显然, $a_{zl}/a_{zh} > a_{jl}/a_{jh}$,即相对于多样化产品,传统产品的生产是劳动力密集型的。

三、市场结构

我们令传统产品世界市场的价格为 P_z ,对于传统产品的需求为

$$z = E(1 - s) / P_z = (1 - s) / P_z \qquad (7\text{-}15)$$

对于多样化产品,根据克鲁格曼和赫尔普曼(Krugman 和 Helpman,1985)的研究,我们很容易得到第 j 种多样化产品的市场需求为

$$x_j = sE\, P_j^{-\varepsilon} / \int_{i\in n} P_i^{1-\varepsilon}\mathrm{d}i = s\, P_j^{-\varepsilon} / \int_{i\in n} P_i^{1-\varepsilon}\mathrm{d}i \qquad (7\text{-}16)$$

其中,P_j 为第 j 种多样化产品的市场价格。同时对第 j 种多样化产品的需求弹性为:

$$\log x_j/\log P_j = \varepsilon + (1 - \varepsilon)\, P_j^{1-\varepsilon} / \int_{i\in n} P_i^{1-\varepsilon}\mathrm{d}i \qquad (7\text{-}17)$$

方程(7-17)等式右边的第一项为 P_j 对 x_j 的直接影响,第二项为间接影响,它度量了单个产品价格变化通过影响整个多样化产品的价格而对 x_j 产生的影响。当多样化产品越来越多的时候,这种间接影响趋近于零,由此本章得到对第 j 种多样化产品的需求弹性为 ε [1]。

产品创新发生在多样化产品部门,企业通过 R&D 获得了新产品生产所必需的设计和技术,从而垄断了新产品的生产。多样化产品部门是一个垄断竞争市场,垄断产品定价为标准的成本加成定价:

$$P_j = \frac{c_j(w_l, w_h)}{1 - \dfrac{1}{\varepsilon}} = \frac{c_j}{\sigma}$$

将边际成本的表达式方程(7-12)代入,我们得到

$$P_j = \frac{\left[\dfrac{w_l}{1-\beta}\right]^{1-\beta}\left(\dfrac{w_h}{\beta}\right)^{\beta}}{b_j\sigma} \qquad (7\text{-}18)$$

根据市场需求函数(7-16),我们整理得到市场需求为

---

[1] 关于方程(7-16)的推导参见本章附录。

$$x_j = \frac{s\sigma \, b_j^{\varepsilon}}{[w_l/(1-\beta)]^{1-\beta}(w_h/\beta)^{\beta}\int_{j\in n} b_j^{\varepsilon-1}\mathrm{d}j} \tag{7-19}$$

在这里本章规定：多样化产品 j 的生产厂商需要有相应的固定成本 f_j 的投入，为

$$f_j = s(1-\sigma)\frac{\varphi_j^{\varepsilon-1} - \int_{j\in n}\varphi_j^{\varepsilon-1}\mathrm{d}j/n}{\int_{j\in n}\varphi_j^{\varepsilon-1}\mathrm{d}j} \tag{7-20}$$

这样我们能够很容易得到垄断厂商的垄断利润为

$$\pi_j = (P_j - c_j)\,x_j - f_j = \frac{(1-\sigma)s\,b_{ij}^{\varepsilon-1}}{\int_{i\in n} b_i^{\varepsilon-1}\mathrm{d}i} - f_j$$

代入多样化产品的生产效率系数，同时当 $t\to\infty$ 时，容易得到垄断厂商利润的表达式

$$\pi = \pi_j = \frac{(1-\sigma)s}{n} \tag{7-21}$$

四、创新与人力资本积累

企业创新的生产函数仍然采用标准的柯布-道格拉斯形式，本章假定企业成功发明一件新产品所耗费的成本 c_{γ} 为 $\left(\dfrac{w_l}{1-\beta_{\gamma}}\right)^{1-\beta_{\gamma}}\left(\dfrac{w_h}{\beta_{\gamma}}\right)^{\beta_{\gamma}}/\,b_{\gamma}$ h_a^{ξ}。与格罗斯曼和赫尔普曼（Grossman 和 Helpman，1991）不同的是，本章认为这里并没有技术的外部性①，存在的是人力资本的外部性。人力

———————

① 由于专利制度的存在，南方国家无法免费获得北方国家已经拥有的技术发明，南方国家要么独立研发出自己所需要的技术；要么付出专利费，从北方国家引进技术。在均衡状态下，南方国家的企业对于这两种选择是无差异的。换而言之，获得技术的两种方式的成本应该是一样，技术引进的费用实际上是由南方国家自主研发的成本决定的。

资本的外部性不仅体现在对多样化产品生产效率的影响上，它还体现为对 R&D 效率的影响。因此随着 h_a 的提高，企业 R&D 的成本会越来越低。同样单位发明的要素需求为

$$a_{\gamma l} = \frac{\partial c_{\gamma}}{\partial w_l} = \left(\frac{w_l}{1-\beta_{\gamma}}\right)^{-\beta_{\gamma}} \left(\frac{w_h}{\beta_{\gamma}}\right)^{\beta_{\gamma}} / b_{\gamma} h_a^{\xi}$$

$$a_{\gamma_k} = \frac{\partial c_{\gamma}}{\partial w_h} = \left(\frac{w_l}{1-\beta_{\gamma}}\right)^{1-\beta_{\gamma}} \left(\frac{w_h}{\beta_{\gamma}}\right)^{\beta_{\gamma-1}} / b_{\gamma} h_a^{\xi}$$

（7-22）

同时厂商从事 R&D 活动的要素投入系数之比为

$$\frac{a_{\gamma l}}{a_{\gamma h}} = \frac{w_h}{w_l} \frac{1-\beta_{\gamma}}{\beta_{\gamma}}$$

（7-23）

由于 R&D 活动需要的人力资本最多，所以本章有 $\frac{a_{zl}}{a_{zh}} > \frac{a_{jl}}{a_{jh}} > \frac{a_{\gamma l}}{a_{\gamma h}}$。

由于 R&D 市场是自由进出的，因此 R&D 市场的均衡要求企业的市场价值等于其研发成本，即

$$v = c_{\gamma} = \left(\frac{w_l}{1-\beta_{\gamma}}\right)^{1-\beta_{\gamma}} \left(\frac{w_h}{\beta_{\gamma}}\right)^{\beta_{\gamma}} / b_{\gamma} h_a^{\xi}$$

（7-24）

资本市场的出清要求 $\rho = r = \pi/v + \dot{v}/v$，即要求

$$\rho = \frac{(1-\sigma)s}{n} \frac{b_{\gamma} h_a^{\xi}}{\left(\frac{w_l}{1-\beta_{\gamma}}\right)^{1-\beta_{\gamma}} \left(\frac{w_h}{\beta_{\gamma}}\right)^{\beta_{\gamma}}} - \xi g_{h_a}$$

（7-25）

在均衡状 s 态下，市场利率和 g_{ha} 都保持恒定，这样本章得到 $\xi g_{h_a} = g_n$，由于本章研究中并没有考虑人口增长，因此 h_a 的增长率就等于人力资本的增长率，即

$$\xi g_h = g_n$$

（7-26）

人力资本不仅可以作为生产要素投入到生产过程中，还可以用来积累新的人力资本。采用和卢卡斯（Lucas，1988）同样的假定，我们假定人

力资本中用于积累新的人力资本的比例为 μ，人力资本的积累方程为

$$\dot{h}(t) = \eta\mu h(t) \tag{7-27}$$

其中 $\eta \geq \rho$，η 为人力资本积累系数。根据方程(7-27)，我们得到人力资本增长率为

$$g_h = g_{h_s} = \dot{h}/h = \eta\mu \tag{7-28}$$

五、均衡增长

在这个封闭经济中，传统产品市场出清由方程(7-15)决定，而每一种多样化产品市场出清由方程(7-19)决定，资本市场的均衡由方程(7-25)决定，技术进步率由方程(7-26)决定，人力资本增长率由方程(7-28)决定，而要素市场的均衡要求：

$$a_{zl}(w_l, w_h)\ z + \int_{j \in n} a_{jl}(w_l, w_h)\ x_j\mathrm{d}j + a_{\gamma l}(w_l, w_h)\ \dot{n} = l$$

$$a_{zh}(w_l, w_h)\ z + \int_{j \in n} a_{jh}(w_l, w_h)\ x_j\mathrm{d}j + a_{\gamma h}(w_l, w_h)\ \dot{n} = (1 - \mu)h$$

$$\tag{7-29}$$

这个一般均衡系统能够决定要素价格(w_l, w_h)，传统产品、多样化产品的成本、价格以及产量，R&D 的成本，技术进步率和人力资本的增长率。

现在的问题是，在均衡状态下，经济中究竟愿意将多少人力资本用于人力资本积累，即均衡状态下的 μ 是多少？通过动态优化的方法，本章得到在竞争均衡条件下，均衡的值 μ 为[①]

$$\mu^e = 1 - \rho/\eta \tag{7-30}$$

---

① 关于均衡 μ 值的证明请见本章附录。由于此处人力资本存在着外部性，本章研究中竞争均衡下的人力资本积累和最优的人力资本积累之间仍然存在着差异。关于这一点的讨论详见本章附录。

这样均衡状态下人力资本的增长率为

$$g_h^e = \eta - \rho \qquad\qquad (7-31)$$

技术进步率为

$$g_n^e = \xi(\eta - \rho) \qquad\qquad (7-32)$$

很明显,在这个封闭模型中,既有人力资本积累,又有技术进步,但是人力资本积累仍然是经济增长的源泉。

| 第三节 |

两国模型和一体化均衡

在两国开放经济条件下,市场均衡条件有些变化。

首先是消费者的最优支出路径,在两国模型下,各国的最优支出路径为

$$\dot{E}_i/E = r_i - \rho\, i = S, N \qquad\qquad (7-33)$$

世界总支出为 $E = E_S + E_N$,当我们仍然把整个世界每期的支出单位化为 1 时,这个时候 E_i 代表的是该国消费支出占世界消费支出的份额。如果 $r_i > r_j$,则意味着第 i 国支出份额将逐步增长,反之则不断减少。

传统产品的市场需求仍然由方程(7-15)决定,而如果传统产品在 i 国生产,其定价为

$$P_z = c_z(w_{il}, w_{ih}) = b_z^{-1}\left(\frac{w_{il}}{1-\beta_z}\right)^{1-\beta_z}\left(\frac{w_{ih}}{\beta_z}\right)^{\beta_z} i = S, N \qquad (7-34)$$

对于多样化产品,市场需求为

$$x_j = s\, P_j^{-\varepsilon}\Big/\Big(\int_{i\in n_s} P_i^{1-\varepsilon}\mathrm{d}i + \int_{i\in n_N} P_i^{1-\varepsilon}\mathrm{d}i\Big) \qquad (7-35)$$

当多样化产品 j 在 i 国生产时其生产成本为

$$c_j(w_{il}, w_{ih}) = b_{ij}^{-1} \left(\frac{w_{il}}{1-\beta} \right)^{1-\beta} \left(\frac{w_{ih}}{\beta} \right)^{\beta} \tag{7-36}$$

其中 $b_{ij} = \varphi_{ij} h_{ia}(t)^{\alpha} k_{ij}(t)^{1-\alpha}, i = S, N$；$k_{ij}(t) = k_{ij}\left(\int_0^t x_j(\tau) \, d\tau \right)$；

$k'_{ij} > 0, k''_{ij} < 0$；当 $t \to \infty$ 时，$k_{ij} \to \bar{k}$；$h_{ia}(t) = h_i(t)/l_i$。我们将多样化产品重新排序，令

$$\Phi(j) = \varphi_{Nj} / \varphi_{Sj}, \Phi'(j) > 0$$
$$\partial \varphi_{ij} / \partial j < 0, i = S, N \tag{7-37}$$

这意味着在稳定状态下，随着 j 的提高，一方面多样化产品技术难度越来越大，在其他条件不变的情况下，南方北方国家生产的成本会越来越高；另一方面北方国家相对于南方国家而言享有越来越高的比较优势。方程(7-37)实际上意味着北方国家在高技术产业上存在着比较优势，而南方国家在低技术产业上存在着比较优势。简单起见，本章假定：

$$\varphi_{Nj} = (1+j)^{-1}, \varphi_{Sj} = (1+j)^{-2}$$
$$\Phi(j) = \varphi_{Nj} / \varphi_{Sj} = 1 + j \tag{7-38}$$

多样化产品定价仍然为标准的成本加成定价

$$P_j = \frac{[w_{il}/(1-\beta)]^{1-\beta} (w_{ih}/\beta)^{\beta}}{b_{ij}\sigma} \tag{7-39}$$

厂商的垄断利润为

$$\pi_S = (P_j - c_j) x_j - f_{Sj} = \frac{(1-\sigma)s}{m}, 如果 j \in n_S$$
$$\pi_N = (P_j - c_j) x_j - f_{Nj} = \frac{(1-\sigma)s}{n}, 如果 j \in n_N \tag{7-40}$$

其中 f_{ij} 仍然是使垄断利润在各垄断产品之间相等的固定成本。R&D 市场的均衡仍然要求企业的市值等于其 R&D 的成本，即

$$v_i = c_{i\gamma} = \left(\frac{w_{il}}{1 - \beta_\gamma} \right)^{1 - \beta_\gamma} \left(\frac{w_{ih}}{\beta_\gamma} \right)^{\beta_\gamma} / b_\gamma h_{ia}^\xi \qquad (7-41)$$

同样各国资本市场的均衡 $r_i = \pi_i / v_i + \dot{v}_i / v_i$ 即

$$r_S = \frac{(1 - \sigma)s}{m} \frac{b_\gamma h_{Sa}^\xi}{\left(\frac{W_{Sl}}{1 - \beta_\gamma} \right)^{1 - \beta_\gamma} \left(\frac{W_{Sh}}{\beta_\gamma} \right)^{\beta_\gamma}} - \xi g_{h_{Sa}}$$

$$\qquad (7-42)$$

$$r_N = \frac{(1 - \sigma)s}{n} \frac{b_\gamma h_{Na}^\xi}{\left(\frac{W_{Nl}}{1 - \beta_\gamma} \right)^{1 - \beta_\gamma} \left(\frac{W_{Nh}}{\beta_\gamma} \right)^{\beta_\gamma}} - \xi g_{h_{Na}}$$

如果南北方国家都涉足 R&D 活动,那么在均衡状态下,南北方国家均衡的技术进步率为①

$$g_{n_S} = g_m = \xi g_{h_{Sa}}$$

$$g_{n_N} = g_n = \xi g_{h_{Na}} \qquad (7-43)$$

根据方程(7-31)我们知道在竞争均衡条件下,各国均衡的人力资本增长率为

$$g_{ih}^e = \eta_i - \rho, i = S, N \qquad (7-44)$$

同样各国要素市场的均衡要求

$$a_{zl}(w_{il}, w_{ih}) z_i + \int_{j \in n_i} a_{jl}(w_{il}, w_{ih}) x_j \mathrm{d}j + a_{\gamma l}(w_{il}, w_{ih}) \dot{n}_i = l_i$$

$$a_{zh}(w_{il}, w_{ih}) z_i + \int_{j \in n_i} a_{jh}(w_{il}, w_{ih}) x_j \mathrm{d}j + a_{\gamma h}(w_{il}, w_{ih}) \dot{n}_i = (1 - \mu_i) h_i$$

$$\qquad (7-45)$$

其中, $i = S, N$。

---

① 这里有一个前提条件是南北方国家都有意识地涉足 R&D 活动,我们在后面可以看到:在很多情况下,南方国家如果完全遵循比较优势原则,将不会从事任何 R&D 活动。

现在我们借用迪克希特和诺曼（Dixit 和 Norman，1980）发展出来的一体化均衡（integrated equilibrium）方法来分析贸易模式和各国的专业化分工。如图 7-1 所示，横轴代表世界投入到生产、R&D 中的人力资本存量，$h = (1 - \mu_S) h_S + (1 - \mu_N) h_N$；纵轴代表世界的非技能劳动力总数，$l = l_S + l_N$。当我们把两个国家组成的世界看成一个经济体时，$O_S R_S$ 代表在一体化世界中投入到传统产业中的要素向量，$R_S M_S$ 代表投入到多样化产品生产中的要素向量，$M_S O_N$ 代表投入到 R&D 活动中的要素向量，其斜率由方程（7-9）、方程（7-14）和方程（7-23）决定。这和我们关于三种经济活动要素密集程度的假设相一致，传统产业的生产是劳动力密集型的，R&D 活动是人力资本密集型的，而多样化产品则居于两者之间。很明显，在一体化均衡中，三种经济活动消耗了整个世界中所有的要素。

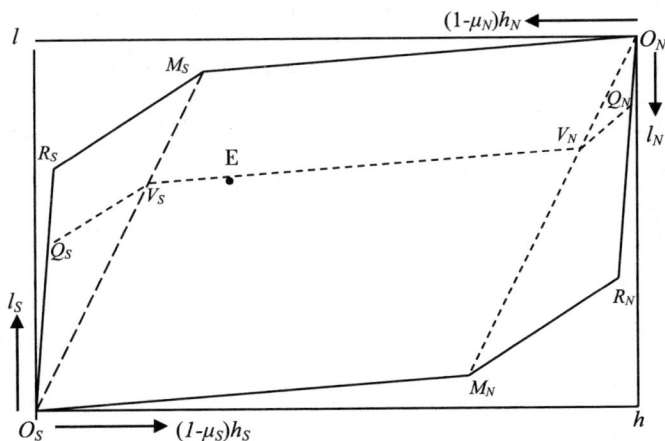

图 7-1　一体化均衡 I

如果两国初始的禀赋位于 E 点，E 点在对角线的上方，这意味着南方国家相对于北方国家而言非技能劳动相对丰富。在一体化均衡中，南方国家将要素向量 $O_S Q_S$ 投入到传统产品的生产上，将 $Q_S V_S$ 的要素投入到多样化产品的生产上,将 $V_S E$ 的要素投入到 R&D 上,这三种经济活动正好完全消耗了南方国家的生产要素;同样北方国家在传统产业、多样化产品和 R&D 活动上分别投入 $O_N Q_N$、$Q_N V_N$ 和 $V_N E$ 的要素,也正好消耗完自己的要素禀赋。在这个一体化均衡中,南方和北方各类活动的总和正好等于一体化世界中各类经济活动的总量,即 $O_S Q_S + O_N Q_N = O_S R_S$、$Q_S V_S + Q_N V_N = R_S M_S$、$V_S E + V_N E = M_S O_N$ ①。

当两国的要素禀赋差别不大,即初始的要素禀赋落在多边形 $O_S R_S M_S O_N R_N M_N$ 内部时,由于一体化均衡能够在两国之间成功分解,因此自由贸易能够实现要素价格均等化(Factor Price Equalization,FPE)。当要素禀赋落在 $O_S M_S O_N M_N$ 区域时(如 E 点),各国能够实现不完全的专业化,各国能够同时涉足传统产业、多样化产品和 R&D 三个领域,各国在这三种经济活动中所投入的要素向量由一体化均衡分解的向量决定。当要素禀赋落在区域 $O_S R_S M_S$ 时,FPE 仍然能够实现,只不过这时南方国家专业化于传统产品和多样化产品的生产,北方国家则同时涉足三种经济活动;如果要素禀赋落在 $O_N R_N M_N$ 区域,世界经济在实现 FPE 的同时,北方国家专业化于传统产品和多样化产品的生产,而南方国家则在从事生产传统产品和多样化产品生产的同时进行 R&D 活动。

现在我们来具体分析当要素禀赋落在 FPE 区域时,南北方国家在多样化产业上如何分工。例如要素禀赋位于 E 点,整个世界投入到多样化

---

① 很明显,这里实际上只有两种要素、三种产品。所以对于一体化均衡的分解并不唯一,但是不论怎么分解,各国各类活动的总和必须要等于一体化世界中的各类活动总量,即保证 $O_S Q_S + O_N Q_N = O_S R_S$、$Q_S V_S + Q_N V_N = R_S M_S$、$V_S E + V_N E = M_S O_N$ 始终成立(Dixit 和 Norman,1980)。注意,我们在这里仅仅只是强调各国在不同经济活动中的要素投入,由于各国的 h_{ia} 不尽相同,人力资本的外部效应也不相同,因而各国在多样化产品和 R&D 上的效率也不同,但是各国在多样化产品和 R&D 上的要素密集程度(要素需求比例)是一样的。

产品中的要素为 $R_S M_S$，南方国家投入到多样化产品生产上的要素为 $Q_S V_S$，北方国家用于生产多样化产品的要素投入为 $Q_N V_N$。这样，南方进入多样化产品的生产要求

$$\int_0^m a_{jl}(w_{Sl}, w_{Sh}) \, x_j \mathrm{d}j = l_S \, \theta_{Sl}$$

$$\int_0^m a_{jh}(w_{Sl}, w_{Sh}) \, x_j \mathrm{d}j = h_S(1 - \mu_S) \, \theta_{Sh}$$

(7-46)

其中 θ_{Sl} 为南方国家投入到多样化产品生产上的非技能劳动力的比例，它由初始要素禀赋 E 和 $Q_S V_S$ 决定；θ_{Sh} 为南方国家投入到多样化产品生产上的人力资本比例，由要素禀赋 E 和 $Q_S V_S$ 决定；对多样化产品的需求由 x_j 方程(7-35)决定。方程(7-46)实际上规定了南方国家所生产的多样化产品集合 $[0, m]$，则北方国家所生产的多样化产品集合为 $[m, n]$。

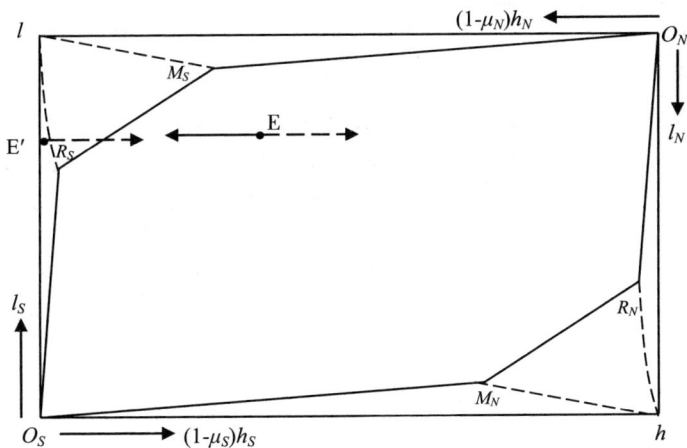

图 7-2 　一体化均衡 Ⅱ

当要素禀赋落在多边形 $O_S R_S M_S O_N R_N M_N$ 之外时要素价格均衡化将无法实现。如果两国完全融为一体，两国可以完全按照比较优势进行劳动分工(Dixit 和 Norman，1980)。如图 7-2 所示，当要素禀赋落在 $O_S l R_S$

区域时,南方国家劳动力丰富,而北方国家人力资本丰富;南方国家将专业
化于传统产品的生产,北方国家实际上两种要素都非常丰富,北方国家将
同时从事三种经济活动。当要素禀赋落在 R_SlM_S 区域时,相对于 O_SlR_S 区
域而言,南方国家拥有更多的人力资本禀赋;在这一区域,南方国家将同时
从事传统产品和多样化产品的生产,北方国家由于人力资本禀赋相对减
少,将完全退出传统产品的生产,专注于密集使用人力资本的多样化产品
的生产和 R&D 活动。当要素禀赋落在 M_SlO_N 区域时,南方国家人力资本
和普通劳动力都非常丰富,南方国家将同时从事三种经济活动,北方国家
将仅仅从事 R&D 活动。相应的,当要素禀赋落在其他三个区域(O_ShM_N 、
M_NhR_N 和 R_NhO_N)时,南北方的分工模式将与以上三个区域正好相反。各
个区域完全基于比较优势的分工模式见表 7-1。

表 7-1　FPE 区域之外的分工模式

区域	南方国家	北方国家
O_SlR_S	$z_S > 0, x_{Sj} = g_{nS} = 0$	$z_N > 0, x_{Nj} > 0, g_{nN} > 0$
R_SlM_S	$z_S > 0, x_{Sj} > 0, g_{nS} = 0$	$z_N = 0, x_{Nj} > 0, g_{nN} > 0$
M_SlO_N	$z_S > 0, x_{Sj} > 0, g_{nS} > 0$	$z_N = x_{Nj} = 0, g_{nN} > 0$
O_ShM_N	$z_S = x_{Sj} = 0, g_{nS} > 0$	$z_N > 0, x_{Nj} > 0, g_{nN} > 0$
M_NhR_N	$z_S = 0, x_{Sj} > 0, g_{nS} > 0$	$z_N > 0, x_{Nj} > 0, g_{nN} = 0$
R_NhO_N	$z_S > 0, x_{Sj} > 0, g_{nS} > 0$	$z_N > 0, x_{Nj} = g_{nN} > 0$

| 第四节 |

人力资本积累与产业结构升级

前面已经讨论了南北方国家遵循比较优势的产业分工问题,我们可

以发现南北方的分工模式实际上依赖于南北方的要素禀赋。在本章的模型中，由于没有人口增长，非技能劳动是外生给定的，但是人力资本却是内生的，各国人力资本的增长由方程（7-44）决定，这样各国人力资本增长的相对大小决定了要素禀赋点的相对位置。如图7-2所示，初始的要素禀赋点位于 E 点，如果南方国家的人力资本积累速度高于北方国家，则要素禀赋点会向 $R_N h O_N$ 区域运动；如果南方人力资本积累速度低于北方国家，则要素禀赋点会向区域 $O_S l R_S$ 运动。综合上文所述，我们在这里不加证明地给出命题1。

命题1：南北方的分工模式取决于南北双方的要素禀赋的相对位置。（1）当 $g_{h_N} > g_{h_S}$ 时，要素禀赋点会向左运动，最终落在区域 $O_S l R_S$；在这个区域，南方国家会专业化于传统产品的生产。（2）当 $g_{h_N} < g_{h_S}$ 时，要素禀赋点会向右运动，最终落在区域 $R_N h O_N$；在这个区域，北方国家将专业化于传统产品的生产。（3）当 $g_{h_N} = g_{h_S}$ 时，要素禀赋点不会发生任何变化。

在现实世界经济中，南北方国家之间存在着巨大的工资收入差异；南方国家相对来说存在着丰裕的非技能劳动力，而技能劳动力比较稀缺；并且南方国家的生产集中在传统产业和低技术的产业上。世界经济发展的现实意味着南北方国家要素禀赋不可能位于 FPE 区域内，而有极大的可能位于 $R_S l M_S$ 区域甚至是 $O_S l R_S$ 区域。如果说南方国家完全按照比较优势参与国际分工，那么当要素禀赋落在 $R_S l M_S$ 区域时，南方国家将专业化于传统产业和低技术产业的生产；但是此时南方国家由于没有技术进步，没有新产品的研发，其技术趋于停滞，其产业结构在国际经济竞争中会日益边缘化，因为此时北方国家还在不断进行新产品的发明，多样化产品种类还在不断增加。这种情况是任何一个南方国家都不希望看到的！此外当要素禀赋落在区域 $O_S l R_S$、$R_S l M_S$ 甚至是区域 $R_S O_S M_S$ 时，由于南方国家完全退出 R&D,根据条件式(7-43),南方国家也不会有人力资本积累,在这种情况下南方国家的要素禀赋状况会进一步恶化,要素禀赋点将不断向左移动。

本章描述了一种新的产业分工模式,这种产业分工模式是南方国家产业结构选择造成的,但是这种产业结构的选择和产业政策仍然基于传统的比较优势思想,这一点和克鲁格曼(Krugman,1987)是一致的。值得指出的是,和克鲁格曼的观点不同,这种比较优势在根本上取决于南北方国家人力资本积累速度的消长。当要素禀赋位于 R_SlM_S 区域甚至是 O_SlR_S 区域时,FPE 不可能实现;但是,由于南方国家劳动力成本低,这却会使南方国家享受到产品成本竞争上的优势,南方国家在具有一定技术含量的多样化产品上仍然能够利用这些优势,而不单单体现在专业化于生产传统产品上。由于人力资本积累存在着外部性,人力资本存量相对于非技能劳动力的提高无形中可以降低多样化产品的生产成本,也能够提高 R&D 部门的效率。这样一来南方国家的比较优势实际上体现在两个方面,在静态上,南方国家在多样化产品和 R&D 活动上能够享受到低廉的劳动力成本所带来的成本优势;在动态上,人力资本的积累能够有效降低南方国家多样化产品的生产成本和 R&D 成本,从而使得南方国家所涉足的产业不断地向更高级更先进的产业渗透。

本章首先考察在长期当边干边学效应耗尽的时候,南北方国家的产业分工。这意味着 $k_{ij} = \bar{k}$。如图 7-3 所示,南北方多样化产品生产的边际成本为 C_{ij},其产品价格仍然为标准的成本加成定价。根据方程(7-37),由于产品系数 j 越大,产品的技术难度也越大,生产成本也越高,C_{ij} 应该上斜;同时由于北方国家在高技术产业上拥有更多的优势,因此 C_{Sj} 的斜率要大于 C_{Nj} 的斜率。如果开始时南方国家的人力资本非常稀缺,一方面会使得人力资本的成本非常高,另一方面也会使得南方

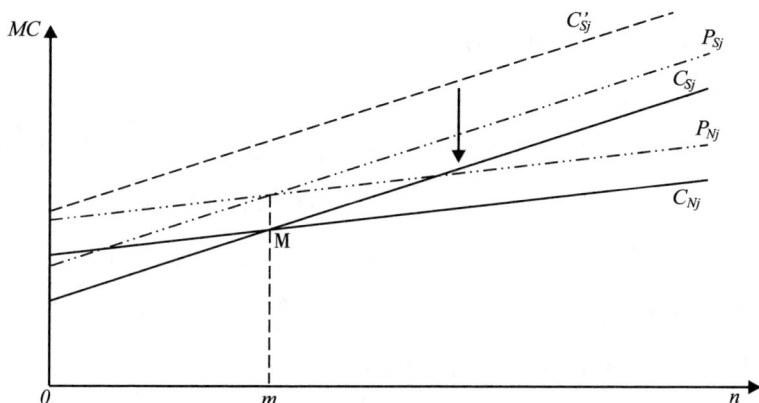

图 7-3   南北方国家在多样化产品上的竞争

国家多样化产品生产效率非常低(b_{Sj} 比较小),两种因素加起来都会使南方国家生产多样化产品的生产成本高昂,会使得南方国家即使在最低级的多样化产品的生产上都没有任何的成本优势,如成本曲线 C'_{Sj} 所示。我们很容易发现成本曲线 C'_{Sj} 和 C_{Nj} 之间没有任何交点,这意味着南方国家很难进行多样化产品的生产,南方国家完全专业化于传统产品的生产。

但是南方北方都在进行人力资本积累,南北双方多样化产品的生产成本都在下降。如果南方国家能够比北方国家以更快的速度积累人力资本,一方面这会使要素禀赋点 E' 不断向右运动(见图 7-1),使要素禀赋点穿过 $R_S l M_S$ 区域达到 FPE 区域从而实现要素价格均等化;另一方面会使得南北双方多样化产品的生产成本不断降低。本章在这里实际上关注的是南北方国家人力资本相对速度的变化。如果相对于北方国家,南方国家能够以更快的速度积累人力资本,这意味着南方国家能够以更快的速度降低自己的生产成本。如图 7-3 所示,如果南方国家能够以更快的速度积累人力资本,那么南方国家的生产成本 C'_{Sj} 相对于北方国家生产

成本 C_{Nj} 而言会向下平移,例如平移到 C_{Sj} 的位置。此时两国的成本交点为 M 点,而所对应的产业为 m。这意味着对于 m 左边的产业,南方国家具有成本优势;对于 m 右边的产业,北方国家享有成本优势。南北方企业采取合作博弈的态度,双方企业都采取成本加成定价的竞争策略,成本加成的比例都为 σ,这样一来南北方产品的定价曲线交点所对应的产业也仍然为 m。很明显南北方企业竞争的结果为:南方国家生产 m 左边的产业,而北方国家生产 m 右边的产业。m 为南北方在多样化产品上分工的临界点。通过简单的计算 $C_{Sj} = C_{Nj}$,本章有

$$\Phi(j) = \left(\frac{w_{Nl}}{w_{Sl}}\right)^{1-\beta} \left(\frac{w_{Nh}}{w_{Sh}}\right)^{\beta} \left(\frac{h_{Sa}}{h_{Na}}\right)^{\alpha}$$

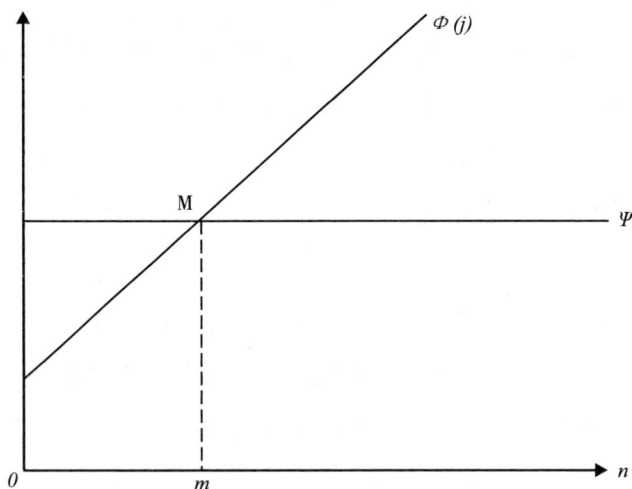

图 7-4 南北产业分工的决定

方程(7-37)已经提到 $\Phi(j)$ 是 j 的增函数,而上式的右边(用 Ψ 来代表)并不依赖于 j,因此南北产业分工的 m 表达式能够决定。如图 7-4 所示,$\Phi(j)$ 是 j 的增函数,因此是上斜的;而水平的直线代表 Ψ,两者的交点决定了 m。利用方程(7-38)的简化条件,容易得到

$$m = j = \left(\frac{w_{Nl}}{w_{Sl}}\right)^{1-\beta} \left(\frac{w_{Nh}}{w_{Sh}}\right)^{\beta} \left(\frac{h_{Sa}}{h_{Na}}\right)^{\alpha} - 1 \tag{7-47}$$

m 决定了南北方在多样化产业上的分工,仔细观察表达式(7-47),我们发现 m 的大小取决于一系列因素,因此本章有以下命题。

命题 2: (1)南方国家仍然可以遵循比较优势原则进入多样化产业。(2)当南北方各国充分享受到了边干边学的好处时,在多样化产业上南北方国家产业分工的分界点为 $m = \left(\frac{W_{Nl}}{W_{Sl}}\right)^{1-\beta} \left(\frac{W_{Nh}}{W_{Sh}}\right)^{\beta} \left(\frac{h_{Sa}}{h_{Na}}\right)^{\alpha} - 1$:南方国家将生产产业 m 左边的产品,北方国家生产产业 m 右边的产品。(3)产业分工的临界点 m 一方面取决于各国要素成本,另一方面取决于各国的人力资本水平:南方国家的工资水平(要素成本)越低, m 越大;南方国家人力资本水平越高, m 越大。

证明:详见本章附录。

各国人力资本积累速度由方程(7-44)决定,而人力资本的积累会对南北两国的产业分工产生影响,因此本章有如下推论。

推论 1: (1)当 $g_{h_N} > g_{h_S}$ 时,北方国家的人力资本积累速度高于南方国家,北方国家多样化产品的生产成本相对于南方国家而言会越来越低, m 将越来越小,南方国家将会被逐步挤出多样化产品的生产。(2)当 $g_{h_N} = g_{h_S}$ 时,南北方国家人力资本积累速度相等, m 保持不变,南方国家所生产的多样化产品将保持不变;但是由于此时北方国家仍然不断地有新产品发明,南方国家所生产的多样化产品会被日益边缘化。(3)只有当 $g_{h_S} \geqslant (\xi/\alpha + 1) g_{h_N}$ 时, m 将不断增加,同时 $g_m \geqslant g_n$ 。

证明:参见本章附录。

| 第五节 |

短期与长期:贸易保护政策与人力资本政策

长期以来,人们在自由贸易和保护贸易问题上争论不休。保护贸易所带来的市场扭曲和福利损失一直为主张自由贸易的人所诟病,但是建立在收益递增和垄断竞争基础上的新贸易理论实际上潜在地支持保护贸易的贸易政策,有意识的政府干预能够使本国企业享受收益递增和规模经济的好处。即便有这样的理论支持,新贸易理论仍然无法解释20世纪50年代至80年代发展中国家内向型进口替代战略失败的现实。日本以及亚洲"四小龙"在经济起飞的过程中实际上同时采取了两种不同的贸易政策:一方面对国内市场采取严格的保护措施,扶植民族产业的发展;另一方面根据比较优势原则参与国际分工,鼓励出口。显然,对于自由贸易和保护贸易问题不可一概而论。

南方国家人力资本匮乏、非技能劳动力丰裕、劳动力成本低廉,这意味着南北方的要素禀赋实际上落在 R_SlM_S 区域甚至是 O_SlR_S 区域(见图7-2)。如果南方国家完全按照静态比较优势原则参与国际分工,南方国家将失去掌握核心技术,提升自己产业结构的机会:南方国家将永远停留在传统产业和低层次的多样化产品上,并且其已有的技术和产业会日益老化,将会被北方国家日新月异的技术进步边缘化。本章的论述表明南方国家不必要拘泥于传统的静态比较优势参与国际分工,南方国家可以利用自己劳动力成本低廉的优势努力进入多样化产品的生产,通过提高自己人力资本水平来获得多样化产品生产上的成本优势,逐步向更高级的产业过渡。这种产业政策和分工模式本身也是南方国家政府有意识干预的结果。

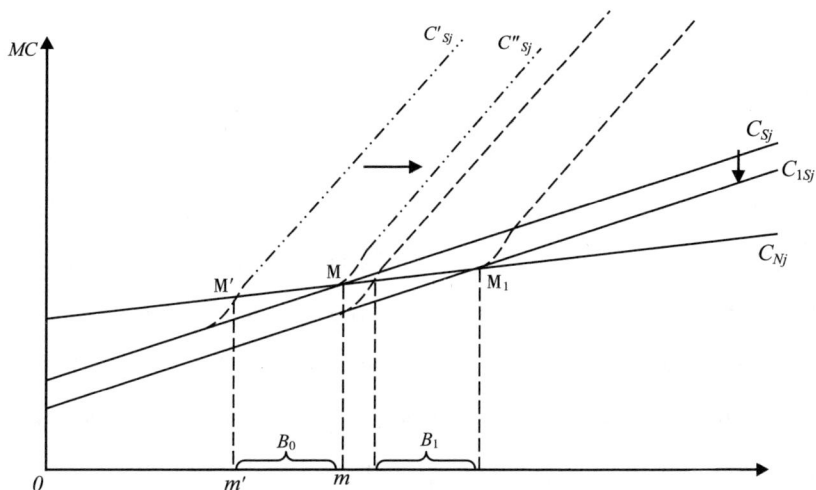

图7-5　南方国家的产业升级

　　在本章中,由于生产效率系数 b_{ij} 一方面取决于人力资本与非技能劳动力的比例,一方面也取决于过去的生产经验。这意味着政府仍然能够通过保护和扶植的办法使得本国企业获得边干边学的好处,获得成本上的竞争优势。本章命题2所界定的南北方产业分工的临界点 m 实际上是南北方充分享受到边干边学的好处之后所能决定的产业分工边界。在实际经济中,南方国家在产业发展的初期由于生产经验不足,生产成本高昂,将无法进入 m 所规定的产业。如图7-5, C'_{Sj} 为现实中南方国家的生产成本,而 C_{Sj} 为南方国家享受到了边干边学效应的生产成本。如果南方国家能够顺利获得边干边学所带来的成本优势,那么南北方产业分工将以 m 为界。遗憾的是,对于那些自己涉足不久或者根本没有涉足的新产业,南方国家由于缺乏生产经验,其生产成本相对较高,所以在现实中南方国家的生产成本遵循成本曲线 C'_{Sj} 。可以很清楚地看到,南北方国家的生产成本曲线交点为 M' ,其对应的产业为 m' 。很明显, $m' < m$ 。如果南方

国家政府采取贸易保护政策,通过保护使民族企业享受到边干边学所带来的好处,使南方国家生产成本向右平移到了 C''_{Sj} 的位置,那么南方国家能够进入比 m' 更先进、技术含量更高的产业,达到产业分工最大的边界 m。

但是保护贸易仅仅只是一种短期政策,因为在长期中边干边学效应并不是比较优势的核心决定因素。随着时间的推移,边干边学效应也会发挥到极限。即当 $t \to \infty$ 时, $k_{ij} = \bar{k}$。南方国家所能进入的产业将以 m 为边界。根据本章命题 2 我们知道南北方产业分工的边界 m 与生产经验无关。一味实行贸易保护并不能从根本上提升南方国家的产业结构,不能持续不断地使南方国家进入更新、更先进的产业。

根据本章命题 2 以及推论 1,我们知道产业边界 m 在根本上取决于南北方国家人力资本积累的相对速度。克鲁格曼(Krugman,1987)所说的移动的狭窄产业带(narrow moving band)的确存在,就是本章研究中的产业带 $B_0 = [m', m]$。但是产业带 B_0 本身的移动依赖于南方国家比北方国家更快速地人力资本积累:如图 7-5,如果南方国家能够比北方国家更快速地积累人力资本,那么南方国家的生产成本将移动到 C_{1Sj},南北方将按照 M_1 所对应的产业进行产业分工,而此时产业带 B_0 将移动到 B_1 的位置;如果南方国家人力资本积累的速度赶不上北方国家,那么南方国家将会被逐渐挤出多样化产品的生产。

本章一再强调人力资本才是构建动态比较优势的核心要素,贸易保护所带来的边干边学效应在长期并不能决定比较优势的消长。因此,贸易保护政策在短期是合理的,但是在长期却是不合理的。南方国家可以在短期中通过保护贸易政策进入某个战略性行业,但是单纯的贸易保护却不能使南方国家一劳永逸地占据这样的行业,如果不能够辅之以比较快的人力资本积累,南方国家最终将不得不退出。这也是 20 世纪 50 年代至 80 年代发展中国家内向型进口替代战略失败的根本原因。长期的保护容易滋生腐败,产生垄断和低效,使得市场扭曲成为常态,而这些保护的代价也轻而易举地抵消了保护所带来的好处。

既然人力资本积累是决定动态比较优势的核心要素,那么促进人力资本积累就应该成为发展中国家经济增长、提升自己产业结构的核心政策。由方程(7-44)可以知道,人力资本积累速度依赖于人力资本积累的效率系数 η_i。η_i 一方面取决于经济中重视教育、尊重知识和人才的社会传统和文化,另一方面也取决于教育基础设施的建设等其他因素。如果一个社会有重视知识和教育的文化传统,能够为科学技术和文化的发展创造比较好的条件和氛围,有比较齐全和完备的教育设施,那么经济中人力资本积累的效率也会比较高。而这样一种社会环境的营造很大程度上依赖于政府合理的政策和主观努力。由于北方国家人力资本还在不断积累,新产品还在不断被发明出来,新产业还在不断形成,南方国家所面临的国际竞争形势将更为严峻。根据本章命题 2 的推论,我们知道南方国家不断进入更高级的产业,提升自己的产业结构,并且逐步缩小同北方国家技术水平差异的条件为 $g_{h_s} \geq (\xi/\alpha + 1) g_{h_N}$。这意味着南方国家需要以更快的速度积累人力资本,意味着南方国家的政府需要做出更大的努力来改善本国人力资本积累的效率,即要求 $\eta_S \geq (\xi/\alpha + 1) \eta_N - \rho\xi/\alpha$。由于在本章中 η_S 是南方国家政府所能够影响的外生变量,所以南方国家如果想提升自己的产业结构、缩小同北方国家的差距,就必须花大力气提高自己人力资本积累的效率,增加教育投入、改善教育设施、培养尊重知识、重视教育的社会风气,从各个方面提高人力资本积累的效率。

| 第六节 |

结　论

本章在迪克希特和诺曼（Dixit 和 Norman，1980）、克鲁格曼（Krugman，1987）、格罗斯曼和赫尔普曼（Grossman 和 Helpman，1991）相关研究的基础上发展了一个以人力资本为核心的动态比较优势模型。和克鲁格曼（Krugman，1987）相同的是，本章认为过去的生产经验能够促进多样化产品生产效率的提高，但是来自生产经验的边干边学效应不是影响生产效率的唯一因素，更不是决定性因素，因为边干边学效应是有限的。与格罗斯曼和赫尔普曼（Grossman 和 Helpman，1991）不同的是，本章认为人力资本是技术进步的核心要素，也是动态比较优势的决定因素。在本章的模型中，人力资本一方面是一种生产要素，能够用来生产传统产品、多样化产品，也能够投入到研发部门开发新产品；另一方面人力资本具有很强的外部性，能够提高多样化产品的生产效率，也能够提高研发部门的效率。在本章中，人力资本这种外部性是动态比较优势的源泉。

利用迪克希特和诺曼（Dixit 和 Norman，1980）发展的一体化均衡的方法，本章描述了南北方产业分工模式，这一产业分工模式仍然由两国要素禀赋所决定。值得指出的是，要素禀赋的位置由两国人力资本积累的相对速度决定。当两国要素禀赋差异悬殊，FPE 将不可能实现，现实世界中发展中国家和发达国家巨大的工资收入差距也证实了这一点。即使是南方国家人力资本匮乏，劳动力成本低廉，南方国家仍然能够通过有意识的产业选择生产多样化产品和进行产品研发。这是因为由于一方面人力资本匮乏，南方国家在人力资本相对密集的多样化产品生产和 R&D 活动上存在着比较劣势;另一方面,由于劳动力成本低廉,南方国家却有能力利用自己劳动力成本优势进入多样化产品的生产。值得指出的是,这种选择依然根据的是比较优势的原则。

由于多样化产品的生产效率一方面受以前的生产经验影响,另一方面决定于各国人力资本水平。这意味着政府能够通过贸易保护政策扶持民族产业,进入那些以前无法进入的更先进的产业。但是来自历史经验的边干边学效应是有限的,所以单纯的贸易保护政策在长期中无法构建南方国家在先进产业的比较优势;如果没有较快的人力资本积累,贸易保护政策在长期来看则是完全无效的。这也是 20 世纪 50 年代至 80 年代发展中国家内向型进口替代战略普遍失败的根本原因。

至此本章回答了开始时提出的两个问题:(1)比较优势会随着时间的变化而动态演变,各国人力资本积累的消长是动态比较优势的决定因素。(2)各国仍然需要依据自己的比较优势来进行产业选择,人力资本政策应该成为各国产业政策的一部分甚至是核心部分。发展中国家如果想提升自己的产业结构,就必须加快人力资本积累,改进人力资本的积累效率,改善教育,使本国人力资本以高于北方国家的速度增长。只有这样发展中国家才有可能不断进入更新、更先进的产业,实现产业结构的升级,才能不断缩小同发达国家经济发展的差距。

附　录

一、对最优支出路径方程(7-3)的证明(Grossman 和 Helpman,1991)

引理 1:如果第 j 中多样化产品 x_j 的价格为 p_j,那么 1 单位多样化产品 $x(t) = \left[\int_{j \in n} x_j(t)^\sigma \mathrm{d}j \right]^{1/\sigma}$ 的价格为 $P_x = \left(\int_{j \in n} P_j(t)^{1-\varepsilon} \right)^{1/(1-\varepsilon)}$。(Krugman 和 Helpman,1985)

证明:消费者消费多样化产品 x_j,要求使得自己在多样化产品上支出能够最小化,即要求:

$$\min \int_{j \in n} P_j x_j \mathrm{d}j$$
$$\text{s.t.} \left(\int_{j \in n} x_j(t)^\sigma \mathrm{d}j \right)^{1/\sigma} = 1 \tag{7-48}$$

我们构建拉格朗日函数,得到

$$L = \int_{j \in n} P_j x_j \mathrm{d}j + \lambda \left[1 - \left(\int_{j \in n} x_j(t)^\sigma \mathrm{d}j \right)^{1/\sigma} \right]$$

由一阶条件我们得到 $P_j = \lambda \left(\int_{j \in n} x_j(t)^\sigma \mathrm{d}j \right)^{(1-\sigma)/\sigma} x_j(t)^{\sigma-1}$,代入约束条件 $\left(\int_{j \in n} x_j(t)^\sigma \mathrm{d}j \right)^{1/\sigma} = 1$,可以得到:

$$P_j = \lambda x_j(t)^{\sigma-1} \tag{7-49}$$

由方程(7-49)我们能够得到

$$x_j(t) = P_j^{1/(\sigma-1)} \lambda^{1/(1-\sigma)} \tag{7-50}$$

由方程(7-50)我们得到 $P_j x_j = \lambda^{1/(1-\sigma)} P_j^{\sigma/(\sigma-1)}$。对该表达式积分

得到

$$\int_{j \in n} P_j x_j \mathrm{d}j = \lambda^{1/(1-\sigma)} \int_{j \in n} P_j^{\sigma/(\sigma-1)} \mathrm{d}j \qquad (7-51)$$

将方程(7-50)代入约束条件 $\left(\int_{j \in n} x_j(t)^\sigma \mathrm{d}j \right)^{1/\sigma} = 1$ 能够得到

$$\lambda^{1/(1-\sigma)} = \left(\int_{j \in n} P_j^{\sigma/(\sigma-1)} \mathrm{d}j \right)^{-1/\sigma} \qquad (7-52)$$

将方程(7-52)代入方程(7-51)我们能够得到

$$P_x = \int_{j \in n} P_j x_j \mathrm{d}j = \left(\int_{j \in n} P_j^{1-\varepsilon} \mathrm{d}j \right)^{1/(1-\varepsilon)} \qquad (7-53)$$

即引理得证。

现在我们来证明最优支出路径(7-3)式。对于代表性消费者,他 t 时刻消费现值不能大于他 t 时刻的工资收入的现值,即消费者的优化问题为

$$\max U_t = \int_t^\infty e^{-\rho(\tau-t)} \left[s \log x(\tau) + (1-s) \log z(\tau) \right] \mathrm{d}\tau$$

$$\mathrm{st.} \int_t^\infty e^{-r(\tau-t)} \left(\int_{j \in n} P_j x_j \mathrm{d}j + P_z z \right) \mathrm{d}\tau \leqslant \int_t^\infty e^{-r(\tau-t)} (w_h h + w_l l) \, \mathrm{d}\tau$$

根据引理 1,我们知道 $\int_{j \in n} P_j x_j \mathrm{d}j = P_x x$,其中 $x(t) = \left[\int_{j \in n} x_j(t)^\sigma \mathrm{d}j \right]^{1/\sigma}$, $P_x = \left(\int_{j \in n} P_j(t)^{1-\varepsilon} \right)^{1/(1-\varepsilon)}$。这样我们可以把优化问题重新写为

$$\max U_t = \int_t^\infty e^{-\rho(\tau-t)} \left[s \log x(\tau) + (1-s) \log z(\tau) \right] \mathrm{d}\tau$$

$$\mathrm{s.t.} \int_t^\infty e^{-\gamma(\tau-t)} (P_x x + P_z z) \, \mathrm{d}\tau \leqslant \int_t^\infty e^{-r(\tau-t)} (w_h h + w_l l) \, \mathrm{d}\tau$$

$(7-54)$

构建拉格朗日函数

$$L = \int_t^\infty e^{-\rho(\tau-t)} \left[s \log x(\tau) + (1-s) \log z(\tau) \right] \mathrm{d}\tau + \lambda \big[B(t) +$$

$$\int_t^\infty e^{-\lambda(\tau-t)}(w_h h + w_l l)\,\mathrm{d}\tau - \int_t^\infty e^{-r(\tau-t)}(P_x x + P_z Z)\,\mathrm{d}\tau]\tag{7-55}$$

由一阶条件

$$s\,e^{-\rho(\tau-t)}/x(\tau) = \lambda\,e^{-r(\tau-t)}\,P_x(\tau)$$
$$(1-s)\,e^{-\rho(\tau-t)}/z(\tau) = \lambda\,e^{-r(\tau-t)}\,P_z(\tau)\tag{7-56}$$

我们得到

$$P_x(\tau)x(\tau) = s\,\lambda^{-1}\,e^{(r-\rho)(\tau-t)}$$
$$P_z(\tau)z(\tau) = (1-s)\,\lambda^{-1}\,e^{(r-\rho)(\tau-t)}\tag{7-57}$$

这意味着

$$\dot{P}_x/P_x + \dot{x}/x = r - \rho$$
$$\dot{P}_z/P_z + \dot{z}/z = r - \rho\tag{7-58}$$

由于效用函数采取柯布-道格拉斯的形式,消费者在多样化产品上的支出份额始终为 s,在传统产品上的支出份额为 $(1-s)$,即 $P_x x = sE$、$P_z z = (1-s)E$。方程(7-58)意味着消费者在多样化产品和传统产品上的支出始终维持相同的增长速度,显然总支出 E 的增长速度仍然维持恒定,即

$$\dot{E}/E = r - \rho\tag{7-59}$$

二、多样化产品 x_j 需求函数和需求弹性的推导(Dixit and Norman,1980)

由于效用函数采取柯布-道格拉斯的形式,因此我们很容易知道消费者在多样化产品 x 上的支出份额为 s,而在传统产品上的支出份额为 $(1-s)$,这样一来消费者在多样化产品上的优化问题就变为:

$$\max \log x(t) = \log \left[\int_{j \in n} x_j(t)^{\sigma} \mathrm{d}j \right]^{1/\sigma}$$

$$\text{s.t.} \int_{j \in n} P_j x_j \mathrm{d}j = sE = s \tag{7-60}$$

构建拉格朗日函数 $L = \left[\int_{j \in n} x_j(t)^{\sigma} \mathrm{d}j \right]^{1/\sigma} + \lambda \left(s - \int_{j \in n} P_j x_j \mathrm{d}j \right)$，根据一阶条件我们能够得到

$$x_j(t) = \lambda^{-1/(1-\sigma)} x(t) P_j^{-1/(1-\sigma)} \tag{7-61}$$

将表达式（7-61）代入约束条件

$$s = \int_{j \in n} P_j x_j \mathrm{d}j = \lambda^{-1/(1-\sigma)} x(t) \int_{j \in n} P_j^{-\sigma/(1-\sigma)} \mathrm{d}j$$

由此我们能够得到：

$$\lambda^{-1/(1-\sigma)} x(t) = \frac{s}{\int_{j \in n} P_j^{-\sigma/(1-\sigma)} \mathrm{d}j} = \frac{s}{\int_{j \in n} P_j^{1-\varepsilon} \mathrm{d}j} \tag{7-62}$$

将方程（7-62）代入方程（7-61），便有正文中方程（7-16）。

三、均衡 μ 值的证明

消费者最优化问题目标函数为方程（7-1），约束条件为正文方程（7-5）、方程（7-10）、方程（7-28）以及要素约束

$$l_z + \int_{j \in n} l_j \mathrm{d}j = \mu_P l$$

$$h_z + \int_{j \in n} h_j \mathrm{d}j = (1 - \mu) \mu_P h$$

其中 μ_P 代表在传统产品、多样化产品和 R&D 部门的要素投入中，用于生产传统产品和多样化产品所占的比例。

对于这一动态优化问题，将生产函数带入目标方程，很容易构建汉密尔顿函数

$$H = \{(1-s)[\log b_z + (1-\beta_z)\log l_z + \beta_z \log h_z] +$$

$$\frac{s}{\sigma}\log\Big[\int_{j\in n}(\varphi_j\, h_a^\alpha\, k_j^{1-\alpha}\, l_j^{1-\beta}\, h_j^\beta)^{\ \sigma}\mathrm{d}j\Big]\Big\} + \lambda_1\eta\mu h +$$

$$\lambda_2\Big(\mu_P l - l_z - \int_{j\in n} l_j\mathrm{d}j\Big) + \lambda_3\Big((1-\mu)\,\mu_P h - h_z - \int_{j\in n} h_j\mathrm{d}j\Big)$$

一阶条件为:

$$\frac{\partial H}{\partial \mu} = \lambda_1\eta h - \lambda_3\mu_P h = 0 \tag{7-63}$$

$$\frac{\partial H}{\partial h_z} = \frac{(1-s)\beta}{h_z} - \lambda_3 = 0 \tag{7-64}$$

$$\frac{\partial H}{\partial l_z} = \frac{(1-s)(1-\beta_z)}{l_z} - \lambda_2 = 0 \tag{7-65}$$

$$\frac{\partial H}{\partial h_j} = \frac{s\beta\,(\varphi_j\, h_a^\alpha\, k_j^{1-\alpha}\, l_j^{1-\beta}\, h_j^\beta)^{\ \sigma}\, h_j^{-1}}{\int_{j\in n}(\varphi_j\, h_a^\alpha\, k_j^{1-\alpha}\, l_j^{1-\beta}\, h_j^\beta)^{\ \sigma}\mathrm{d}j} - \lambda_3 = 0 \tag{7-66}$$

$$\frac{\partial H}{\partial l_j} = \frac{s(1-\beta)\,(\varphi_j\, h_a^\alpha\, k_j^{1-\alpha}\, l_j^{1-\beta}\, h_j^\beta)^{\ \sigma}\, l_j^{-1}}{\int_{j\in n}(\varphi_j\, h_a^\alpha\, k_j^{1-\alpha}\, l_j^{1-\beta}\, h_j^\beta)^{\ \sigma}\mathrm{d}j} - \lambda_2 = 0 \tag{7-67}$$

$$\lambda'_1 = \rho\lambda_1 - \frac{\partial H}{\partial h} = (\rho - \eta\mu)\lambda_1 - (1-\mu)\mu_P\lambda_3 \tag{7-68}$$

$$l_z + \int_{j\in n} l_j\mathrm{d}j = \mu_P l \tag{7-69}$$

$$h_z + \int_{j\in n} h_j\mathrm{d}j = (1-\mu)\mu_P h \tag{7-70}$$

由方程(7-63)得到

$$\lambda_3 = \lambda_1\eta/\mu_p \tag{7-71}$$

将方程(7-71)代入方程(7-68)得到

$$\lambda'_1/\lambda_1 = \rho - \eta \tag{7-72}$$

根据方程(7-64)能够知道 $g_{\lambda3} = -g_{hz}$,这意味着 $g_{\lambda1} = -g_{hz}$ 。由于在

均衡状态下,经济中投入到传统产业生产的人力资本比例保持不变,这样很容易推知 $g_{A1} = -g_h$ 。将方程(7-72)与人力资本积累方程(7-28)分别代入,本章能够得到在均衡状态下 $\mu = 1 - \rho/\eta$,同时均衡的人力资本增长为 $g_h^e = \eta - \rho$ 。即正文方程(7-30)与方程(7-31)得证。

四、命题 2 的证明

证明:南北各国生产多样化产品的成本由正文中方程(7-36)决定。当 $C_{Sj} = C_{Nj}$,容易得到

$$\Phi(j) = \left(\frac{w_{Nl}}{w_{Sl}}\right)^{1-\beta} \left(\frac{w_{Nh}}{w_{Sh}}\right)^{\beta} \left(\frac{h_{Sa}}{h_{Na}}\right)^{\alpha} \left(\frac{k_{Sj}}{k_{Nj}}\right)^{1-\alpha}$$

当 $t \to \infty$ 时, $k_{ij} \to \overline{k}$ 。所以上式可以化简为

$$\Phi(j) = \left(\frac{w_{Nl}}{w_{Sl}}\right)^{1-\beta} \left(\frac{w_{Nh}}{w_{Sh}}\right)^{\beta} \left(\frac{h_{Sa}}{h_{Na}}\right)^{\alpha}$$

上式实际上决定了南北两国在多样化产品上产业分工的临界点 m 。利用正文方程(7-38),得到正文中表达式(7-47)。

很明显,

$$\partial m/\partial w_{Nl} > 0, \partial m/\partial w_{Nh} > 0, \partial m/\partial w_{Sl} < 0, \partial m/\partial w_{Sh} < 0$$

$$\partial m/\partial h_{Sa} > 0, \partial m/\partial h_{Na} < 0$$

这意味着北方国家的要素成本越高,南方国家的要素成本越低,南方国家所能进入的产业也就越多;南方国家的人力资本水平越高,南方国家所能进入的产业也就越多。

五、推论 1 的证明

证明:推论 1 的第(1)和(2)两点的证明非常显然,在此从略。现在我们证明第(3)点。

根据正文中方程(7-47)本章能够得到 $g_{m+1} = \alpha(g_{h_s} - g_{h_N})$ ，当 m 比较大时，我们有关系 $g_m \approx g_{m+1}$ ，即

$$g_m \approx \alpha(g_{h_s} - g_{h_N}) \tag{7-73}$$

如果我们要求 $g_m > g_n$ ，则必须要求 $a(g_{h_s} - g_{h_N}) > g_n$ 。根据正文中方程(7-43)我们知道 $g_{h_N} = g_n/\xi$ ，替换掉上式中的 g_n ，我们便得到了 $g_{h_s} \geq (\xi/\alpha + 1) g_{h_N}$ 。

参考文献

1．安格斯·麦迪森：《世界经济千年史》，中译本，北京大学出版社 2003 年版。

2．艾德荣：《职权结构、产权和经济停滞：中国的案例》，《经济学（季刊）》2005 年第 4 卷第 2 期。

3．陈昆亭、周炎：《富国之路：长期经济增长的一致理论》，《经济研究》2008 年第 2 期。

4．陈雪筠：《上海近代社会经济发展概况（1882—1931）：〈海关十年报告〉译编》，上海社会科学院出版社 1985 年版。

5．陈振汉：《技术引进与晚清新式军用工业》，《经济科学》1979 年第 1 期。

6．程惠芳：《国际直接投资与开放型内生经济增长》，《经济研究》2002 年第 10 期。

7．代谦：《FDI、人力资本积累与经济增长》，第四届中国经济学年会论文，2004 年。

8．代谦、李唐：《比较优势与落后国家的二元技术进步：以近代中国产业发展为例》，《经济研究》2009 年第 3 期。

9．戴鞍钢：《口岸城市与周边地区近代交通邮电业的架构——以上海和长江三角洲为中心》，《复旦大学学报》（哲学社科版）2007 年第 1 期。

10．方显廷：《天津之粮食及磨房业》，《经济统计季刊》1933 年第 2 卷第 4 期。

11．方显廷：《中国之棉纺织业》，商务印书馆 1934 年版。

12．[德]贡德·弗兰克：《白银资本：重视经济全球化中的东方》，刘北成译，中央编译出版社 2005 年版。

13．郭金彬、李涛：《中国古代口述科技思想的传承方式》，《自然辩证法通讯》2007 年第 2 期。

14．何新:《中西学术差异———一个比较文化史研究的尝试》,《自然辩证法通讯》1983 年第 2 期。

15．侯家驹:《中国经济史》,新星出版社 2008 年版。

16．黄冕堂:《中国历代物价问题考述》,齐鲁书社 2008 年版。

17．黄仁宇:《中国大历史》,生活・读书・新知三联书店 1997 年版。

18．黄世瑞:《略论中国科技史研究中史料考据的几个问题》,《自然辩证法通讯》2002 年第 6 期。

19．江锦凡:《外国直接投资在中国经济增长中的作用机制》,《世界经济》2004年第 1 期,第 3—10 页。

20．江小涓:《跨国投资、市场结构与外商投资企业的竞争行为》,《经济研究》2002 年第 9 期,第 31—38 页。

21．金观涛、樊洪业、刘青峰:《历史上的科学技术结构——试论十七世纪之后中国科学技术落后于西方的原因》,《自然辩证法通讯》1982 年第 5 期。

22．金观涛、樊洪业、刘青峰:《科学技术结构的历史变迁——二论十七世纪之后中国科学技术落后于西方的原因》,《自然辩证法通讯》1983 年第 2 期。

23．李伯重:《江南的早期工业化(1550~1850 年)》,社会科学文献出版社 2000年版。

24．李嘉图:《政治经济学及赋税原理》,商务印书馆 1962 年版。

25．李斯特:《政治经济学的国民体系》,商务印书馆 1961 年版。

26．李婷婷、朱亚宗:《中国火器落后于西方的时间节点及原因初探》,《自然辩证法通讯》2009 年第 2 期。

27．梁宗巨:《中国数学落后的历史原因分析》,《自然辩证法通讯》1983 年第2 期。

28．林毅夫:《发展战略、自生能力和经济收敛》,《经济学(季刊)》2002 年第 1 卷第 2 期。

29．林毅夫:《李约瑟之谜、韦伯疑问和中国的奇迹:自宋以来的长期经济发展》,北京大学中国经济研究中心工作论文 2007 年,No.C2006019。

30．林毅夫、蔡昉、李周:《中国奇迹:发展战略和经济改革》(增订版),上海人民出版社 1999 年版。

31．林毅夫、张鹏飞:《后发优势、技术引进和落后国家的经济增长》,《经济学(季刊)》2005 年第 5 卷第 1 期。

32．卢荻:《外商投资与中国经济发展》,《经济研究》2003 年第 9 期。

33．《刘忠诚公遗集》,奏疏,卷 17。

34．《李文忠公全集》,奏稿,卷 43,第一档案馆 1980 年影印版。

35．麦仲华：《皇朝经世文新编》,卷 13(上),第 15 页。

36．宓汝成：《铁路史事概述》,"中国经济史论坛",2004 年 10 月 24 日,见 http://economy.guoxue.com/article.php/2873。

37．潘士远、史晋川：《内生增长理论：一个文献综述》,《经济学(季刊)》2002 年第 1 卷第 4 期。

38．潘士远、史晋川：《知识吸收能力与内生经济增长》,《数量经济与技术经济研究》2002 年第 11 期。

39．彭凯翔、陈志武、袁为鹏：《近代中国农村借贷市场的机制——基于民间文书的研究》,《经济研究》2008 年第 5 期。

40．[美]彭慕兰：《大分流：欧洲、中国及现代世界经济的发展》,史建云译,江苏人民出版社 2003 年版。

41．彭南生：《传统工业的发展与中国近代工业化道路选择》,《史学月刊》2002 年第 2 期。

42．彭南生：《半工业化：近代乡村手工业发展进程的一种描述》,《史学月刊》2003 年第 7 期。

43．彭南生：《半工业化：近代中国乡村手工业发展与社会变迁》,中华书局 2007 年版。

44．彭信威：《中国货币史》,上海人民出版社 2007 年版。

45．彭泽益：《中国近代手工业史资料(1840—1949)》(第 2 卷),三联书店 1957 年版。

46．彭泽益：《中国近代手工业史资料(1840—1949)》(修订版,第 1~3 卷),中华书局 1962 年版。

47．皮建才：《李约瑟之谜的解释：我们到底站在哪里？——与文贯中、张宇燕、艾德荣等商榷》,《经济学(季刊)》2006 年第 6 卷第 1 期。

48．丘亮辉：《中国近代冶金技术落后原因初探》,《自然辩证法通讯》1983 年第 4 期。

49．上海市粮食局：《中国近代面粉工业史》,中华书局 1980 年版。

50．沈坤荣、耿强：《外国直接投资、技术外溢与内生经济增长：中国数据的计量检验和实证分析》,《中国社会科学》2001 年第 5 期。

51．沈岩：《略论马尾船政文化》,《光明日报》2006 年 4 月 26 日。

52．史建云：《真是"硬伤"吗——黄宗智和彭慕兰之争的一个小问题》,《历史研究》2004 年第 4 期。

53．[美]斯塔夫里阿诺斯：《全球通史：1500 年以后的世界》,中译本,上海社会科学院出版社 1999 年版。

54．孙毓棠：《中国近代工业史资料》第一辑（下），北京科学出版社 1957 年版，第 964 页。

55．薮内清：《北宋时代科学技术的发展》，《科学与哲学》1984 年第 1 期。

56．谭崇台主编：《发展经济学》，山西经济出版社 2001 年版。

57．谭崇台主编：《西方经济发展思想史》，武汉大学出版社 1993 年版。

58．汪崇筼：《清代徽州土地与商业投资回报率的比较》，《清史研究》2006 年第 1 期。

59．汪敬虞编：《中国近代工业史资料（第二辑：1895—1914 年）》（下册），科学出版社 1957 年版。

60．汪敬虞：《中国近代经济史：1895—1927》，人民出版社 2000 年版。

61．汪敬虞：《中国资本主义的发展和不发展——中国近代经济史中心线索问题研究》，经济管理出版社 2007 年版。

62．王子建：《中国土布业之前途》，载于千家驹编：《中国农村经济论文集》，中华书局 1936 年版。

63．魏后凯：《外商直接投资对中国区域经济增长的影响》，《经济研究》2002 年第 4 期。

64．魏际纲：《中日近代运输业发展的比较制度分析：以轮船运输为例》，《世界经济》2004 年第 2 期。

65．文贯中：《中国的疆域变化与走出农本社会的冲动：李约瑟之谜的经济地理学解析》，《经济学（季刊）》2005 年第 4 卷第 2 期。

66．吴承明：《我国手工棉纺织业为什么长期停留在家庭手工业阶段?》，《文史哲》1983 年第 1 期。

67．吴承明：《论工场手工业》，《中国经济史研究》1993 年第 4 期。

68．吴鸿雅：《朱载育新法密率的人文理解研究》，《自然辩证法通讯》2006 年第 2 期。

69．吴知：《乡村织布工业的一个研究》，商务印书馆 1936 年版。

70．武剑：《外商直接投资的区域分布及其经济增长效应》，《经济研究》2002 年第 4 期。

71．徐泰来：《洋务运动新论》，湖南人民出版社 1986 年版。

72．徐新吾：《近代江南丝绸工业史》，上海社会科学院出版社 1991 年版。

73．徐新吾：《江南土布史》，上海社会科学院出版社 1992 年版。

74．许涤新、吴承明：《中国资本主义发展史》（第二卷），人民出版社 2003 年版。

75．亚当·斯密：《国民财富的性质和原因的研究》，商务印书馆 1972 年版。

76．严中平：《中国棉纺织史稿：1289——1937》，科学出版社 1955 年版。

77．杨小凯、张永生：《新贸易理论、比较利益理论及其经验研究的新成果：文献综述》，《经济学（季刊）》2001 年第 1 卷第 1 期。

78．姚洋：《高水平陷阱——李约瑟之谜再考查》，《经济研究》2003 年第 1 期。

79．张功耀：《也谈"靖康之变"在科学史上的意义——与薮内清先生商榷》，《自然辩证法通讯》1989 年第 4 期。

80．张继煦：《张文襄公治鄂记》，湖北通史馆 1947 年版。

81．张宇燕、高程：《海外白银、初始制度条件与东方世界的停滞——关于晚明中国何以"错过"经济起飞历史机遇的猜想》，《经济学（季刊）》2005 年第 4 卷第 2 期。

82．赵冈、陈钟毅：《中国棉业史》，台湾联经出版事业公司 1977 年版。

83．赵冈、陈钟毅：《中国棉纺织史》，中国农业出版社 1997 年版。

84．朱新予：《浙江丝绸史》，浙江人民出版社 1985 年版。

85．朱荫贵：《近代交通运输与晚清商业的演变》，《近代史学刊》2001 年第 1 辑，华中师范大学出版社。

86．邹薇、代谦：《产品周期与南北贸易》，《世界经济》2004 年第 10 期。

87．邹薇、代谦：《技术模仿、人力资本积累与经济赶超》，《中国社会科学》2003 年第 10 期。

88．《周止庵先生别传》，暨南大学 1937 年影印版。

89．Acemoglu, D., Aghion, P., and Zilibotti, F., "Distance to Frontier, Selection, and Economic Gowth", *Journal of the European Economic Association*, vol.4, issue 1, 2006, pp. 37-74.

90．Acemoglu, Daron and Fabrizio Zilibotti, "Productivity Differences", *Quarterly Journal of Economics*, vol.116(2), 2001, pp.563-606.

91．Acemoglu, Daron, "Why Do New Technologies Complement Skills? Directed Technical Change and Wage Inequality", *Quarterly Journal of Economics*, 113, 4, 1998, pp. 1055-1089.

92．Acemoglu, Daron, Simon Johnson, and James Robinson, "Institutions as the Fundamental Cause of Long-Run Growth", in *The Handbook of Economic Growth*, Philippe Aghion and Steven Durlauf(eds.), Amsterdam: North-Holland. Vol.1, 2005, pp.385-472.

93．Afonso and Alvaro Aguiar, "North-South Diffusion of a General Purpose Technology", CEMPRE, Faculdade de Economia, Universidade do Porto, Mimeo, 2005.

94．Aghion, P. and P. Howitt, "A Model of Growth through Creative Destruction", *Econometrica*, 60, 1992, pp.323-352.

95．Aghion, P. and P. Howitt, *Endogenous Growth Theory*, Cambrige, MA: The MIT

Press, 1999.

96 . Aitken, Brian and Ann E. Harrison, "Do Domestic Firm Benefit form Direct Foreign Investment? Evidence from Venezuela", *American Economic Review*, 89, 3, 1999, pp. 605-618.

97 . Alfaro, Laura, Areendam Chanda, Sebnem Kalemli-Ozcan, and Selin Sayek, "FDI and Economic Growth: the Role of Local Financial Market", *Journal of International Economics*, 64, 2004, pp.89-112.

98 . Anthony, Tang, "China's Agricultural Legacy", *Economic Development and Cultural Change*, 28(1), 1979, pp.1-22.

99 . Arkinson, Anthony B. and Joseph E. Stiglitz, "A new View of Technological Change", *Economic Journal*, LXXXIX, 1969, pp.573-578.

100 . Arrow, K., "The Economic Implication of Leaning by Doing", *Review of Economic Studies*, Vol, 29(3), 1962.

101 . Azariadis, Costas and Allan Drazen, "Threshold Externalities in Economic Development", *Quarterly Journal of Economics*, 105(2), 1990, pp.501-526.

102 . Balassa, Bela, "The Changing Pattern of Comparative Advantage in Manufactured Goods". *Review of Economics & Statistics*, 61(2), 1979, pp.259-266.

103 . Balasubramanyam, Venkataraman N., Mohammed A. Salisu and David Sapsford, "Foreign Direct Investment and Growth in EP and IS Countries", *Economic Journal*, 106, 1996, pp.92-105.

104 . Baldwin, Richard E. and Rikard Forslid, "Trade Liberalisation and Endogenous Growth: A q-Thoery Approach", *Journal of International Economics*, 50, 2000, pp.497-517.

105 . Barro, R., and Jong-Wha Lee, "International Data on Educational Attainment: Updates and Implications", NBER Working Paper No.7911, 2000.

106 . Barro, R. and Sala-I-Martin, X., "Convergence", *Journal of Political Economy*, vol.100, 1992, pp.223-251.

107 . Barro, R. and Sala-I-Martin, X., *Economic Growth*, McGrwa-Hill, Inc., 1995.

108 . Barro, R. and X. Sala-I-Martin, "Public Finance in Models of Economic Growth", *Review of Economic Studies*, 59(4), 1992a, pp.645-661.

109 . Barro, R. and X. Sala-I-Martin, "Technological Diffusion, Convergence, and Growth", *Journal of Economic Growth*, 2, 1997, pp.1-27.

110 . Barro, R., "Government Spending in a Simple Model of Endogenous Growth", *Journal of Political Economy*, 98(5), 1990, s103-s125.

111 . Barro, R.J. and J.W. Lee, "International Comparisons of Educational Attainment",

Journal of Monetary Economics, 32, 1993, pp.363-394.

112 . Barro, R. J. and J. W. Lee, "International Measures of Schooling Years and Schooling Quality," *American Economic Review*, 86(2), 1996, pp.218-223.

113 . Barro, R.J.and J.W.Lee, "International Data on Educational attainment: Updates and Implications", CID Working Paper No.42, April, 2000.

114 . Basu, Susanto, and David N.Weil, "Appropriate Technology and Growth", *Quarterly Journal of Economics*, vol.113, 1998, pp.1025-1054.

115 . Baumol, William J., "Productivity Growth, Convergence and Welfare: What the Long Run Data Show", *American Economic Review*, vol.76, 1986, pp.1072-1085.

116 . Bayoumi, T., Coe, D. and E. Helpman, "R&D Spillovers and Global Growth", NBER Working Paper No.5628, 1996.

117 . Becker, Gary S.and Robert J.Barro, "A Reformulation of the Economic Theory of Fertility", *Quarterly Journal of Economics*, 103(1), 1988, pp.1-25.

118 . Becker, Gary S., *Human Capital: A Theoretical and Empirical Analysis*, *with Special Reference to Education*, The University of Chicago Press, 3rd edition, 1993.

119 . Becker, Gary S., Kevin M. Murphy and Robert Tamura, "Human Capital, Fertility, and Economic Growth", *Journal of Political Economy*, 98(5), 1990, s12-s37.

120 . Becker, Gary S., *The Economic Approach to Human Behavior*, The University of Chicago Press, 1976.

121 . Ben-David, Dan and Michael B.Loewy, "Free Trade, Growth, and Convergence", *Journal of Economic Growth*, 3, 1998, pp.143-170.

122 . Ben-David, Dan, "Equalizing Exchange: Trade Liberalization and Income Convergence", *Quarterly Journal of Economics*, 108, 1993, pp.653-679.

123 . Benhabib, J.and R.Perli, "Uniqueness and Indeterminacy: On the Dynamics of Endogenous Growth", *Journal of Economic Theory*, 63, 1994, pp.113-142.

124 . Ben-Zvi, Shmuel and Elhanan Helpman, "Oligopoly in Segmented Markets", in Gene Grossman eds., *Imperfect Competition and International Trade*, the MIT Press, 1992.

125 . Berman, Eli, John Bound, and Stephen Machin, "Implications of Skill-biased Technological Change: International Evidence", *Quarterly Journal of Economics*, 113(4), 1998, pp.1245-1279.

126 . Bernheim, Douglas and Michael D.Whiston, "Multimarket Contact and Collusive Behavior", *Rand Journal of Economics*, 21, 1990, pp.1-26.

127 . Besedeš, Tibor and Prusa, J. Thomas. "On the Duration of Trade", NBER Working Paper No.9936, 2003.

128 . Bhagwati,J.N. ,"Immiserizing Growth:a Geometric Note",*the Review of Economic Studies*,25(3) ,1958,pp.201-205.

129 . Blomström, Magnus and Fredrik Sjoholm, "Technology Transfer and Spillovers: Does Local Participation with Multinationals Matter?" *European Economic Review*, 43, 1999,pp.915-923.

130 . Blomstrom, Magnus and Jian-Ye Wang, "Foreign Investment and Technology Transfer:A Simple Model",*European Economic Review*,36,1992,pp.137-155.

131 . Bloom,D. ,D.Canning,and J.Sevilla,"Technological Diffusion,Conditional Convergence and Economic Growth",NBER Working Paper,No.8713,2002.

132 . Boldrin,M. and A.Rustichini,"Growth and Indeterminacy in Dynamic Models with Externalities",*Econometrica*,62,1994,pp.323-342.

133 . Bond,E.W. ,P.Wang and C.K.Yip,"A General Two Sector Model of Endogenous Growth with Human and Physical Capital",*Journal of Economic Theory*,68,1996,pp.149-173.

134 . Bond, Eric W. , Kathleen Trask, and Ping Wang, "Factor Accumulation and Trade:Dynamic Comparative Advantage with Endogenous Physical and Human Capital",*International Economic Review*,44(3) ,2003,pp.1041-1060.

135 . Borensztein, E. , J. De Gregorio and J-W Lee, "How does Foreign Direct Investment Affect Economic Growth",*Journal of International Economics*,45,1998,pp.115-135.

136 . Brander,James A.and Paul R.Krugman,"A 'Reciprocal Dumping' Model of International Trade",*Journal of International Economics*,15,1983,pp.313-323.

137 . Bresnahan,Timothy F.and Manuel Trajtenberg,"General Purpose Technologies: engines of growth?" *Journal of Econometrics*,65,1995,pp.83-108.

138 . Brezis, E. , P. Krugman and D. Tsiddon, "Leapfrogging in International Competition:A Theory of Cycles in National Technological Leadership",*American Economic Review*, 83,1993,pp.1211-1219.

139 . Brezis,Elise P.and Daniel Tisddon,"Economic Growth,Leadership and Capital Flows:the Leapfrogging Effect",*Journal of International Trade & Economic Dynamics*,7 (3) ,1998,pp.261-277.

140 . Brezis,Elise S. ,Krugman,Paul R. ,and Tsiddon,Daniel,"Leapfrogging in International Competition:A Theory of Cycles in National Technological Leadership",*American Economic Review*, vol.83,1993,pp.1211-1219.

141 . Caballe J.and M.S.Santos,"On Endogenous Growth with Physical and Human

Capital", *Journal of Political Economy*, 101, 1993, pp.1042-1067.

142 . Chao Kang, *Man and Land in Chinese History: An Economic Analysis*, Stanford, California: Stanford University Press, 1986.

143 . Coe, T.David.and Helpman, E., "International R&D Spillovers", *European Economic Review*, 39(5), 1995, pp.859-887.

144 . Coe, T. David., Helpman, E. and Hoffmaister, W. Alexandar, "North-South R&D Spillovers", *Economic Journal*, 107, 440, 1997, pp.134-149.

145 . Crafts, Nicholas, "Steam as a General Purpose Technology: A Growth Accounting Perspective", *Economic Journal*, 114, 2004, pp.338-351.

146 . David, Paul, "Knowledge, Property, and the Systems Dynamics of Technological Change", in *Proceedings of the World Bank Annual Conference on Development Economics 1992*, Larry Summers and Anwar Shah(eds.), 1992, pp.215-248.

147 . De Gregorio, J., "Economic Growth in Latin America", *Journal of Development Economics*, 39, 1992, pp.59-83.

148 . Deardoff, Alan V., "Local Comparative Advantage", School of Public Policy/Department of Economics, University of Michigan, RSIE Discussion Paper No.500, 2004.

149 . Deardoff, Alan V., "The General Validity of the Law of Comparative Advantage", *Journal of Political Economy*, 88, 5, 1980, pp.941-957.

150 . Deardoff, Alan V., "Weak Links in the Chain of Comparative Advantage", *Journal of International Economics*, 9, 1979, pp.197-209.

151 . Desmet, Klaus, "A Simple Dynamic Model of Uneven Development and Overtaking", *Economic Journal*, Vol.112, 2002, pp.894-918.

152 . Diamond, Jared, *Guns, Germs and Steel: The Fates of Human Societies*, New York and London: W.W.Norton & Company, 1997.

153 . Diao, Xinshen; Terry Roe and Erinc Yeldan, "Strategic Policies and Growth: An Applied Model of R&D-Driven Endogenous Growth", *Journal of Development Economics*, 60, 1999, pp.343-380.

154 . Diwan, I. and D. Rodrik, "Patents, Appropriate Technology, and North-South Trade", *Journal of International Economics*, 30, 1991, pp.27-47.

155 . Dixit, A.K.and J.E.Stiglitz, "Monopolistic Competition and Optimum Product Diversity", *American Economic Review*, 67, 1977, pp.297-308.

156 . Dixit, A. K. and V. Norman, *Theory of International Trade*, Cambridge University Press, 1980.

157 . Doepke, Matthias, "Accounting for Fertility Decline During the Transition to

Growth", *Journal of Economic Growth*, 9(3), 2004, pp.347–383.

158. Dollar, D., "Technological Innovation, Capital Mobility, and the Product in the North-South Trade", *American Economic Review*, 76, 1986, pp.177–190.

159. Dornbusch R., Fischer S. and Samuelson P. A., "Comparative Advantage, Trade, and Payments in a Ricardian Model with a Continuum of Goods", *American Economic Review*, 47(5), 1977.

160. Eaton, J. and S. Kortum, "International Patenting and Technology Diffusion", NBER Working Paper No.4931, 1994.

161. Eaton, Jonathan and Samuel Kortum, "Engines of Growth: Domestic and Foreign Sources of Innovation", NBER Working Paper No.5207, 1995.

162. Edwards, Sebastian, "Openness, Productivity and Growth: What Do We Really Know?", *Economic Journal*, 108, 1998, pp.383–398.

163. Elvin, Mark, *The Pattern of the Chinese Past*, Stanford, California: Stanford University Press, 1973.

164. Engerman, S. and Sokoloff, K. L. "Institutions, Factor Endowments, and Paths of Development in the New World", *Journal of Economic Perspectives*, 14, 2000, pp.217–232.

165. Ethier, W.J., "National and International Returns to Scale in the Modern Theory of International Trade", *American Economic Review*, 72, 1982, pp.389–405.

166. Ethier, Wilfred J. and James R. Markusen, "Multinational Firms, Technology Diffusion and Trade", *Journal of International Economics*, 41, 1996, pp.1–28.

167. Erikson and Lindh, "Growth Cycles with Technology Shifts and Externalities", *Economic Modelling*, 17, 2000, pp.139–170.

168. Feenstra, C. R. and Rose, K. A., "Putting Things in Order: Trade Dynamics and Product Cycles", *Review of Economics and Statistics*, 82, 2000, pp.369–82.

169. Feenstra, Robert, "Trade and Uneven Growth", *Journal of Development Economics*, 49, 1996, pp.229–256.

170. Feenstra, Robert, *Advanced International Trade: Theory and Evidence*, Princeton University Press, 2004.

171. Findlay, R. and Henryk Kierzhowski, "International Trade and Human Capital", *Journal of Political Economy*, 91, 6, 1983, pp.957–978.

172. Findlay, R., "Factor Proportions and Comparative Advantage in the Long Run", *Journal of Political Economy*, 78, 1, 1970, pp.27–34.

173. Findlay, Ronald, "Growth and Development in Trade Models", in *The Handbook of International Economics*, edited by Jones, Ronald W. and Peter B. Kenen, The

Netherlands,Elsevier Science Vol.1,1984.

174 . Findlay, Ronald, "Relative Backwardness, Direct Foreign Investment and the Transfer of Technology: A Simple Dynamic Model", *Quarterly Journal of Economics*, 92. 1978,pp.1-16.

175 . Flam,Harry and Helpman,E. , "Vertical Product Differentiation and North-South Trade", *American Economic Review*,77,1987,pp.810-822.

176 . Fosfuri,Andrea,Massimo Motta and Thomas Rønde, "Foreign Direct Investment and Spillovers Through Workers' Mmobility", *Journal of International Economics*,53,2001, pp.205-222.

177 . Frankel,Jeffrey and Romer,David, "Does Trade Cause Growth?", *American Economic Review*,89(3),1999,pp.379-399.

178 . Gagnon E.Joseph and Rose, K.Andrew, "Dynamic Persistence of Industry Trade Balances:How Pervasive is the Product Cycle?" *Oxford Economic Papers*, 47, 1995, pp. 229-248.

179 . Galor,Oded and Omer Moav, "Natural Selection and the Origin of Economic Growth", *Quarterly Journal of Economics*,117(4),2002,pp.1133-1192.

180 . Galor,Oded and Omer Moav, "From Physical to Human Capital:Inequality in the Process of Development", *Review of Economic Studies*,71(4),2004,pp.1001-1026.

181 . Galor,Oded, "From Stagnation to Growth:Unified Growth Theory", in *The Handbook of Economic Growth*, Philippe Aghion and Steven Durlauf(eds.), Amsterdam: North-Holland.Vol.1,2005,pp.171-293.

182 . Galor,Oded,and David N.Weil, "Population,Technology and Growth:From Malthusian Stagnation to the Demographic Transition and Beyond", *American Economic Review*, 90(4),2000,pp.806-828.

183 . Galor,Oded,Omer Moav and Dietrich Vollrath, "Inequality in Landownership, the Emergence of Human-Capital Promoting Institutions,and the Great Divergence", *Review of Economic Studies*,76(1),2009,pp.143-179.

184 . Gerschenkrou, Alexander, *Economic Backwardness in Historical Perspective*, Harvard University Press,1962.

185 . Glaeser,Edward L.and Andrei Shleifer, "Legal Origins", *Quarterly Journal of Economics*,117(4),2002,pp.1193-1229.

186 . Glass, Amy Jocelyn and Kamal Saggi, "International Technology Transfer and the Technology Gap", *Journal of Development Economics*,55,1998,pp.369-398.

187 . Glass,J.Amy, "Product cycles and Market Penetration", *International Economic*

Review, 38,1997,pp.865-891.

188 . Griffith,R., Redding,S., Reenen,J.V., "Mapping the Two Faces of R&D:Productivity Growth in a Panel of OECD Industries",*Review of Economics and Ststistics*,86,pp. 883-895,2004.

189 . Grossman,G.and E.Helpman,"Product Development and International Trade", *Journal of Political Economy*, 97,6,1989,pp.1261-1283.

190 . Grossman,G.and E.Helpman,"Comparative Advantage and Long-Run Growth", *American Economic Review*,80(4),1990,pp.796-815.

191 . Grossman,G.and E.Helpman,*Innovation and Growth in the Globe Economy*,Cambridge:the MIT Press,1991.

192 . Grossman,G.and E.Helpman,"Quality Ladders in the Theory of Growth",*Review of Economic Studies*,58,1991,pp.43-61.

193 . Grossman,G.and E.Helpman,"Endogenous Product Cycles", *Economic Journal*, 101,1991,pp.1214-1229.

194 . Grossman,G.and E.Helpman,"Quality Ladders and Product Cycles",*Quarterly Journal of Economics*,106,1991,pp.557-586.

195 . Grossman,G.and E.Helpman,"Trade,Knowledge Spillovers,and Growth",*European Economic Review*,35,1991,pp.517-526.

196 . Grossman, G. eds., *Imperfect Competition and International Trade*, the MIT Press,1992.

197 . Grossman,G.and E.Helpman,"Endogenous Innovation in the Theory of Growth", NBER Working Paper No.4527,1993.

198 . Grossman,G.and E.Helpman,"Technology and Trade", in *The Handbook of International Economic*, G.Grossman and K.Rogoff(eds.),The Netherlands:Elsevier Science, Vol3,1995.

199 . Grossman, G. and K. Rogoff eds., in *The Handbook of International Economic*, Netherlands:Elsevier Science,Vol.3,1995.

200 . Harrison,Ann,"Openness and Growth:A Time-series,Cross-country Analysis for Developing Countries",*Journal of Development Economics*,48,1996,pp.419-447.

201 . Haskel,J.E.,"Does Inward Foreign Direct Investmen Boost Productivity of Domestic Firms?",*The Review Economic and Statistics*,89(3),2007,pp.482-496.

202 . Heckman,James J.,"China's Investment in Human Capital,"*Economic Development and Culture Change*,2003,pp.795-804.

203 . Heckscher,Eli F.,"*The Effect of Foreign Trade on the Distribution of Income*"(in

Swedish), Ekonomisk Tidskrift, 1919; reprinted in *"Readings in the Theory of International Trade"*, Homewood IL: Irwin, 1950.

204 . Helpman, Elhanan, " International Trade in the Presence of Product Differentiation Economies of Scale, and Monopolistic Competition: A Chamberlin-Heckscher-Ohlin Approach", *Journal of International Economics*, 11, 1981, pp.305-340.

205 . Helpman, Elhanan, Marc J. Melitz and Stephen R. Yeaple, "Export versus FDI", *American Economic Review*, 94(1), 2004.

206 . Helpman, E. and Manuel Trajtenberg, " A Time to Sow and a Time to Reap: Growth Based on General Purpose Technologies", in *General Purpose Technologies and Economic Growth*, E. Helpman, ed., Cambridge, MA: MIT Press.1998a, pp.55-83.

207 . Helpman, E. and Manuel Trajtenberg, "Diffusion of General Purpose Technologies", in *General Purpose Technologies and Economic Growth*, E. Helpman, ed., Cambridge, MA: MIT Press.1998b, pp.85-120.

208 . Hibbs, Douglas A. and Ola Olsson, "Biogeography and Long-Run Economic Development", *European Economic Review*, 49(4), 2005, pp.909-938.

209 . Hirschman, Albert, *Market Structure and Foreign Trade*, New Haven, CT: Yale University Press, 1958.

210 . Jones, Eric, *The European Miracle: Environments, Economies and Geopolitics in the History of Europe and Asia*, Cambridge: Cambridge University Press, 1981.

211 . Jones, Ronald W. and Peter B. Kenen (eds.), *The Handbook of International Economics*, The Netherlands, Elsevier Science, Vol.1, 1984.

212 . Jones, Ronald W., " Comparative Advantage and the Theory of Tariffs: A Multi-Country, Multi-Commodity Model", *Review of Economic Studies*, 28(3), 1961, pp.161-175.

213 . Jorgenson, Dale W., "Information Technology and U.S.Economy", *American Economic Review*, 91, 2001, pp.1-32.

214 . Jovanovic, Boyan, and Peter L. Rousseau, " General Purpose Technologies ", in *Handbook of Economic Growth*, Philippe Aghion and Steven Durlauf, ed., Amsterdam, the Netherlands: ELSEVIER Science.Ch.18, 2005, .

215 . Keller, Wolfgang, "Absorptive Capacity: On the Creation and Acquisition of Technology in Development", *Journal of Development Economics*, 49, 1996, pp.199-227.

216 . Keller, Wolfgang, " International Technology Diffusion", NBER Working Paper No.8573, 2001.

217 . Keller, Wolfgang, "Trade and Transmission of Technology", *Journal of Economic Growth*, 7(1), 2002, pp.5-24.

218 . Kenen, Peter B. , "Nature, Capital and Trade", *Journal of Political Economy*, 73 (5), 1965, pp.437-460.

219 . Koizumi, T. and K. J. Kopechy, "Foreign Direct Investment, Technology Transfer and Domestic Employment Effects", *Journal of International Economics*, 10, 1980, pp.1-20.

220 . Kremer, Michael, "Population Growth and Technological Change: One Million B. C. to 1990", *The Quarterly Journal of Economics*, 108(3), 1993, pp.681-716.

221 . Kriedel, Norbert, "Long Waves of Economic Development and the Diffusion of General-Purpose Technologies: the Case of Railway Networks", Hamburg Institute of International Economics Research Paper, 2006.

222 . Krugman R. Paul and Anthony J. Venables, "Globalization and the Inequality of Nations", *Quarterly Journal of Economics*, 110(4), 1995, pp.857-880.

223 . Krugman R. Paul and E. Helpman, *Market Structure and International Trade*, Cambridge: the MIT Press, 1985.

224 . Krugman R. Paul and Maurice Obstfeld, *International Economics: Theory and Policy*, Addison Wesley Longman, 5th ed, 2000.

225 . Krugman, P. , "The Narrow Moving Band, the Dutch Disease, and the Competitive Consequences of Mrs Thatcher: Notes on Trade in the Presence of Dynamic Scale Economies", *Journal of Development Economics*, 27, 1, 1987, pp.41-55.

226 . Krugman, R. Paul, "A Model of Innovation, Technology Transfer, and the World Distribution of Income", *Journal of Political Economy*, 87, 1979b, pp.253-266.

227 . Krugman, R. Paul, "Increasing Returns, Monopolistic Competition and International Trade", *Journal of International Economics*, 9, 1979, pp.469-479.

228 . Krugman, R. Paul, "Intraindustry Specialization and the Gains from Trade", *Journal of Political Economy*, 89, 1981, pp.959-973.

229 . Krugman, R. Paul, "Scale Economies, Product Differentiation, and the Pattern of Trade", *American Economic Review*, 70, 1980, pp.950-959.

230 . Kumar, Subodh, and Russell, Robert R. , "Technological Change, Technological Catch-up, and Capital Deepening: Relative Contributions to Growth and Convergence", *American Economic Review*, vol.92(3), 2002, pp.527-548.

231 . KrusellPer and Jose-Victor Rios-Rull, "Vested Interests in a Positive Theory of Slgnation and Growth", *Review of Economic Studies*, 63, 1996, pp.301-329.

232 . Lagerlof, Niles P. , "The Galor-Weil Model Revisited: A Quantitative Exercise", *Review of Economic Dynamics*, 9(1), 2006, pp.116-142.

233 . Lancaster, Kelvin J. , *Variety, Equity and Efficiency*, New York: Columbia

University Press,1979.

234 . Landes,David S.,*The Wealth and Poverty of Nations: Why Some Are So Rich and Some So Poor*,New York:W.W.Norton & Company,1998.

235 . Landes,David S.,"Why Europe and the West? Why Not China?",*Journal of Economic Perspectives*,20(2),2006,pp.3-22.

236 . Landesmann,Michael A.and Robet Strehrer,"Convergence Patterns and Switchovers in Comparative Advantage",*Structure Change and Economic Dynamics*,12,2001,pp.399-423.

237 . Lee,Ha Yan,Luca Antonio,and Roberto Rigobon,"Once Again,Is Openness Good for Gtowth",*Journal of Development Economics*,75,2004,pp.451-472.

238 . Lin,Justin Yifu,"The Needham Puzzle:Why the Industrial Revolution Did Not Originate in China?",*Economic Development and Cultural Change* ,43(2),1995,pp.269-292.

239 . Lipsey,R. G.,Bekar,C. and Carlaw,K.,'The consequences of changes in GPTs',in *General Purpose Technologies and Economic Growth*,E.Helpman,ed.,Cambridge,MA:MIT Press,1998,pp.193-218.

240 . Los,B,& M.P.Timmer,"The 'Appropriate Technology' Explanation of Productivity Growth Differentials: An Empifical Approach ", *Journal of Development Economics*,2005.

241 . Lucas,R.,"On the Mechanics of Economic Development",*Journal of Monetary Economics*,22,1988,pp.3-42.

242 . Lucas,R.,"Some Macroeconomics for the 21st Century",*Journal of Economic Perspectives*, 14,2000,pp.159-168.

243 . Lucas,R.Jr.,"Life Earnings and Rural-Urban Migration",*Journal of Political Economy*,112,1. 2004,s29-s59.

244 . Lucas,R.,"The Industrial Revolution:Past and Future",Mimeo,Department of Economics,University of Chicago,1998.

245 . Lucas,Robert E.,"The Industrial Revolution:Past and Future",in *The Lectures on Economic Growth*,Robert E.Lucas(eds.),Cambridge:Harvard University Press,2002,pp.109-188.

246 . Lucas,Robert,E.Jr.,"Some Macroeconomics in the 21st Century",*Journal of Economic Perspectives*,Vol.14,2000,pp.159-168.

247 . Lucas,Robert,E. Jr.,"Trade and the Diffusion of the Industrial Revolution",NBER Working Paper,No.13286,2007.

248 . Madison, Angus, *Chinese Economic Performance in the Long Run*, OECD, 1998.

249 . Madison, Angus, *Chinese Economic Performance in the Long Run*, OECD, 2nd Edition updated 960−2030 AD, 2007.

250 . Markusen, James R. and Anthony J. Venables, "Foreign Direct Investment as a Catalyst for Industrial Development", *European Economic Review*, 43, 1999, pp.335−356.

251 . Markusen, James R., "First Mover Advantage, Blockaded Entry, and the Economics of Uneven Development", *International Trade and Trade Policy*, MIT Press: Cambridge, 1991, pp.613−624.

252 . Markusen, James R., "Trade and the Gains from Trade with Imperfect Competition", *Journal of International Economics*, 11, 1981, pp.531−551.

253 . Mehlum, Halvor, Kalle Moene, and Ragnar Torvik, "Institutiona and Resourse Curse", *The Economic Journal*, 116(508), 2006.

254 . Mokyr, Joel, *The Lever of Riches: Technological Creativity and Economic Progress*, New York: Oxford University Press., 1990,.

255 . Mokyr, Joel, *The Gifts of Athena: Historical Origins of the Knowledge Economy*, Princeton: Princeton University Press, 2002,.

256 . Mulligan, C.B. and X.Sala-i-Martin, "Transitional Dynamics in Two-Sector Models of Endogenous Growth", *Quarterly Journal of Economics*, 108, 1993, pp.737−773.

257 . Neary, J.Peter, "Monopolistic Competition and International Trade Theory", Mimeo, University College Dublin and CEPR, 2000.

258 . Nelson, and Phelps, "Investment in Humans, Technological Diffusion, and Economic Growth", *American Economic Review*, vol.56, 1966, pp.69−75.

259 . Ni, Shawn and Pham Hoang Van, "High corruption income in Ming and Qing China", *Journal of Development Economics*, 81(2), 2006, pp.316−336.

260 . North, Douglass C., *Structure and Change in Economic History*, New York: W.W. Norton & Company, 1981.

261 . Ohlin, Bertil G., *Interregional and International Trade*, Cambridge, MA: Harvard University Press, 1933.

262 . Oniki, H. and H.Uzawa, "Patterns of Trade and Investment in a Dynamic Model of International Trade", *Review of Economic Studies*, 32, .89, 1965, pp.15−38.

263 . Parente, Stephen L. and Edward C.Prescott, "Barriers to Technology Adoption and Development", *Journal of Political Economy*, 104, 2, 1994, pp.298−321.

264 . Parente, Stephen L. and Edward C.Prescott, *Barriers to Riches*, Cambridge, MA: MIT Press, 2000.

265 . Parente, Stephen L. , and Edward C. Prescott, "Barrers to Technology Adoption and Development", *Journal of Political Economy*, Vol.102, No.2, 1994, pp.298-321.

266 . Parente, Stephen L. , and Edward C. Prescott, "Monopoly Rights: A Barrier to Riches", *American Economic Review*, vol.89, no.5, 1999, pp.1216-1233.

267 . Pearson, et al. , *Partners in Development: Report of the Commission on International Development*, New York: Praeger, 1969.

268 . Polanyi, Michael, *Personal Knowledge: Towards a Post-Critical Philosophy*, Chicago: University of Chicago Press, 1958.

269 . Pritchett, Lant, "Divergence, Big Time", *Journal of Economic Perspectives*, Vol.11 (3), 1997, pp.3-17.

270 . Proudman, James and Stephen Redding, "Evolving patterns of international trade", *Review of International Economics*, 8(3), 2000, pp.373-396.

271 . Ramsey, F. , "A Mathematical Theory of Saving", *Economic Journal*, 38, 1928, pp. 543-559.

272 . Rebelo, Sergio, "Long-Run Policy analysis and Long-Run Growth", *Journal of Political Economy*, 99(3), 1991, pp.500-521.

273 . Redding, Stephen, "Dynamic Comparative Advantage and the Welfare Effects of Trade", *Oxford Economic Papers*, Oxford University Press, 51(1), 1999. pp.15-39.

274 . Redding, Stephen, "Specialization Dynamics", *Journal of International Economics*, 58(2), 2002, pp.299-334.

275 . Redding, Stephen, and Vera-Martin, Mercedes, "Factor Endowments and Production in European Regions", *Review of World Economics*, 2006.

276 . Rivera-Batiz, L. and Romer, P. , "Economic Integration and Endogenous Growth", *Quarterly Journal of Economics*, 106(2), 1991, pp.531-555.

277 . Rivera-Batiz, L. and Romer, P. , "International Trade and Endogenous Technological Progress", *European Economic Review*, 35(4), 1991, pp.971-1004.

278 . Robinson, Romney, "Factor Proportions and Comparative Advantage: Part I", *Quarterly Journal of Economics*, 70(2), 1956, pp.169-192.

279 . Rodriguez, Francisco, Dani Rodrik, "Trade Policy and Economic Growth: A Skeptic's Guide to Cross-National Evidence", NBER Working Paper No.7081. 1999.

280 . Rogriguez-Clare, A. , "Multinational, Linkages, and Economic Development", *American Economic Review*, 86, 1996, pp.852-873.

281 . Romer, P. , "Endogenous Technological Change", *Journal of Political Economy*, 98, 1990, s71-s102.

282 . Romer, P. , "Increasing Returns and Long-Run Growth" , *Journal of Political Economy*, 94, 1986, pp.1002-1037.

283 . Romer, P. , "The Origins of Endogenous Growth" , *Journal of Economics Perspectives*, 5, 1994, pp.3-22.

284 . Rosenberg, Nathan and Manuel Trajtenberg, "A General Purpose Technology at Work: the Corliss Steam Engine in the Later 19th Century US" , NBER Working Paper No.8485. 2001.

285 . Rybczynski, T. M. , "Factor Endowments and Relative Commodity Prices" , *Economica*, 22, 1955, pp.336-341.

286 . Sachs, Jeffrey D. and Andrew M. Warner, "Natural Resource Abundance and Economic Growth" , NBER Working Paper No.5398, 1995.

287 . Schultz, Theodore W. , "Capital Formation by Education" , *Journal of Political Economy*, 68, 6, 1960, pp.571-583.

288 . Schultz, Theodore W. , "Investing in People: The Economics of Population Quality" , University of California Press, 1981.

289 . Schultz, Theodore W. , "Investment in Human Capital" , *American Economic Review*, 51, 1, 1961, pp.1-17.

290 . Segerstrom, P. , T. Anant and E. Dinopoulos, "Shumpeterian Model of the Product Life Cycle" , *American Economic Review*, 80, 5, 1990, pp.1077-1091.

291 . Shawn, Ni and Van H. Pham, "High corruption income in Ming and Qing China" , *Journal of Development Economics*, 81(2), 2006, pp.316-336.

292 . Shiue, Carol H. and Wolfgang Keller, "Markets in China and Europe on the Eve of the Industrial Revolution" , *American Economic Review*, 97(4), 2007, pp.1189-1216.

293 . Smith, Alasdair, "Capital Theory and Trade Theory" , in *The Handbook of International Economics*, Vol.1, 1984, edited by Jones, Ronald W. and Peter B. Kenen, The Netherlands, Elsevier Science, 1984.

294 . Solow, R. , "Contribution to the Theory of Economic Growth" , *Quarterly Journal of Economics*, 70, 1956, pp.65-94.

295 . Solow, R. , "Technical Change and the Aggregate Production Function" , *Review of Economics and Statistics*, 39, 1957, pp.312-320.

296 . Spence, M. "Product Selection, Fixed Costs, and Monopolistic Competition" , *Review of Economic Studies*, 43, 1976, pp.217-235.

297 . Spolaore, Enrico, and Romain Wacziarg, "the Diffusion of Development" , NBER Working Paper, No.12153, 2006.

298 . Stijns, Jean-Philippe, " Natural Resource and Abundance and Economic Growth Revisited", University of California at Berkley, Working Paper, 2001.

299 . Stokey, Nancy, " Human Capital, Product Quality, and Growth ", *Quarterly Journal of Economics*, 106,2,1991, pp.587−616.

300 . Stolper, Wolfgang and Paul Samuelson, "Protection and Real Wages", *Review of Economic Studies*,9,1941,pp.58−73.

301 . Uzawa, Hirofumi, " Optimal Technical Change in an Aggregative Model of Economic Growth", *International Economic Review*,6,1965,pp.18−31.

302 . Vernon, Raymond, " International Investment and Internaional Trade in the Product Cycle", *Quarterly Journal of Economics*, 80,1966,pp.190−207.

303 . Wijnbergen, Sweder van, " The ' Dutch Disease ' : A Disease after All?", *Economic Journal*,Vol.94(373),1984,pp.41−55.

304 . Wilson, Charles A., "On the General Structure of Ricardian Models with a Continuum of Goods", *Econometrica*,Vol.48,No.7,1980,pp.1675−1702.

305 . Xu, Bin, "Multinational Enterprises,Technology Diffusion and Host Country Productivity Growth", *Journal of Development Economics*,62,2000,pp.477−493.

306 . Yanikkaya, Halit, "Trade Openness and Economic Growth:A Cross-Country Empirical Investigation", *Journal of Development Economics*,72,2003,pp.57−89.

307 . Young, Alwyn, "Invention and Bounded Learning by Doing", *Journal of Political Economy*,101,1993,pp.443−472.

308 . Young, Alwyn, " Learning by Doing and the Dynamic Effects of International Trade", *Quarterly Journal of Economics*, 106,1991,pp.368−405.

参考数据

1. Alan Heston, Robert Summers and Bettina Aten, Penn World Table Version 6. 1, Center for International Comparisons at the University of Pennsylvania (CICUP), October 2002.

2. 联合国教科文组织 World Education Indicator(相关数据可以在以下地址获得:http://www.uis.unesco.org/en/stats/centre.htm)。

3. OECD 统计资料 ITCS International Trade by Commodity。

4. United Nations Statistical Office, *Statistical Yearbook*(New York : United Nations Statistical Office,1999).

5. 中国国家统计局编:《中国统计年鉴》相关年份,中国统计出版社。

6. 中国国家统计局国民经济综合统计司编:《新中国 50 年统计资料汇编》,中国统计出版社。

　　7.《中国对外经济贸易年鉴》,1984—2003 年各期。

　　8.《国际统计年鉴》,1993—2003 年各期。

责任编辑:陈　登
封面设计:姚　菲
版式设计:胡欣欣

图书在版编目(CIP)数据

后发先至还是先来先得:发展中国家人力资源后发优势与经济追赶研究/
　代谦 著. —北京:人民出版社,2020.12
ISBN 978－7－01－022671－2

Ⅰ.①后… 　Ⅱ.①代… 　Ⅲ.①发展中国家-人力资源-研究 　Ⅳ.①F241

中国版本图书馆 CIP 数据核字(2020)第 228628 号

后发先至还是先来先得

HOUFAXIANZHI HAISHI XIANLAIXIANDE

——发展中国家人力资源后发优势与经济追赶研究

代　谦　著

人民出版社 出版发行

(100706　北京市东城区隆福寺街 99 号)

北京汇林印务有限公司印刷　新华书店经销

2020 年 12 月第 1 版　2020 年 12 月北京第 1 次印刷
开本:710 毫米×1000 毫米 1/16　印张:18
字数:224 千字

ISBN 978－7－01－022671－2　定价:48.00 元

邮购地址 100706　北京市东城区隆福寺街 99 号
人民东方图书销售中心　电话 (010)65250042　65289539